Christian Meyn

**Verschlüsselung und Innere Sicherheit**

# DuD-Fachbeiträge

Herausgegeben von Andreas Pfitzmann, Helmut Reimer, Karl Rihaczek und Alexander Roßnagel

Die Buchreihe ergänzt die Zeitschrift *DuD – Datenschutz und Datensicherheit* in einem aktuellen und zukunftsträchtigen Gebiet, das für Wirtschaft, öffentliche Verwaltung und Hochschulen gleichermaßen wichtig ist. Die Thematik verbindet Informatik, Rechts-, Kommunikations- und Wirtschaftswissenschaften.

Den Lesern werden nicht nur fachlich ausgewiesene Beiträge der eigenen Disziplin geboten, sondern sie erhalten auch immer wieder Gelegenheit, Blicke über den fachlichen Zaun zu werfen. So steht die Buchreihe im Dienst eines interdisziplinären Dialogs, der die Kompetenz hinsichtlich eines sicheren und verantwortungsvollen Umgangs mit der Informationstechnik fördern möge.

Die Reihe wurde 1996 im Vieweg Verlag begründet und wird seit 2003 im Deutschen Universitäts-Verlag fortgeführt. Die im Vieweg Verlag erschienenen Titel finden Sie unter www.vieweg-it.de.

Christian Meyn

# Verschlüsselung und Innere Sicherheit

Die verfassungsrechtliche Zulässigkeit
eines Verschlüsselungsverbots
bei elektronischer Datenkommunikation

Deutscher Universitäts-Verlag

Bibliografische Information Der Deutschen Bibliothek
Die Deutsche Bibliothek verzeichnet diese Publikation in der Deutschen Nationalbibliografie;
detaillierte bibliografische Daten sind im Internet über <http://dnb.ddb.de> abrufbar.

Dissertation Universität Trier, 2003

1. Auflage August 2003

Alle Rechte vorbehalten
© Deutscher Universitäts-Verlag/GWV Fachverlage GmbH, Wiesbaden 2003

Lektorat: Ute Wrasmann / Frauke Schindler

Der Deutsche Universitäts-Verlag ist ein Unternehmen der
Fachverlagsgruppe BertelsmannSpringer.
www.duv.de

Umschlaggestaltung: Regine Zimmer, Dipl.-Designerin, Frankfurt/Main

Gedruckt auf säurefreiem und chlorfrei gebleichtem Papier

ISBN-13:978-3-8244-2170-1       e-ISBN-13:978-3-322-81229-2
DOI: 10.1007/978-3-322-81229-2

# Vorwort

Die vorliegende Arbeit wurde im Wintersemester 2002/2003 vom Fachbereich Rechtswissenschaft der Universität Trier als Dissertation angenommen.

Ich danke meinem Doktorvater, Herrn Prof. Dr. Gerhard Robbers, für die gewährte wissenschaftliche Freiheit und Unterstützung an den entscheidenden Stellen. Mein Dank gilt ebenso dem Zweitgutachter, Herrn Prof. Dr. Reinhard Hendler.

Dirk Fox hat mich auf die Idee zu dieser Arbeit gebracht. Mit Herrn Dr. Johann Bizer habe ich interessante Diskussionen auf elektronischem Wege geführt. Ingmar Camphausen hat den technischen Teil gründlich durchgesehen und viele wichtige Anregungen gegeben. Das Buch von Bert-Jaap Koops hat mein Verständnis für die Konfliktlage vertieft. Sona Rajani hat Teile des Manuskripts gelesen und wertvolle Anstöße gegeben.

Für die Aufnahme dieses Buches in die Reihe „Datenschutz und Datensicherheit" bedanke ich mich herzlich bei den Herausgebern. Frauke Schindler und Ute Wrasmann vom Deutschen Universitätsverlag haben mir die technische Bearbeitung des Manuskripts sehr einfach gemacht.

Besonderer Dank gilt schließlich Kaarina M. Meyn und Marlis Meyn für Ermutigung, kritische Begleitung und die gründliche Durchsicht des Manuskripts.

Christian Meyn

# Inhaltsverzeichnis

Vorwort                                                                 V

Inhaltsverzeichnis                                                      VII

Einführung                                                              1

I.     Technische Ausgangslage                                          7
A)     Internet und Internet-Dienste . . . . . . . . . . . . . . . . .   7
       1.    Das „Internet" . . . . . . . . . . . . . . . . . . . . .    7
       2.    Dienste im Internet . . . . . . . . . . . . . . . . . .     9
       3.    Datensicherheit im Internet . . . . . . . . . . . . . .    11
B)     Datensicherheit durch Verschlüsselung . . . . . . . . . . . .    13
       1.    Verschlüsselungsverfahren . . . . . . . . . . . . . . .    14
             a)    Symmetrische Verschlüsselung . . . . . . . . . . .   16
             b)    Asymmetrische Verschlüsselung . . . . . . . . . .    18
             c)    Steganographie . . . . . . . . . . . . . . . . .     21
       2.    Sicherheit von Verschlüsselungsverfahren . . . . . . . .   22
             a)    Schlüssellänge . . . . . . . . . . . . . . . . . .   24
             b)    Kryptoanalyse . . . . . . . . . . . . . . . . . .    25
             c)    Implementierung . . . . . . . . . . . . . . . . .    26
       3.    Abgestufte Sicherheit? . . . . . . . . . . . . . . . . .   27
C)     Einsatz von Verschlüsselungsverfahren . . . . . . . . . . . .    28
D)     Andere Möglichkeiten des Abhörens . . . . . . . . . . . . . .    29
E)     Zusammenfassung . . . . . . . . . . . . . . . . . . . . . . .    30

II.    Interessenlage                                                   31
A)     Gründe für Verschlüsselung . . . . . . . . . . . . . . . . . .   31
       1.    Wirtschaftliche Nutzbarkeit offener Netze . . . . . . .    31
       2.    Schutz rechtlich geschützter Geheimnisse . . . . . . . .   33
       3.    Schutz der Privatsphäre . . . . . . . . . . . . . . . .    34
B)     Gründe für eine Beschränkung des Einsatzes von Verschlüsse-
       lungsverfahren . . . . . . . . . . . . . . . . . . . . . . . .   34
C)     Praktische Konkordanz als Königsweg? . . . . . . . . . . . .     35

III.    Rechtliche Regelungsmöglichkeiten                                    39
A)     Keine Beschränkung der Verschlüsselung . . . . . . . . . . . .         39
B)     Staatliche Reglementierung der Verschlüsselung . . . . . . . .         39
       1.    Verbot der Verschlüsselung . . . . . . . . . . . . . . . . .     39
       2.    Verbot „starker" Kryptographie . . . . . . . . . . . . . .       41
       3.    Hinterlegung der Schlüssel (*key escrow/government access
             to keys*) . . . . . . . . . . . . . . . . . . . . . . . . . . .  42
       4.    Obligatorische Zweitverschlüsselung . . . . . . . . . . . .      43
       5.    Verbot des Mißbrauchs von Verschlüsselung . . . . . . . .        45
C)     Umgehungsmöglichkeiten . . . . . . . . . . . . . . . . . . . . .       47
D)     Zusammenfassung und Präzisierung des Untersuchungsge-
       genstands . . . . . . . . . . . . . . . . . . . . . . . . . . . . . .  48

IV.    Brief-, Post- und Fernmeldegeheimnis, Art. 10 I GG                     51
A)     Einführung . . . . . . . . . . . . . . . . . . . . . . . . . . . . .   51
B)     Elektronische Datenkommunikation als Gegenstand des
       Art. 10 I GG . . . . . . . . . . . . . . . . . . . . . . . . . . . .   52
C)     Verschlüsselte Daten als Gegenstand des Art. 10 I GG . . . . . .       54
D)     Keine Erstreckung des Schutzbereichs auf den Verschlüsse-
       lungsvorgang . . . . . . . . . . . . . . . . . . . . . . . . . . . .   55
E)     Weite Auslegung des Schutzbereichs? . . . . . . . . . . . . . .        56
F)     Recht auf Versand verschlüsselter Daten aus Art. 10 I GG? . . .        60
G)     Zusammenfassung . . . . . . . . . . . . . . . . . . . . . . . . .      63

V.     Kommunikationsfreiheit, Art. 5 I GG                                    65
A)     Einführung . . . . . . . . . . . . . . . . . . . . . . . . . . . . .   65
B)     Schutz des Kommunikationsprozesses durch Art. 5 I GG . . . .           66
       1.    Schutz von „Tatsachenmitteilungen" durch Art. 5 I GG . .         66
       2.    Meinungsäußerungen und Tatsachenmitteilungen . . . .             71
       3.    Art. 5 I 1, HS 1 GG als Recht auf Individualkommunikation        73
       4.    Elektronische Datenkommunikation als geschützte Form
             der Individualkommunikation nach Art. 5 I 1, HS 1 GG . .         83
       5.    „Verschlüsselte" Kommunikation . . . . . . . . . . . . . .       84
C)     Verschlüsselungsverbot als Eingriff in den Schutzbereich von
       Art. 5 I 1 GG . . . . . . . . . . . . . . . . . . . . . . . . . . . .  92
D)     Beschränkbarkeit von Art. 5 I 1 GG . . . . . . . . . . . . . . . .     92
       1.    Verschlüsselungsverbot als „allgemeines Gesetz" im Sin-
             ne von Art. 5 II GG . . . . . . . . . . . . . . . . . . . . . .  93
       2.    Legitimer Zweck . . . . . . . . . . . . . . . . . . . . . . .    99

3. Ungeeignete Gesetze als verfassungsmäßige Schranke
   von Art. 5 I GG? . . . . . . . . . . . . . . . . . . . . . . . 104
4. Erforderlichkeit . . . . . . . . . . . . . . . . . . . . . . . . 117
5. Angemessenheit (Verhältnismäßigkeit i. e. S.) . . . . . . . 118
   a) Angemessenheit als Prüfung der Mittel-Zweck-
      Relation . . . . . . . . . . . . . . . . . . . . . . . . . . 118
   b) Abwägung als Anwendung einer (abstrakten) Wer-
      trangordnung . . . . . . . . . . . . . . . . . . . . . . 120
   c) Alexys Kollisiongesetz . . . . . . . . . . . . . . . . . 121
   d) Grundrechtsbestimmungen, Verfassung und Prin-
      zipien . . . . . . . . . . . . . . . . . . . . . . . . . . . 124
   e) Recht auf Individualkommunikation und staatliche
      Sicherheitsgewährleistung . . . . . . . . . . . . . . 124
6. Zusammenfassung . . . . . . . . . . . . . . . . . . . . . . 133

VI. Allgemeines Persönlichkeitsrecht, Art. 2 I i. V. m. Art. 1 I GG     135

VII. Thesen     139

Literaturverzeichnis     141

Glossar     157

Sachregister     168

# Einführung

Am 11. September 2001 verübten Terroristen den bis dahin verheerendsten Anschlag auf zivile Ziele: Zwei entführte Passagierflugzeuge rasten in die beiden Türme des World Trade Center in New York, ein weiteres stürzte auf das US-amerikanische Verteidigungsministerium in Washington, eine vierte Maschine stürzte in einem Wald bei Pittsburgh ab. Polizei und Geheimdienste der USA und aller anderen westlichen Staaten wurden von der Attacke offenbar völlig überrascht.

Die Weltöffentlichkeit reagierte mit Entsetzen und mit Entschlossenheit. In den USA und in vielen anderen Staaten der Welt wurden Sicherheitsmaßnahmen auf Flughäfen und an öffentlichen Gebäuden verschärft. Neue Gesetze wurden vorgeschlagen und eingeführt, Befugnisse von Behörden ausgeweitet, Überwachungs- und Ermittlungsaktivitäten intensiviert. Auch in Deutschland wurde intensiv über Maßnahmen diskutiert, mit denen die Sicherheit vor terroristischen Anschlägen erhöht werden sollte.

Unter den Vorschlägen befand sich einer, den Fachleute längst in der Vergessenheit wähnten: Der Versand verschlüsselter Nachrichten im Internet sollte verboten werden. Terroristen, so hieß es, bedienten sich modernster Kommunikationstechnologie. Der Austausch verschlüsselter Nachrichten im Internet stelle die Behörden vor ernsthafte Probleme. Weil Verschlüsselung nicht verboten sei, könnten Terroristen und andere Verbrecher frei und unbeobachtet über die internationalen Datennetze kommunizieren und ihre verbrecherischen Pläne austauschen.

Diese Idee war alles andere als neu. Überhaupt fanden sich auf den langen Vorschlagslisten für die Anti-Terror-Pakete, die nach dem deutschen Innenminister Otto Schily (SPD) in Deutschland in der Presse als „Otto-Kataloge" bezeichnet wurden, einige Forderungen wieder, die in der Vergangenheit wegen rechtsstaatlicher Bedenken verworfen worden waren. Zu diesen zählte auch das Verbot verschlüsselter Internet-Kommunikation.

Öffentlich diskutiert wurde dieser Vorschlag in Deutschland erstmals im Jahr 1996. Der CDU-Abgeordnete Erwin Marschewski forderte eine Initiative für ein „Kryptogesetz", das einen Genehmigungsvorbehalt für Verschlüsselungsverfahren und eine Hinterlegungsstelle für Schlüssel regeln solle.[1] Im Jahr 1997 forderte der damalige Innenminister Manfred Kanther (CDU) auf einem Kongreß des Bundesamts für Sicherheit in der Informationstechnik (BSI), der Einsatz von Verschlüsselungsverfahren dürfe nicht dazu führen, daß bestehende Abhörmöglichkeiten ins Leere laufen würden. Gleichzeitig sprach er sich für ein System der Schlüsselhinterlegung aus. Diese und ähnliche Aussagen führten zu einer kurzen, aber heftigen Debatte zwischen Fachleuten, Politikern und Bürgerrechtlern. Während die einen den gläsernen Bürger fürchteten, malten die anderen das Schreckensbild von weltweit operierenden Kriminellen an die Wand, die über das Internet schnell und unbeobachtet Verbrechen verabreden und sich dabei durch Verschlüsselung der staatlichen Verfolgung entziehen würden. Die beiden zentralen Argumente der Verbotsgegner waren, daß ein Verschlüsselungsverbot leicht zu umgehen und daher nicht durchsetzbar sei und zudem gegen das Fernmeldegeheimnis verstoße.

Diese sogenannte Krypto-Debatte wurde zeitgleich auch in anderen Ländern geführt. In den USA versuchte die Regierung, mit dem Clipper-Chip – einem speziellen Verschlüsselungschip auch für den privaten Einsatz – ein System zu etablieren, das bei scheinbarer Sicherheit für die Benutzer dem Staat mittels hinterlegter Nachschlüssel jederzeit den Zugriff auf die übermittelten Inhalte ermöglichen sollte. Dieses System scheiterte letztlich am Widerstand der Verbraucher, die sich weigerten, ein solches System einzusetzen. Gleichzeitig versuchte die US-Regierung, mit Exportverboten die weltweite Verbreitung von Verschlüsselungssoftware zu unterbinden – ein sinnloses Unterfangen, denn längst waren entsprechende Programme über das Internet bis in den letzten Winkel der vernetzten Welt verbreitet.[2]

Es dauerte nicht lange, bis die Debatte jedenfalls in der Öffentlichkeit wieder abgeflaut war. Die Regierungskoalition aus CDU/CSU und F.D.P. brachte kein Gesetz zur Kryptoregulierung ein. Im Juni 1999 beschloß die Bundesregierung aus SPD und Bündnis 90/Die Grünen ein Eckwertepapier, in dem es u.a. hieß: „Die Bundesregierung beabsichtigt nicht, die freie Verfügbarkeit von Verschlüsselungsprodukten in Deutschland einzuschränken." In der Fachzeitschrift „Datenschutz und Datensicherheit" (DuD) schrieb deren Herausgeber Dirk Fox im Jahr 2000: „(Die) vergan-

---

[1] Pressemitteilung der CDU-Bundestagsfraktion, 25.11.1996.

[2] Um den Export des Programmes „Pretty Good Privacy" (PGP) zu legalisieren, machten sich einige Aktivisten die Mühe, den gedruckten Quelltext – der als Buch exportiert werden durfte, anders als ein elektronisch gespeichertes Programm – im Ausland mit Scannern und Texterkennungssoftware zu redigitalisieren.

genen fünf Jahre (haben) das Thema ‚Kryproregulierung'vom Tisch gefegt
... Inzwischen haben die Hardliner kapituliert: Starke Kryptographie ist
heute praktisch weltweit verfügbar und exportierbar, und die Vorstellung,
dies könnte sich einmal wieder ändern, erscheint unwahrscheinlich wie
nie zuvor."[3]

Die Prognose stimmte nur ein Jahr. Nach dem Anschlag auf das World
Trade Center fand sich das „Krypto-Verbot" wieder auf der Tagesordnung.
Neue Argumente gab es in der Sache nicht. Dem Schutz der Sicherheit des
Staates und der Bürger stand der Schutz der Vertraulichkeit der individuellen Kommunikation gegenüber. Die Zweifel an der Effektivität, die
letztlich auch beide Bundesregierungen von einer Regulierung abgehalten
hatten, hatten sich angesichts der gestiegenen Verbreitung von frei erhält-
lichen Verschlüsselungsprodukten eher verstärkt.

Es zeigte sich aber, daß im Rahmen der sogenannten Anti-Terror-Pakete
auf einmal die Einführung von Maßnahmen denkbar erschien, deren Beitrag zu erhöhter Sicherheit in hohem Maße zweifelhaft war. So sollte es erlaubt werden, Ausweispapiere in Deutschland um biometrische Merkmale
zu ergänzen, etwa den Fingerabdruck. Die Tatsache, daß damit die Terror-
anschläge noch nicht einmal theoretisch hätten verhindert werden können
– keiner der Terroristen besaß einen deutschen Paß –, focht die Verantwort-
lichen nicht an. Und obwohl es keinen einzigen öffentlich bekanntgewor-
denen Nachweis dafür gab, daß die Terroristen Verschlüsselung benutzt
hätten (während es zahlreiche Hinweise darauf gab, daß sie vornehmlich
mit Kurieren und geschmuggelten Kassibern kommunizierten), blieb das
Thema Kryptoregulierung auf der Tagesordnung.

Es besteht daher genügend Anlaß, die verfassungsrechtliche Zulässigkeit eines Verschlüsselungsverbots umfassend zu untersuchen. Dies ist insbesondere deshalb geboten, weil die Kryptographie Basis für die verläßliche Nutzung offener Netze ist.

Zu den zentralen Anforderungen verläßlicher Kommunikation zählen:

1. Vertraulichkeit
   Können Dritte unberechtigt auf die Inhalte der übermittelten Daten
   zugreifen?

2. Integrität
   Wurden die Daten während der Übermittlung verändert?

3. Authentizität
   Stammen die Daten tatsächlich von dem angegebenen Absender?[4]

---

[3] *Fox*, DuD 2000, S. 694.
[4] Vgl. ausführlich zu den Schutzzielen bei IT-Systemen *Fedderath/Pfitzmann*, DuD 2000,

Für diese Probleme gibt es technische Lösungen. Vertraulichkeit läßt sich erreichen, indem man Daten verschlüsselt. Authentizität läßt sich mit digitalen Signaturen erreichen, die bestimmten Personen zugeordnet werden. Die Integrität einer Nachricht schließlich läßt sich überprüfen, wenn zum Beispiel die Signatur derart beschaffen ist, daß sie bei einer Veränderung der signierten Inhalte ungültig wird.

Alle drei Funktionen können heute mit demselben Verfahren erfüllt werden: der asymmetrischen Verschlüsselung.[5] Dabei besitzt jeder Nutzer einen privaten (geheimen) und einen öffentlichen Schlüssel. Eine Nachricht, die mit dem öffentlichen Schlüssel verschlüsselt wird, kann nur mit dem passenden privaten entschlüsselt werden, und umgekehrt. Die drei oben genannten Probleme lassen sich damit auf folgende Weise lösen:

1. Vertraulichkeit:
   Die zu versendende Nachricht wird vom Absender mit dem öffentlichen Schlüssel des Empfängers verschlüsselt. Nur der (berechtigte) Empfänger kann sie mit seinem privaten Schlüssel entschlüsseln. Ein Zugriff Dritter ist ausgeschlossen.

2. Integrität:
   Wird der Inhalt der Nachricht nach dem Signieren verändert, läßt sie sich nicht mehr fehlerfrei entschlüsseln. Der Empfänger weiß also, daß er sich nicht auf die Integrität der Nachricht verlassen kann, und kann entsprechend beim Absender nachfragen.

3. Authentizität:
   Die zu versendende Nachricht wird vom Absender mit seinem privaten Schlüssel verschlüsselt (man spricht auch von Signieren). Jedermann kann sie mit dem dazu passenden öffentlichen Schlüssel entschlüsseln. Da der öffentliche Schlüssel einmalig ist, kann so überprüft werden, ob die Nachricht tatsächlich vom angegebenen Absender stammt.

Umgekehrt gilt: Wird Verschlüsselung verboten, ist eine sichere, vertrauenswürdige Nutzung des Internet als Kommunikationsmedium nicht möglich. Aus der ehemaligen Geheimwissenschaft Kryptographie ist die Schlüsseltechnologie für die Kommunikation des 21. Jahrhunderts geworden.[6]

---

S. 704, die als weiteres Schutzziel noch die Verfügbarkeit des Systems aufführen.

[5] Vgl. die ausführliche Darstellung der Verschlüsselungsverfahren unten, S. 14 ff.

[6] Vgl. *Kuner*, Rechtsprobleme der Kryptographie, in: Handbuch Multimedia-Recht, Teil 17, Rn. 2 f.

Die vorliegende Arbeit verfolgt drei Ziele: *Erstens* sollen die technischen Rahmenbedingungen für eine Kryptoregulierung und die Handlungsoptionen des Gesetzgebers beschrieben werden. Dabei wird deutlich werden, daß sich jede Form von Einschränkung letztlich als Verbot sicherer teilnehmerautonomer Verschlüsselung darstellt, eine vermittelnde Lösung hingegen nicht möglich ist. Sodann soll *zweitens* die richtige verfassungsrechtliche Einordnung des Phänomens Kryptographie untersucht und begründet werden. Es wird gezeigt werden, daß die von den meisten vertretene Ansicht, ein Verschlüsselungsverbot greife in Art. 10 I GG ein, nicht überzeugen kann, sondern daß der richtige Lösungsweg über Art. 5 I 1 GG führt. Dieser Teil der Untersuchung leistet zugleich einen Beitrag zur Dogmatik des Schutzbereichs von Art. 5 I GG, indem versucht wird, überkommene Formeln zu überwinden und zu einer klaren und überzeugenden Schutzbereichsbestimmung zu kommen. Schließlich wird *drittens* ein Lösungsvorschlag für die konkrete Frage entwickelt, ob ein Verschlüsselungsverbot mit dem Grundgesetz vereinbar ist. Zur Lösung wird *Alexys* Kollisionsgesetz auf dieses praktische Beispiel angewandt und damit sogleich gezeigt, wie sich eine verfassungsrechtliche Abwägung durch Offenlegung der dabei herangezogenen Bedingungen transparent machen und dadurch rationalisieren läßt. Im Ergebnis wird gezeigt, daß ein Verschlüsselungsverbot bei elektronischer Datenkommunikation nicht mit Art. 5 I GG vereinbar ist.

# I. Technische Ausgangslage

Eine wie auch immer geartete rechtliche Regelung muß sich an den Rahmenbedingungen orientieren, die eine bestimmte Technik mit sich bringt. Die unter Juristen gelegentlich anzutreffende Auffassung, das rechtlich Gebotene sei immer auch technisch machbar,[7] trifft jedenfalls für die hier behandelte Thematik in dieser Einfachheit nicht zu. Tatsächlich werden – wie aus dem folgenden deutlich wird – die Rechtsprobleme der Verschlüsselung wesentlich durch die technischen Eigenarten des Objekts bestimmt.[8]

## A) Internet und Internet-Dienste

Das „Internet" läßt sich schlagwortartig mit folgenden Strukturmerkmalen beschreiben. Es

– ist theoretisch jedermann weltweit zugänglich,
– ist nicht auf zentrale Strukturen angewiesen,
– verfügt über einige grundsätzliche Standards und
– bietet eine Vielzahl unterschiedlicher Dienste.

Einschränkend ist darauf hinzuweisen, daß natürlich der Zugang zum Internet eine entsprechende Infrastruktur (Telefonleitung, Anbindung an Netzwerke) voraussetzt. Und auch wenn das Internet prinzipbedingt nicht auf zentrale Strukturen angewiesen ist, so gibt es doch gewisse Infrastrukturkomponenten, die für das Funktionieren des Netzes insgesamt von Bedeutung sind, etwa das Netz der Server des Domain Name Service (DNS).

## 1. Das „Internet"

Das „Internet" ist kein geschlossenes Computersystem, sondern entspricht dem Typus eines sogenannten offenen Netzwerks. Das „Netz der Netze"

---

[7] Vgl. *Denninger*, Das Recht auf informationelle Selbstbestimmung und Innere Sicherheit, in: von Schoeler (Hrsg.), Informationsgesellschaft oder Überwachungsstaat, S. 107, 109.
[8] Vgl. *Kuner*, Rechtsprobleme der Kryptographie, in: Handbuch Multimedia-Recht, Teil 17, Rn. 8.

ist aus dem ARPA-Net[9] der USA hervorgegangen, bei dem im Herbst 1969 erstmals vier Großrechner miteinander verbunden wurden. Schon bald ging man dazu über, nicht einzelne Rechner, sondern ganze (lokale und regionale) Netzwerke miteinander zu verbinden.[10] Als Verbindungen dienten zunächst Telefonleitungen, später auch Richtfunkverbindungen und Satellitenkanäle.

Im Laufe der siebziger Jahre wurden die noch heute üblichen Übertragungsprotokolle (TCP/IP) entwickelt, die heute auf praktisch jedem Computer und für jedes Betriebssystem verfügbar sind. Das Netz ist dezentral angelegt, das heißt, es gibt keinen zentralen Vermittlungsrechner, sondern zahlreiche Knotenpunkte und Vermittlungsstellen (Router), die wiederum miteinander und untereinander verbunden sein können. Zwei Computer kommunizieren also nicht unbedingt direkt miteinander, sondern häufig über eine ganze Reihe von Vermittlungsrechnern. Die Daten, die von einem Computer zum anderen geschickt werden, werden für den Transport in Pakete zerlegt.[11] Jedes einzelne Datenpaket wird von den Routern mittels einer weltweit eindeutigen Adressierung bis ans Ziel weitergeleitet.[12] Dabei gibt es häufig mehr als einen möglichen Weg, und es ist nicht selten, daß – je nach verfügbaren Leitungskapazitäten – Datenpakete auf dem Weg von Frankfurt nach Berlin über Rechner in den USA geleitet werden. Beim Empfänger werden die Pakete wieder in der richtigen Reihenfolge zusammengesetzt. Kommen einige Pakete nicht oder nicht richtig an, werden sie nochmals beim Sender angefordert.[13] Fallen Teile des Netzes aus, werden die Daten entsprechend umgeleitet; das Netz funktioniert auch dann noch, wenn einige oder sogar große Teile ausgefallen sind, blockiert werden oder zerstört wurden.[14] Das Netz wird erweitert, indem neue Teilnehmer sich an eines der angeschlossenen Netze anschließen oder gleich ganze Netze an die vorhandenen Strukturen angliedern.[15]

Etwa fünfzehn Jahre nach dem großen Boom bei den Personal-

---

[9] ARPA: *Advanced Research Projects Agency*, eine Einrichtung des US-amerikanischen Verteidigungsministeriums, vgl. *Lammarsch/Steenweg*, Internet & Co, S. 3. Siehe zu technischen Fachbegriffen auch das Glossar im Anhang, S. 157.

[10] *Wiggins*, The Internet for Everyone, S. 6.

[11] *Ohliger*, Technische Grundlagen, in: Handbuch Multimedia-Recht, Teil 1, Rn. 39.

[12] *Ohliger*, Technische Grundlagen, in: Handbuch Multimedia-Recht, Teil 1, Rn. 23.

[13] Die Einhaltung der für diese technischen Vorgänge festgelegten Regeln (Protokolle) wird dabei von den Computern bzw. der auf ihnen laufenden Software kontrolliert, zumeist ohne daß der Benutzer davon Kenntnis nimmt. Vgl. für eine ausführliche Darstellung *Krol*, Die Welt des Internet, S. 26 ff.

[14] *Krol*, Die Welt des Internet, S. 15; *Wiggins*, The Internet for Everyone, S. 81.

[15] *Krol*, Die Welt des Internet, S. 16 ff.; *Roßnagel*, ZRP 1997, S. 26, 27.

Computern (PCs) Mitte der achtziger Jahre und deren weiten Verbreitung auch in Privathaushalten ist die Zahl der Netzteilnehmer in den neunziger Jahren sprunghaft angestiegen; ein Ende dieses Wachstums ist derzeit nicht abzusehen.[16] Einzelpersonen können einen Zugang über einen sogenannten Internet-Provider erhalten. Dieser stellt – in der Regel gegen Entgelt – Rechner mit einem Zugang zum Internet zur Verfügung, die über Telefon-, ISDN- oder andere Datenleitungen erreicht werden können.[17] Über die Zahl derjenigen, die über einen eigenen Internet-Zugang verfügen oder in der (Hoch-) Schule oder am Arbeitsplatz Zugang zum Internet haben, gibt es nur Schätzungen.[18] Nach der ARD/ZDF-Onlinestudie 2001[19] waren im 2. Quartal 2001 in Deutschland 24,8 Millionen Menschen ab 14 Jahren online; das entspricht einem Anteil von 38,8 Prozent in dieser Bevölkerungsgruppe.[20] Weltweit wird die Zahl der Nutzer auf über 540 Millionen geschätzt.[21]

2. Dienste im Internet

Über die Datenleitungen des Internet wird eine Vielzahl von Diensten abgewickelt. Bei der *Electronic Mail* (kurz: E-Mail) werden Nachrichten an einzelne oder an Gruppen von Empfängern verschickt.[22] E-Mail stellt heute einen der am meisten genutzten Dienste dar. Mit Hilfe des *File Transfer Protocol* (FTP) können Daten zwischen weit entfernt stehenden Rechnern kopiert werden.[23] Dies findet vor allem in Form des sogenannten anonymen FTP (*anonymous FTP*) statt, bei dem Einzelne oder Organisationen (zum Beispiel Universitäten) Dokumente, Programme und Daten

---

[16] *Krol*, Die Welt des Internet, S. ix.

[17] An technischer Ausstattung reicht dabei ein handelsüblicher PC mit einem Modem oder einer ISDN-Karte. In jüngerer Zeit finden auch ADSL-Anschlüsse mit einer höheren Leistungsfähigkeit zunehmend Verbreitung.

[18] Die Internet-Beratungsfirma NUA spricht daher bei den von ihr angegebenen Zahlen von einem „educated guess".

[19] *van Eimeren/Gerhard/Frees*, ARD/ZDF-Onlinestudie 2001, Media Perspektiven 2001, S. 382.

[20] Dies entspricht einer Zunahme um 36 Prozent im Vergleich zum Vorjahr. In der Zeit von 1997 bis 2001 hat sich die Zahl der Nutzer versechsfacht. Während zwischen den Jahren 1997 und 2000 jährliche Wachstumsraten zwischen 60 und 70 Prozent erreicht wurden, hat sich das Wachstum inzwischen abgeschwächt und wird für die nächsten Jahre auf 15 bis 25 Prozent jährlich geschätzt. *van Eimeren/Gerhard/Frees*, ARD/ZDF-Onlinestudie 2001, Media Perspektiven 2001, S. 382, 383.

[21] NUA, http://www.nua.com/surveys, Februar 2002.

[22] Per E-Mail können aber auch lange Texte, Grafiken oder umfangreiche Daten und Programme verschickt werden, vgl. *Gilster*, The New Internet Navigator, S. 31.

[23] *Lammarsch/Steenweg*, Internet & Co, S. 14 ff.

der Netzöffentlichkeit zum Abruf bereitstellen.[24] In den *Newsgroups* (Diskussionsforen) des *Usenet* finden öffentliche Diskussionen statt. Mit dem *Telnet*-Dienst (Fernzugang) kann man sich auf entfernten Computersystemen anmelden (*remote login*) und dort arbeiten, als ob man an einem Terminal vor Ort säße. Das sogenannte *World Wide Web* (WWW) schließlich bietet eine graphische Oberfläche, die den Zugriff auf die einzelnen Dienste erleichtert und neue, zusätzliche Möglichkeiten schafft. In den moderneren Versionen der verbreiteten Kommunikationssoftware[25] verschmelzen für den Benutzer die einzelnen Dienste zu einem einheitlichen Internet-Zugang. Für ihn macht es kaum einen Unterschied mehr, ob Daten von einem WWW- oder einem FTP-Server geladen werden. Allein die Adressierung unterscheidet sich für ihn noch.[26] Die Navigation erfolgt jedoch zumeist mit Hilfe von speziell markierten Verweisen (Hyperlinks). Diese können zu einer anderen Stelle im selben Dokument, aber auch zu einer anderen Text- oder Grafikdatei auf demselben oder einem anderen Rechner irgendwo im Internet führen. Der Benutzer muß dabei nicht einmal erfahren, wohin der „Link" führt. Es macht für ihn auch in der Regel keinen Unterschied, wo die Datei (physisch) gespeichert ist.[27] Die Daten werden einfach per Knopfdruck bzw. Mausklick auf den eigenen Rechner geladen. Die Technik tritt dabei immer mehr in den Hintergrund, weil die Benutzerschnittstelle der Kommunikationssoftware leichter zu bedienen ist und vom Benutzer immer weniger Wissen über die technischen Zusammenhänge erfordert.

---

[24] Auf dem FTP-Server der Universität Trier (`ftp://ftp.uni-trier.de`) sind beispielsweise – wie in zahlreichen Archiven weltweit – im Verzeichnis pub/pc/ Freeware- und Shareware-Programme für PCs gespeichert, die weltweit über das Internet (aber natürlich auch vom Trierer Campusnetz aus) abgerufen und kopiert werden können. Vgl. im übrigen *Lammarsch/Steenweg*, Internet & Co, S. 18 ff.

[25] Besonders große Verbreitung haben im PC-Bereich die Programme der Firmen Netscape („Navigator/Communicator") und Microsoft („Internet Explorer") erlangt.

[26] Um beispielsweise den FTP-Server der Universität Trier zu erreichen, muß man im Netscape Navigator die Adresse `ftp://ftp.uni-trier.de` angeben, für das WWW-Angebot hingegen `http://www.uni-trier.de`.

[27] Allerdings können die Internet-Anbindungen von unterschiedlicher Bandbreite sein und somit unterschiedlich lange Übertragungszeiten entstehen. Die geographische Entfernung spielt dabei nur eine untergeordnete Rolle; eine schnelle Transatlantik-Verbindung kann zu deutlich höheren Übertragungsraten führen als eine Verbindung innerhalb Deutschlands über Leitungen von geringer Übertragungskapazität.

## 3.   Datensicherheit im Internet

Ein zentrales Problem bei der Nutzung von Kommunikationsnetzen ist der Schutz der übermittelten Daten. Sie sollen gegen unbefugte Kenntnisnahme, Änderungen oder Fälschungen abgesichert werden. Die Anforderungen lassen sich mit den Schlagwörtern Vertraulichkeit, Authentizität und Integrität zusammenfassen. Die vorliegende Arbeit befaßt sich ausschließlich mit dem Problem der Vertraulichkeit von übermittelten Daten.

Um Daten gegen unbefugte Zugriffe zu schützen, gibt es grundsätzlich zwei Möglichkeiten: Man kann den Zugang zu den Daten verhindern oder erschweren, oder man kann dafür sorgen, daß Dritte mit den Daten nichts anfangen können.[28]

Maßnahmen, mit denen der Zugang zu bestimmten Daten beschränkt oder verhindert wird, sind heute weit verbreitet und bei den meisten Rechnerinstallationen Standard. Der Zugang zu Daten kann zum Beispiel dadurch verhindert werden, daß diese auf einem Datenträger – etwa einer Diskette oder einem Magnetband – gespeichert werden und dieser Datenträger dann in einen Tresor eingeschlossen wird. Dabei dürfen natürlich keine Kopien der Daten mehr auf anderen Rechnern oder auf Datenträgern außerhalb des Tresors verbleiben. Falls oder soweit dies nicht möglich ist – weil die Datenmenge zu groß ist oder laufend gebraucht wird –, besteht die Möglichkeit, den Rechner oder die Anlage, auf der die Daten gespeichert sind und/oder verarbeitet werden, gegen die Benutzung durch Unbefugte zu sichern – im einfachsten Fall, indem die gesamte Anlage in einem Raum oder Gebäudeteil eingeschlossen wird. Auch diese Möglichkeit scheidet jedoch aus, wenn der Rechner, auf dem die Daten gespeichert sind, durch Leitungen mit anderen Rechnern verbunden ist, zum Beispiel als Teil eines Netzwerks. Hier müßten alle verbundenen Rechner oder Terminals gegen Zugriffe durch Dritte gesichert werden. Dazu kann entweder nur denjenigen Zugang gewährt werden, die berechtigt sind, auf die Daten zuzugreifen. Oder es werden weitere Maßnahmen auf Ebene der einzelnen Rechner getroffen.[29] Je größer das Netzwerk ist, um so schwieriger wird es, den physischen Zugang zu kontrollieren, selbst dann, wenn das Netzwerk nur aus einer großen, aber begrenzten und prinzipiell überschaubaren Anzahl von einzelnen Rechnern bestehen.

Sobald jedoch Daten über das Internet übertragen werden, ist eine phy-

---

[28] Eine weitere Möglichkeit ist es, die Daten so zu verbergen, daß Dritten die Tatsache der Kommunikation gar nicht bewußt wird. Siehe zu der sog. Steganographie unten, S. 21.

[29] In Betracht kommen hier Schlüssel oder Lösungen mit Paßwörtern und/oder Chipkarten.

sische Zugangsbeschränkung nicht mehr möglich, denn wozu das Internet auch immer genutzt wird – immer werden Daten über mehrere oder sogar zahlreiche Vermittlungsstellen und Knotenrechner von einem zum anderen Rechner transportiert. Auf ihrem Weg sind sie dabei dem Zugriff Dritter weitgehend schutzlos preisgegeben.[30]

E-Mails können – etwa in Folge eines Systemfehlers oder einer falschen Adressierung – an die falschen Empfänger geraten.[31] Aber auch ein geplanter Zugriff ist möglich: Der Verwalter des Netzwerks, zu dem der Computer des Absenders oder der des Empfängers gehört, hat in der Regel umfassende Zugriffsrechte auf alle ein- und ausgehenden sowie gespeicherten Dateien. Das gleiche gilt für die Administratoren aller Router, über die eine Nachricht geleitet wird. Zudem ist es praktisch nicht auszuschließen, daß sich Systemfremde diese Zugriffsrechte verschaffen.[32] Die Daten – private Briefe ebenso wie Kundendateien oder Kaufangebote – können mitgelesen und – was im Einzelfall schwerer wiegen kann – unbemerkt verändert oder mit falschen Absenderangaben verschickt werden.[33] Aufgrund der Leistungsfähigkeit moderner Computer ist dies nicht nur im Einzelfall, sondern auch automatisiert und massenhaft möglich.[34] So

---

[30] *Gerling*, DuD 1997, S. 197; *Hobert*, Datenschutz und Datensicherheit im Internet, S. 57; *Ohliger*, Technische Grundlagen, in: Handbuch Multimedia-Recht, Teil 1, Rn. 78.
Nur am Rande sei erwähnt, daß bei der Übertragung von Daten über Telefon- oder andere Datenleitungen – ohne Nutzung des Internets – auch das herkömmliche Spektrum von Abhörmöglichkeiten besteht. Vgl. *Bär*, Der Zugriff auf Computerdaten im Strafverfahren, S. 28 f., und zu anderen Möglichkeiten unten, S. 29.

[31] *Wiggins*, The Internet for Everyone, S. 399.

[32] Auf Rechenanlagen mit dem Betriebssystem UNIX werden üblicherweise alle Paßwörter in einer Datei gespeichert, auf die teilweise auch von außen zugegriffen werden kann. Diese Datei ist zwar verschlüsselt. Es gibt aber einen einfachen Weg, herauszufinden, ob ein bestimmtes Paßwort in der Datei vorkommt. Dazu werden beliebige Wörter, die häufig als Paßwort Verwendung finden („passwort", „hallo" oder auch Vornamen) mit dem gleichen – öffentlich bekannten – Algorithmus verschlüsselt. Das Ergebnis wird dann mit den Einträgen in der Datei verglichen. Ist das Ergebnis gleich, dann hat man ein Paßwort gefunden. Bei Einsatz eines Computers und einer genügend langen Liste von möglichen Wörtern ist es im Regelfall nur eine Zeitfrage, bis eines oder mehrere Paßwörter gefunden wurden, vgl. *Wiggins*, The Internet for Everyone, S. 394 f.
Größte Schwachstelle ist dabei nach wie vor der Mensch, da viele Benutzer als Paßwörter leicht erinnerbare, kurze Wörter ohne Sonderzeichen wählen oder das voreingestellte Paßwort – etwa das Geburtsdatum oder die Personalnummer – gar nicht ändern. Zudem bieten auch Paßwörter keinen sicheren Schutz, da in größere Computeranlagen mit Verbindung zum Internet zumeist auch ohne ihre Kenntnis eingedrungen werden kann, indem Schwachstellen oder Fehler der Serversoftware ausgenutzt werden, vgl. *Krol*, Die Welt des Internets, S. 50 ff.

[33] *Kuner*, NJW-CoR 1995, S. 413.

[34] Dies läßt sich mit sogenannten *Packet-Sniffer*-Programmen durchführen. Diese können

kann zum Beispiel gezielt nach bestimmten Stichwörtern oder auch Kreditkartennummern gesucht werden.[35] Gleichzeitig ist zu beobachten, daß heute allgemein mehr und schneller fernkommuniziert wird.[36] Kurz gesagt: Beim derzeitigen Stand der Technik sollte man – so lautet ein üblicher Rat an Internet-Einsteiger – nichts über das Netz versenden, was man nicht auch am nächsten Tag in der Zeitung lesen möchte.[37] Es ist offensichtlich, daß ohne zusätzliche Maßnahmen bei der Nutzung des Internet weder Vertraulichkeit noch Integrität oder Authentizität sichergestellt sind.

Die Situation im Internet weist damit eine gewisse Ähnlichkeit auf zum Beginn der drahtlosen Kommunikation am Beginn des 20. Jahrhunderts. Per Funk wurden damals die ersten Nachrichten über große Entfernungen schnell und billig übermittelt. Besondere Bedeutung erhielt diese neue Medium im Zweiten Weltkrieg. Die Armeen aller Länder benutzten Funkverbindungen, um Einheiten, aber auch Schiffe (und hier nicht zuletzt U-Boote) aus der Entfernung dirigieren zu können. Funkwellen lassen sich jedoch von jedem auffangen, der die richtige Frequenz ermitteln kann. Mit etwas mehr Aufwand ist es heute möglich, Datenpakete im Internet unbefugt aufzufangen oder mitzuschneiden. Der Nutzung des Äthers damals entspricht die Nutzung des offenen Internets heute.

## B) Datensicherheit durch Verschlüsselung

Im folgenden wird zu zeigen sein, wie Vertraulichkeit der Kommunikation trotz der offenen Architektur des Internet technisch realisiert werden kann. Eine Sicherung durch Zugangsbeschränkung scheidet – wie gezeigt – aus. Es bleibt nur noch die Möglichkeit, dafür zu sorgen, daß niemand mit den eventuell abgefangenen Daten etwas anfangen kann: Die Sicherheit muß zum Attribut der Daten selbst werden.[38] Nach dem derzeitigen Stand der Technik kann dies nur dadurch erreicht werden, daß die Daten verschlüsselt werden.[39]

Auch hier läßt sich wieder die Parallele zum Anfang des 20. Jahrhun-

---

etwa auf Knotenrechnern im Internet eingesetzt werden, um IP-Datenpakete abzuhören, aufzuzeichnen und mit bestimmten gespeicherten Mustern zu vergleichen. Vgl. *Hobert*, Datenschutz und Datensicherheit im Internet, S. 54.

[35] *Kelm/Kossakowski*, DuD 1997, S. 192, 193.

[36] Vgl. *Kuner*, Rechtsprobleme der Kryptographie, in: Handbuch Multimedia-Recht, Teil 17, Rn. 3.

[37] Vgl. *Krol*, Die Welt des Internet, S. 120.

[38] Vgl. *Gerling*, DuD 1997, S. 197.

[39] *Gerling*, DuD 1997, S. 197.

derts ziehen. Bei der Nachrichtenübermittlung per Funk – es wurden in der
Regel Morsesignale übertragen, bei denen die Buchstaben einer Nachricht
mit Kombinationen kurzer und langer Töne codiert wurden – war Vertraulichkeit nur dadurch zu erreichen, daß Nachrichten für die Übermittlung
verschlüsselt wurden. Die deutsche Wehrmacht und vor allem das Mari-
nekommando benutzten dafür die Chiffriermaschine Enigma.[40] Während
die Deutschen die Enigma ständig weiter verbesserten, gelang es den Ver-
schlüsselungsfachleuten der Alliierten auf immer neue Weise und mit neuer Technik immer wieder, abgefangene Funkmeldungen zu entschlüsseln
– ein Kampf, von dessen Ausgang nicht zuletzt das Leben tausender See-
leute abhängen konnte, wenn es nicht gelang, rechtzeitig die Angriffspläne
deutscher U-Boote auf alliierte Konvois im Atlantik herauszufinden.

## 1.  Verschlüsselungsverfahren

Die zahlreichen – oder besser: zahllosen – Verschlüsselungsverfahren, die
in der ganzen Welt entwickelt wurden und werden, lassen sich nach verschiedenen Kriterien in Gruppen zusammenfassen. Eine wichtige Unterscheidung stellen die beiden Konzepte der symmetrischen und der asymmetrischen Verschlüsselung dar. Einen etwas anderen Ansatz verfolgt die
Gruppe der steganographischen Methoden; hier geht es darum, die Tatsache zu verschleiern, daß gewisse Daten überhaupt versandt werden, indem sie in größeren Datenmengen verborgen werden.[41]
      Grundsätzlich sind bei der Verschlüsselung zwei Dinge zu unterschei-
den: das verwendete Verfahren und die davon getrennt zu betrachten-
den Schlüssel. Das Verfahren besteht aus einer Folge von (mathematischen) Operationen, die auf den Ausgangstext angewandt werden. Bei den
Schlüsseln handelt es sich hingegen um Zeichenfolgen, die als Variablen in
die Berechnung des Chiffrats einfließen und ohne deren Kenntnis eine Entschlüsselung nicht möglich ist.[42] Diese Schlüssel werden geheimgehalten,

---

[40] Zur Geschichte der Enigma ausführlich *Singh*, Geheime Botschaften, S. 160 ff.

[41] Eine gut lesbare Einführung in den Stand der Verschlüsselungstechnik geben *Beutelspa-
cher/Schwenk/Wolfenstetter*, Moderne Verfahren der Kryptographie. Die Geschichte der
Kryptographie und von der Antike bis zu den modernsten Entwicklungen der sogenannten Quantenkryptographie schildert in anschaulicher Weise *Singh*, Geheime Botschaften.

[42] Kurzer technischer Exkurs: Zeichen wie Buchstaben oder Ziffern werden in der Informationstechnik durch Zahlen repräsentiert. Da sich in elektronischen Speichern nur die
Zustände „ein" (1) oder „aus" (0) festhalten lassen, werden Zahlen im binären System
codiert. Eine einzelne Speicherzelle kann dabei den Wert 0 oder 1 annehmen; diese In-
formationsmenge bezeichnet man als 1 Bit. Faßt man acht dieser Zellen zusammen, lassen sich damit 256 (= $2^8$) verschiedene Kombinationen darstellen; diese Menge bezeich-

was um so leichter fällt, je weniger Personen oder Stellen Zugang zu ihnen haben.[43]

Häufig wird darüberhinaus auch das Verschlüsselungs*verfahren* geheimgehalten.[44] Dies ist allerdings nicht unbedingt notwendig, um die Sicherheit einer Verschlüsselung zu gewährleisten. Handelt es sich nämlich um ein „sicheres" Verfahren, also um ein Verfahren, gegen das keine kryptoanalytischen Angriffe möglich oder bekannt sind,[45] so kann es problemlos veröffentlicht werden. Dies ermöglicht überdies, daß es weltweit von Experten und Interessierten genau untersucht werden kann. Schwächen des Verfahrens werden auf diese Weise schnell bekannt und können beseitigt werden. Kryptologen gehen bei der Beurteilung der Tauglichkeit eines Verschlüsselungssystems im allgemeinen davon aus, daß ein potentieller Angreifer in der Lage ist, mindestens das verwendete Verfahren herauszufinden.[46]

---

net man als 1 Byte. Üblicherweise werden Zeichen jeweils durch ein Byte repräsentiert; die entsprechenden Code-Tabellen umfassen daher bis zu 256 verschiedene Zeichen, denen jeweils genau ein Zahlenwert zugeordnet wird. Eine Zeichenfolge läßt sich daher auch als Folge von Zahlen ausdrücken. Auf der Ebene des Computers wird diese Folge von Zahlen (Bytes) wiederum als Folge von einzelnen Speicherzellen (Bits) gespeichert (…001100101011001101101…). Damit kann jede auf diese Weise codierte Zeichenfolge auch als Zahl betrachtet werden. Bei der Verschlüsselung handelt es sich damit um einen mathematischen Vorgang, bei dem aus einer Zeichenfolge – dem Ausgangstext – mit Hilfe einer weiteren Folge – dem Schlüssel – eine dritte Folge – das Chiffrat – berechnet wird. Handelt es sich bei dem Schlüssel um eine lange Zeichenfolge, entspricht ihr eine ebenfalls große Zahl. Zur Rolle der Schlüssellänge vgl. unten, S. 24 ff.

[43] Zu der Frage, welche Faktoren im einzelnen für die Sicherheit eines Verschlüsselungssystems ausschlaggebend sind, siehe unten, S. 22 ff.

[44] Dies ist insbesondere im Bereich der militärischen oder nachrichtendienstlichen Nutzung üblich.

[45] Vgl. unten, S. 22 ff.

[46] Vgl. *Fumy/Rieß*, Kryptographie, S. 20. Umgekehrt gehen Kryptologen von der Vermutung aus, ein unveröffentlichtes Verfahren sei mit großer Wahrscheinlichkeit schlecht. Beispiel dafür ist der Algorithmus A3/A8, der zur Authentifizierung von Mobiltelefonen verwendet wird. Nach seiner (unbefugten) Offenlegung wurde er innerhalb eines Tages von Fachleuten gebrochen. Damit wurde es möglich, Mobiltelefone zu „klonen", also ein Mobiltelefon so zu manipulieren, daß es vom Netz als ein anderes identifiziert wird. Ähnliches gilt für den (ebenfalls zunächst geheimgehaltenen) Algorithmus A5, mit dem der Funkverkehr von GSM-Mobiltelefonen verschlüsselt wird: Wenn es gelingt, zwei Minuten des Funkverkehrs aufzuzeichnen, läßt sich unter gewissen Bedingungen die Chiffrierung innerhalb von einer Sekunde mit einem PC brechen. Es kann dann das gesamte Telefonat – einschließlich der ersten zwei Minuten – entschlüsselt werden. Vgl. *Wobst*, iX 10/2001, S. 92, 96. Siehe aber auch *Zenner/Weis/Lucks*, DuD 2000, S. 405, die darauf verweisen, daß der von den Kryptologen *Biryukov* und *Shamir* publizierte Angriff insbesondere Vorbereitungen erforderlich macht, die von einem normalen Anwender kaum geleistet werden können. Allerdings könne der Code mit einiger Sicherheit von Großunternehmen und Nachrichtendiensten gebrochen werden.

In den folgenden schematischen Darstellungen von Verschlüsselungsverfahren werden Abkürzungen gebraucht, die auch in einem Teil der einschlägigen Literatur verwandt werden. Die (Klartext-) Nachricht heißt $m$
(engl. „*message*"), der Schlüssel $k$ (engl. „*key*") und die verschlüsselte Nachricht $c$ (engl. „*cipher*"). Es soll von dem üblichen Beispiel ausgegangen werden, daß Alice (A) eine Nachricht an Bob (B) schicken will, ohne daß jemand, der die Nachricht zufällig oder absichtlich mitliest oder abfängt,
etwas damit anfangen kann:

$$A \quad m \quad \rightarrow \quad m \quad B$$

In diesem Beispiel verfaßt Alice die Nachricht $m$. Anschließend wird
die Nachricht über das Netz verschickt und kommt bei Bob genau so an,
wie Alice sie abgeschickt hat.

## a)  Symmetrische Verschlüsselung

Bei der symmetrischen Verschlüsselung wird für die Verschlüsselung und
die Entschlüsselung der Nachricht $m$ der gleiche Schlüssel $k$ gebraucht:

$$A \quad m \quad \xrightarrow{k} \quad c \quad \xrightarrow{k} \quad m \quad B$$

Die Nachricht $m$ wird von Alice mit dem Schlüssel $k$ verschlüsselt. Bei
diesem Vorgang entsteht das Chiffrat $c$. Dieses Chiffrat wird an Bob ge-
sandt. Bob verfügt über den selben Schlüssel $k$, mit dem er das Chiffrat $c$
entschlüsseln kann. Heraus kommt dabei wieder die ursprüngliche Nachricht $m$.

Bekannte symmetrische Verfahren sind der amerikanische Verschlüs-
selungsstandard DES (*Data Encryption Standard*), dessen Nachfolger AES
(*Advanced Encryption Standard*) und der in der Schweiz entwickelte IDEA
(*International Data Encryption Algorithm*).[47]

Die Sicherheit ist bei diesem Verfahren gewährleistet, wenn Alice und
Bob ein sicheres („starkes") Verschlüsselungsverfahren benutzen[48] *und* nur

---

[47] Zum DES vgl. *Fox*, DuD 2000, S. 736. Zum AES vgl. *Wobst*, iX 10/2001, S. 92 ff., und
unten S. 24 ff. Der AES wurde im November 2001 vom US-amerikanischen National Institute of Standards and Technology (NIST) offiziell als neuer Standard veröffentlicht (Federal Information Standards Publication [FIPS PUB] 197). Der Algorithmus ist patent- und lizenzfrei und kann von jedermann kostenlos verwendet
werden. Informationen zum AES bietet das NIST auf der offiziellen Webseite an:
`http://csrc.nist.gov/encryption/aes/`.
[48] Siehe dazu unten, S. 22 ff.

sie beide den verwendeten Schlüssel *k* kennen. Problematisch ist, daß Alice den Schlüssel *k* Bob irgendwie mitteilen muß. Dies kann zum Beispiel auf einem sicheren, das heißt nicht abhörbaren Kanal geschehen. Wenn Alice und Bob aber über einen abhörsicheren Kanal verfügen, wozu müssen sie dann noch verschlüsseln? Dieser stünde ihnen dann ja ohnehin für eine vertrauliche Kommunikation zur Verfügung. Das Ziel ist ja aber gerade, auch über Kanäle kommunizieren zu können, die nicht abhörsicher sind – wie eben das Internet –, und trotzdem Vertraulichkeit zu erreichen.

Es wäre auch daran zu denken, daß Alice und Bob sich ein Mal treffen, den geheimen Schlüssel *k* austauschen und ihn dann zukünftig immer benutzen. Dies kann – ein entsprechendes Verfahren und hinreichende Schlüssellänge vorausgesetzt – ein hohes Maß an Sicherheit bieten. Allerdings steigt mit der Dauer der Benutzung desselben Schlüssels zum einen die Gefahr, daß dieser durch unbefugte Dritte aufgedeckt wird (etwa durch Diebstahl oder Bestechung). Zum anderen kann – je nach verwendetem Verschlüsselungsverfahren – die häufige Benutzung desselben Schlüssels die Chancen kryptoanalytischer Angriffe erhöhen.[49]

Dem Einsatz allein symmetrischer Verfahren stehen allerdings noch weitere praktische Bedenken gegenüber. Zum einen gestaltet sich schon der Schlüsselaustausch sehr schwierig. Wenn man bedenkt, daß zum Beispiel beim Versandhandel häufig Unbekannte über das Netz miteinander in Kontakt treten, dann würde die Notwendigkeit eines vorherigen Schlüsselaustauschs – bei einem persönlichen Treffen, per Post oder auf andere, vertrauliche Weise – die Vorteile an Schnelligkeit und Flexibilität, die durch die Nutzung von Datenkommunikationsnetzen wie dem Internet erreicht werden sollen, stark relativieren.[50]

---

[49] Vgl. *Singh*, Geheime Botschaften, S. 156.

[50] Tatsächlich existiert ein Verfahren, das den sicheren Schlüsselaustausch auch über einen unsicheren Kanal ermöglicht. Anschaulich läßt es sich in etwa so beschreiben: Alice erzeugt einen Schlüssel, den sie zukünftig für die Kommunikation mit Bob verwenden möchte. Sie verpackt den Schlüssel in eine Eisenkiste und sichert diese mit einem Vorhängeschloß. Die Kiste schickt sie an Bob. Bob sichert die Kiste zusätzlich mit einem eigenen Schloß und schickt sie zurück an Alice. Alice entfernt ihr Schloß, läßt aber das von Bob an der Kiste und sendet die Kiste zurück an Bob. Bob kann nun sein Schloß entfernen und den Schlüssel entnehmen. Auf jedem Transport ist die Kiste durch mindestens ein Schloß gesichert, während jeder der Beteiligten nur seinen eigenen Schlüssel braucht. Ein entsprechendes mathematisches Schlüsselaustausch-Verfahren, das auf der Nutzung von sogenannten Einwegfunktionen beruht, wird nach seinen Entwicklern als Diffie-Hellman-Merkle-Verfahren bezeichnet. Es setzt jedoch voraus, daß Alice und Bob mehrfach Nachrichten austauschen, bis der Schlüssel vereinbart ist. Das ist möglich, wenn beide gleichzeitig online sind, weshalb es zum Beispiel bei Online-Bestellungen im Internet brauchbar ist. Unpraktisch ist es jedoch bei zeitversetzter Kommunikation wie

Es gibt aber noch ein anderes Problem, das den Einsatz allein symmetrischer Verfahren als wenig praktikabel erscheinen läßt: die benötigte Anzahl an Schlüsseln. Soll jeder Teilnehmer in einem Netz mit jedem anderen Teilnehmer einen Schlüssel vereinbaren oder austauschen, so werden bei $n$ Teilnehmern $n \cdot \frac{(n-1)}{2}$ individuelle Schlüssel gebraucht.[51] Bei 100 Teilnehmern werden also 4.950 verschiedene Schlüssel benötigt, bei 1.000 Teilnehmern 499.500 und bei 10.000 Teilnehmern bereits knapp 50 Millionen ($\approx 4,99 \cdot 10^7$). Tatsächlich sind im Internet aber, wie bereits erwähnt, viele Millionen Teilnehmer aktiv, die alle potentiell an der Nutzung sicherer Verfahren interessiert sind. Die Zahl der Schlüssel für die sichere Kommunikation von jedem mit jedem stiege ins Unermeßliche. Geht man nun noch davon aus, daß Schlüssel aus Sicherheitsgründen in regelmäßigen Intervallen ausgetauscht werden, so zeigt sich, daß der Einsatz allein von symmetrischen Verfahren im Alltag unpraktikabel ist.

## b)  Asymmetrische Verschlüsselung

Eine Gruppe vergleichsweise neuer Verfahren arbeitet mit zwei Schlüsseln pro Teilnehmer: einem öffentlichen (*public key*, $k_p$) und einem privaten oder geheimen (*private* oder *secret key*, $k_s$).[52] Diese gehören so zusammen, daß eine Nachricht jeweils nur mit dem einen ver- und mit dem anderen entschlüsselt werden kann. Gleichzeitig ist es praktisch unmöglich, aus dem einen Schlüssel auf den anderen zu schließen. Nur der private Schlüssel muß geheimgehalten werden; der öffentliche Schlüssel kann – zum Beispiel über das Internet – verbreitet werden.

Möchte Alice eine Nachricht an Bob senden, so beschafft sie sich zuerst seinen öffentlichen Schlüssel $k_p$.[53] Mit diesem verschlüsselt sie die Nachricht und sendet sie an Bob. Nur er kann mit seinem dazugehörigen privaten Schlüssel $k_s$ die Nachricht entschlüsseln.[54]

---

etwa im E-Mail-Verkehr, bei der die Nachricht abgeschickt und dann auf einem Rechner für den Empfänger zur Abholung bereitgestellt wird. Vgl. dazu ausführlich *Singh*, Geheime Botschaften, S. 306 ff.

[51] Vgl. *Gerold*, DFN-Bericht Nr. 84, 1997, S. D-1, D-17.

[52] Diese Verfahren unterscheiden sich äußerlich von den reinen symmetrischen Verfahren zunächst dadurch, daß einer der beiden Schlüssel – der *public key* – öffentlich bekanntgemacht werden kann und soll. Man bezeichnet diese Verfahren daher auch als Public-Key-Verfahren.

[53] Zum Beispiel von einem sogenannten *Keyserver* im Internet, einer Datenbank, in der jedermann seine öffentlichen Schlüssel hinterlegen und zum Abruf bereitstellen kann.

[54] Dieses Konzept wurde zum ersten Mal 1976 von den amerikanischen Kryptologen Diffie und Hellman veröffentlicht, *Diffie/Hellman*, IEEE Transactions on Information Theory

$$A \quad m \quad \xrightarrow{k_p} \quad c \quad \xrightarrow{k_s} \quad m \quad B$$

Einige Vorteile dieses Verfahrens springen unmittelbar ins Auge. Man kommt mit wesentlich weniger Schlüsseln aus: Pro Teilnehmer genügt ein Schlüsselpaar, das für die Kommunikation mit jedem anderen Teilnehmer benutzt werden kann. Dies hält den administrativen Aufwand in Grenzen. Jeder einzelne Teilnehmer muß sich nur die öffentlichen Schlüssel von denjenigen beschaffen, an die er eine Nachricht senden will, und dafür sorgen, daß allen, die mit ihm Kontakt aufnehmen wollen, sein eigener öffentlicher Schlüssel zugänglich ist.[55]

Ein zweiter Vorteil liegt in der einfacheren Geheimhaltung. Während bei symmetrischen Verfahren schon mindestens die beiden Beteiligten den von ihnen benutzten geheimen Schlüssel kennen müssen, kennt bei einem *public key*-Verfahren jeder Teilnehmer nur seinen eigenen geheimen Schlüssel $k_s$. Nur diesen muß er geheimhalten (und nicht alle Schlüssel für alle Verbindungen mit anderen Teilnehmern, wie es bei symmetrischen Verfahren der Fall ist). Ist eine Nachricht einmal mit dem öffentlichen Schlüssel eines Empfängers verschlüsselt, so kann nur noch dieser mit seinem privaten Schlüssel die Nachricht wieder dechiffrieren.

---

1976, S. 644 ff. Vermutlich wurde es aber schon Ende der 60er Jahre von James Ellis, einem Mitarbeiter des britischen Government Communications Headquarters (GCHQ), erfunden. 1973 soll ein anderer Mitarbeiter des GCHQ, Clifford Cocks, die mathematischen Probleme zur praktischen Umsetzung des Konzepts gelöst haben. Die erste veröffentliche Umsetzung im Jahr 1977 der Public-Key-Kryptographie stammt von den US-amerikanischen Kryptographen Ron Rivest, Adi Shamir und Leonard Adleman, nach denen das bekannte RSA-Verfahren benannt ist. Vgl. zum Ganzen *Singh*, Geheime Botschaften, S. 324 ff.

[55] Diese Übersendung muß nicht geheim erfolgen, weil der öffentliche Schlüssel jedermann bekannt sein darf: Er kann ja nur dazu benutzt werden, Nachrichten so zu *verschlüsseln*, daß nur der Empfänger – der Inhaber des dazugehörigen geheimen Schlüssels – sie entschlüsseln kann, nicht aber etwa dazu, an diesen gerichtete Nachrichten zu *entschlüsseln*. Sichergestellt werden muß hingegen, daß der öffentliche Schlüssel wirklich dem Empfänger gehört. Im Beispiel könnte Chris (C) einen öffentlichen Schlüssel erzeugen, ihn aber als Bobs Schlüssel ausgeben und verteilen. Gelänge es ihm zudem, die mit dem gefälschten Schlüssel verschlüsselten Nachrichten an Bob abzufangen, könnte er sie mit dem nur ihm bekannten privaten Schlüssel lesen. (Bob könnte sie nicht dechiffrieren, da er den privaten Schlüssel, der zu dem gefälschten gehört, nicht hat. Damit könnte der Angriff aber schon offenbar werden, wenn Bob Nachrichten erhält, die an ihn adressiert und angeblich mit seinem öffentlichen Schlüssel verschlüsselt sind, sich aber mit seinem privaten Schlüssel nicht entschlüsseln lassen.) Diese Probleme sind für das Verständnis der Grundprinzipien der Verschlüsselung jedoch nur am Rande relevant. Es soll daher der Hinweis genügen, daß digitale Signaturen vertrauenswürdiger Dritter unter den Schlüsseln (sog. Zertifikate), mit denen die Zuordnung eines bestimmten Schlüssels zu einer Person bestätigt wird, einen Ansatz zur Lösung dieses Problems bieten.

Dies hat die interessante Konsequenz, daß nicht einmal der Absender mehr diese Nachricht entschlüsseln kann. Entschlüsselt werden kann sie ausschließlich mit dem geheimen Schlüssel des Empfängers. Die eine Lösung für dieses Problem besteht darin, daß der Absender eine Kopie der ursprünglichen Nachricht im Klartext aufbewahrt. Eine andere Lösung ergibt sich aus der Möglichkeit, dieselbe Nachricht gleichzeitig mit mehreren öffentlichen Schlüsseln zu verschlüsseln. Sie kann dann von allen Empfängern mit den passenden geheimen Schlüsseln entschlüsselt werden.[56] Der Absender der E-Mail kann nun die Nachricht nicht nur für den oder die Empfänger, sondern auch für sich selbst verschlüsseln (mit seinem eigenen öffentlichen Schlüssel).[57]

Allerdings erfordern asymmetrische Verschlüsselungsverfahren einen erheblich höheren Rechen- und damit Zeitaufwand als symmetrische. In der Praxis werden daher in der Regel sog. *hybride* Verfahren eingesetzt, die die Vorteile der asymmetrischen Verschlüsselung und die Geschwindigkeit der symmetrischen Verschlüsselung kombinieren. Dabei wird die Nachricht $m$ zunächst mit einem symmetrischen Verfahren (zum Beispiel IDEA oder DES) und einem zufällig gewählten Schlüssel $k_r$[58] verschlüsselt. Dieser Sitzungsschlüssel (der viel kürzer ist als die ganze Nachricht) wird dann mit einem asymmetrischen Verfahren und dem öffentlichen Schlüssel des Empfängers verschlüsselt und dem Chiffrat beigefügt. Chiffrat und verschlüsselter Sitzungsschlüssel werden dem Empfänger übermittelt. Dieser entschlüsselt zunächst den Sitzungsschlüssel mit seinem privaten Schlüssel und benutzt diesen dann zur Dechiffrierung der eigentlichen Nachricht:

$$
A \qquad
\begin{array}{ccccc}
m & \xrightarrow{k_r} & c & \xrightarrow{k_r} & m \\[2mm]
k_r & \xrightarrow{k_p} & k_c & \xrightarrow{k_s} & k_r
\end{array}
\qquad B
$$

Zunächst wird die Nachricht $m$ mit dem zufälligen Sitzungsschlüssel $k_r$ verschlüsselt; heraus kommt das Chiffrat $c$ der Nachricht. Der Sit-

---

[56] Anschaulich kann man sich vorstellen, die Nachricht werde in eine Kiste mit einem Schloß gelegt, zu dem es mehrere verschiedene passende Schlüssel gibt.

[57] Beim Verschlüsselungsprogramm PGP kann diese *Encrypt-to-self*-Option so voreingestellt werden, daß jede Nachricht automatisch auch mit dem eigenen öffentlichen Schlüssel verschlüsselt wird. Verschickte Nachrichten können dann verschlüsselt gespeichert werden, und der Absender kann sie mit seinem geheimen Schlüssel entschlüsseln. Das kann auch dann hilfreich sein, wenn der Schlüssel des Empfängers verloren geht.

[58] $r$ steht für *random*, engl. zufällig. Dieser Schlüssel wird auch als Sitzungsschlüssel (*session key*) bezeichnet, weil er nur für den jeweiligen Vorgang erzeugt wird, ohne dauerhaft aufbewahrt oder wieder verwendet zu werden.

zungsschlüssel $k_r$ wird dann mit Bobs öffentlichem Schlüssel $k_p$ verschlüsselt; heraus kommt das Chiffrat des Sitzungsschlüssels $k_c$. Das Chiffrat $c$ der Nachricht und der verschlüsselte Sitzungsschlüssel $k_c$ werden an Bob versandt. Bob entschlüsselt den Sitzungsschlüssel mit seinem geheimen Schlüssel $k_s$. Mit dem Sitzungsschlüssel entschlüsselt er im zweiten Schritt die chiffrierte Nachricht $c$ und erhält wieder den Ausgangstext $m$. Den Sitzungsschlüssel $k_r$ kann er anschließend löschen. Von diesem mehrstufigen Vorgang bekommen in der Praxis natürlich weder Alice noch Bob etwas mit. Alice muß nur angeben, an wen sie verschlüsseln will, Bob muß lediglich seinen geheimen Schlüssel einsetzen (der in der Regel durch eine Chipkarte, eine Passphrase oder eine Kombination davon zusätzlich geschützt sein dürfte).

Dieses Verfahren wird unter anderem von dem weltweit verbreiteten und für den privaten Gebrauch kostenlosen Programm *Pretty Good Privacy* (PGP) verwendet.[59]

## c) Steganographie

Von der Verschlüsselung im eigentlichen Sinn zu unterscheiden sind alle Methoden der Steganographie. Hierbei geht es nicht darum, die Nachricht selbst unlesbar zu machen, sondern es soll die Tatsache verborgen werden, daß überhaupt eine Nachricht gesendet wird. Dies kann zum Beispiel in der Weise geschehen, daß in einer großen Menge von Daten (etwa in einer Computergrafik) einzelne Informationen verstreut verborgen werden, so daß der Betrachter des Bildes den Unterschied zum Originalbild (falls er es kennt) nicht oder nur bei allergrößter Aufmerksamkeit wahrnehmen kann. Bei digitaler Telekommunikation (zum Beispiel beim Telefonieren im ISDN[60]), bei der Daten beliebiger Art (digitalisierte Sprache und Bilder ebenso wie Programme oder Dateien) als Folge von Bits transportiert werden, können Daten auch unhörbar im (vom Telefonmikrofon aufgenommenen und mitdigitalisierten) Rauschen verborgen werden. So können während eines ganz normalen Telefonats Daten, die eventuell sogar noch zusätzlich verschlüsselt sind, nebenbei übertragen werden, ohne daß ein Lauscher auf die Idee kommen würde, hier ginge es um etwas anderes

---

[59] Im Internet: http://www.pgpi.com.

[60] *Integrated Services Digital Network*, das digitale Datennetz, das nach und nach das bisherige analoge Telefonnetz ablöst. Wegen der im Vergleich zum analogen Netz deutlich höheren erreichbaren Datenübertragungsraten können neben Sprache auch Bilder und Texte besser und schneller übertragen werden, zumal auf Grund der Digitalisierung der Daten die Übertragung nahezu verlustfrei erfolgt.

als das tatsächlich besprochene Geburtstagsgeschenk.

Obwohl es sich bei diesen Verfahren nicht um Verschlüsselung im vorher erwähnten Sinne handelt, werden sie hier genannt, um auf eine mögliche Anwendung hinzuweisen: den Gebrauch von Verschlüsselung zu verbergen.

## 2. Sicherheit von Verschlüsselungsverfahren

Der Wettlauf zwischen Menschen, die geheime Nachrichten verschlüsseln, und denen, die fremde Codes brechen wollen, ist so alt wie die ältesten Chiffriersysteme. Derzeit sieht es so aus, als hätten die Verschlüsseler die Nase vorn. Vermutlich gibt es zwar keinen „unbrechbaren" Code. Doch versprechen die momentan verfügbaren Kryptosysteme ein hohes Maß an Sicherheit.

In der Kryptographie werden deshalb auch zwei Sicherheitsbegriffe unterschieden: Von „theoretischer Sicherheit" wird gesprochen, wenn in der Theorie, also mit Hilfe eines mathematischen Beweises, die Unmöglichkeit eines Brechens des Codes nachgewiesen werden kann. Bisher ist ein solcher Nachweis erst für ein einziges Verschlüsselungsverfahren geführt worden, das sogenannte *one-time-pad*. Dabei wird der Klartext mit einem Schlüssel codiert, der aus zufällig gewählten Zeichen besteht und genauso lang ist wie die Nachricht selbst. Daher ist dieses Verfahren nur in Ausnahmefällen praktisch anwendbar.[61]

Bei den meisten Verschlüsselungssystemen hängt die Sicherheit davon ab, daß sie sich bestimmte – bisher ungelöste – mathematische Probleme zunutze machen. Beispielsweise ist es sehr einfach, zwei Primzahlen zu multiplizieren. Diese mathematische Operation läßt sich aber nicht ohne weiteres umkehren: Die Zerlegung des Produkts zweier großer Primzahlen in seine Faktoren erfordert aufwendige mathematische Verfahren und eine Vielzahl einzelner Berechnungen. Sind die verwendeten Primzahlen sehr groß, kann die Zerlegung sehr aufwendig werden. Sie ist dennoch nicht unmöglich, und es gibt keinen theoretischen Nachweis, ob es eine Untergrenze für die Schwierigkeit der Aufgabe gibt. Mit anderen Worten: Niemand kann heute mit Sicherheit sagen, daß nicht eines Tages Verfahren

---

[61] Dieser Schlüssel muß dem Empfänger ja bekanntgemacht werden, wofür wiederum ein sicherer Kanal erforderlich ist. Ein solcher Aufwand lohnt sich nur dann, wenn der Schlüssel auf sicherem Weg transportiert werden und bis zur Verwendung sicher gespeichert werden kann. Eingesetzt wird dieses Verfahren angeblich beim sogenannten heißen Draht zwischen Washington und Moskau. Vgl. *Fumy/Rieß*, Kryptographie, S. 56 und 101 ff.

zur Zerlegung in Primfaktoren gefunden werden, die so effizient sind, daß sie die Sicherheit eines Verschlüsselungssystems in Frage stellen, das auf eben dieser Schwierigkeit beruht. Man weiß nur, daß nach dem heutigen Stand keine solchen Verfahren öffentlich bekannt sind, die die Sicherheit des Verfahrens ernsthaft in Frage stellen würden.[62]

Eine – zumindest theoretische – Angriffsmöglichkeit besteht bei praktisch allen Verfahren unabhängig vom verwendeten Verschlüsselungsalgorithmus: die sogenannte *brute force attack*, bei der einfach alle möglichen Schlüssel (automatisiert) ausprobiert werden.[63] Die Zahl der möglichen Schlüssel kann allerdings mit wachsender Schlüssellänge sehr groß werden.[64] Da somit der Aufwand für eine Entschlüsselung ohne Kenntnis des Schlüssels so groß werden kann, daß er sich nicht mehr lohnt, weil er in keinem sinnvollen Verhältnis mehr steht zu den gewonnenen Informationen, wird hier von „praktischer Sicherheit" gesprochen.

---

[62] Vgl. *Beutelspacher*, in: Hamm/Möller (Hrsg.), Datenschutz durch Kryptographie, S. 34. Zum Forschungsstand bei der Zerlegung von Zahlen in Primfaktoren vgl. *Weis/Lucks/Geyer*, DuD 2000, S. 150, die zu dem Schluß kommen, neu erzeugte Schlüssel für asymmetrische RSA-Verschlüsselung sollten nicht kürzer als 2 048 bit sein, um für ausreichende Zeit Sicherheit zu bieten. Das entspricht dem Produkt zweier *sehr* großer Primzahlen.

[63] Zu beachten ist hier allerdings die Schwierigkeit, die Ergebnisse all dieser Entschlüsselungsvorgänge daraufhin zu überprüfen, ob es sich tatsächlich um den gesuchten Klartext handelt.
Angenommen, bei einem Verfahren existierten $2^8$, also 256 mögliche Schlüssel; dies entspräche einer Schlüssellänge von 8 bit. Dann kämen bei einer *brute force attack* 256 verschiedene Ergebnisse des Dechiffriervorgangs heraus. Diese müßten alle daraufhin überprüft werden, ob es sich um den gesuchten Klartext handelt. 256 Seiten lassen sich von Hand relativ schnell durchsehen. Wenn bekannt ist, in welcher Sprache die ursprüngliche Nachricht verfaßt worden ist, könnte das richtige Ergebnis schnell gefunden werden. Bei verdoppelter Schlüssellänge (16 bit, also $2^{16}$ mögliche Schlüssel) müßten allerdings schon 65 536 mögliche Klartexte überprüft werden, bei vierfacher Länge (32 bit, also $2^{32}$ mögliche Schlüssel) wären es über vier Milliarden. Diese Überprüfung kann nur noch automatisiert erfolgen, zum Beispiel dadurch, daß ein Computer die Nachricht mit einer Wortliste der entsprechenden Sprache vergleicht. Alle Nachrichten, in denen sich keine Zeichenfolgen finden lassen, die Wörtern entsprechen, kann der Computer aussortieren. Die übrigen müßten weiter geprüft werden. Dies funktioniert auch nur dann, wenn irgend etwas über die Nachricht bekannt ist – etwa die Sprache. Viel schwieriger wird es natürlich noch, wenn der „Klartext" tatsächlich eine Computerdatei ist, in der eindeutige Anhaltspunkte, welche der möglichen Dechiffrierungen die richtige ist, nur noch schwer zu finden sind.

[64] Vgl. den folgenden Abschnitt, S. 24 ff.

## a)  Schlüssellänge

Ein Kriterium für die Schwierigkeit der Entschlüsselung eines Chiffrats ist bei den oben angesprochenen Verfahren die Länge der Schlüssel.[65] Der amerikanische Verschlüsselungsstandard DES arbeitet beispielsweise mit einer Schlüssellänge von 56 bit.[66] Das bedeutet, es gibt $2^{56}$ verschiedene Schlüssel. Bei einem *brute force*-Angriff – dem Durchprobieren aller möglichen Schlüssel – müßten maximal alle, im Durchschnitt die Hälfte dieser Schlüssel ausprobiert werden.[67] Dies ist heute mit entsprechend leistungsfähigen Computern innerhalb von überschaubaren Zeiträumen machbar.[68] Der IDEA-Algorithmus arbeitet hingegen mit 128 bit-Schlüsseln, die nach dem heutigen Stand einer solchen Attacke standhalten würden.[69] AES,

---

[65] Die Schlüssel sind nichts anderes als (lange) Folgen von Zeichen oder Zahlen, die technisch natürlich wieder als Folgen von Bits und Bytes gespeichert und verarbeitet werden, vgl. oben, Fn. 42, S. 14. Daher wird die Länge eines Schlüssels auch in bit ausgedrückt.

[66] Vgl. *Wobst*, iX 10/2001, S. 92, 93.

[67] Dies entspricht 36 Billiarden Dechiffrierungen. Zur Zeit der Einführung des DES 1977 war dies eine unvorstellbar hohe Zahl – zu dieser Zeit wurden Rechner noch mit großen Lastwagen angeliefert. Heute kann diese Zahl Kryptologen nicht mehr recht beeindrucken. Deswegen wird heute zum Teil 3DES („Triple DES") verwendet. Bei diesem Verfahren wird dreimal hintereinander mit DES chiffriert, wobei zwei verschiedene 56 bit-Schlüssel zum Einsatz kommen, was einer effektiven Schlüssellänge von 112 bit entspricht. Seit 1998 wird zum Beispiel die Geheimzahl (PIN) der ec-Karte mit 3DES verschlüsselt. Vgl. *Wobst*, iX 10/2001, S. 92, 93.

[68] 1997 gelang zum ersten Mal eine Entschlüsselung einer mit DES verschlüsselten Nachricht durch *brute force*, an der zahlreiche Rechner im Internet teilnahmen; sie dauerte 140 Tage. Anfang 1998 wurde ein solcher Angriff in 39 Tagen durchgeführt. Im Juli 1999 schließlich fand ein Rechner der *Electronic Frontier Foundation* (EFF) mit 1 800 Spezialchips (der sog. DES-Cracker) einen DES-Schlüssel in 56 Stunden. Vgl. *Fox*, DuD 2000, S. 736; *Wobst*, iX 10/2001, S. 92, 93.

[69] Geht man davon aus, daß im Schnitt der Schlüssel nach der Durchsuchung der Hälfte des Schlüsselraums gefunden wird, so ergeben sich für verschiedene Schlüssellängen folgende Zeiten:

| Schlüssellänge | Anzahl der Schlüssel | Probieren von $10^6$ Schlüsseln/s | Probieren von $10^9$ Schlüsseln/s | Probieren von $10^{12}$ Schlüsseln/s |
|---|---|---|---|---|
| 32 bit | $2^{32} \approx 4,3 \cdot 10^9$ | 35,8 min | 2,15 s | 2,15 ms |
| 56 bit | $2^{56} \approx 7,2 \cdot 10^{16}$ | 1.142 Jahre | 416 Tage | 10,01 Stunden |
| 128 bit | $2^{128} \approx 3,4 \cdot 10^{38}$ | $5,4 \cdot 10^{24}$ Jahre | $5,4 \cdot 10^{21}$ Jahre | $5,4 \cdot 10^{18}$ Jahre |

Man sieht deutlich, daß mit wachsender Schlüssellänge die benötigte Zeit dramatisch ansteigt. Zudem wird klar, warum angesichts stark wachsender Rechenleistung eine Schlüssellänge von 56 bit heute nicht mehr als ausreichend sicher angesehen wird: Schon ein *brute force*-Angriff, bei dem also noch nicht einmal mit kryptoanalytischen Methoden Designschwächen des verwendeten Verschlüsselungsverfahrens ausgenutzt werden, ist

der Nachfolgestandard des DES, arbeitet mit Schlüssellängen von 128 bis 256 bit und soll damit auch in 20 Jahren noch Sicherheit gewährleisten.[70]
Bei asymmetrischen Verschlüsselungsverfahren müssen die Schlüssel konstruktionsbedingt wesentlich länger sein. Die Sicherheit des RSA-Algorithmus beruht zum Beispiel auf der mathematischen Schwierigkeit, große Zahlen in Primfaktoren zu zerlegen. Bei einer Schlüssellänge von mindestens 768 bit dauert die Zerlegung in Primfaktoren mit den heute bekannten Verfahren länger als ein Menschenleben – wenn nicht inzwischen effizientere Verfahren gefunden werden.[71]

## b) Kryptoanalyse

Damit ist jedoch noch nicht gesagt, daß diese Verfahren keine anderen Schwächen haben. Die bloße mathematische Komplexität gibt lediglich eine Obergrenze für die Schwierigkeit der Entschlüsselung an.[72] Bisher ist noch für die meisten Chiffrierverfahren eine Angriffsmöglichkeit gefunden worden.[73] Auch sind zum Beispiel in den letzten Jahren die Algorithmen zur Zerlegung von Zahlen in Primfaktoren wesentlich verbessert worden. Andererseits sind die hier angesprochenen Verfahren – RSA, DES, IDEA – weltweit verbreitet und werden seit vielen Jahren von Experten untersucht. Bisher ist kein erfolgreicher Angriff publiziert worden (was jedoch nicht mit Sicherheit bedeutet, daß es ihn nicht gegeben hat).[74] Die heftige

---

mit hinreichend großer Rechenleistung machbar. Andererseits erscheint eine Schlüssellänge von 128 bit noch für einige Zeit ausreichend. Selbst eine Verbesserung der Rechenleistung auf das tausend- oder millionenfache würde nicht dazu führen, die benötigte Zeit auf ein erlebbares Maß zu reduzieren. Zum Vergleich: Das Alter der Erde wird auf etwa $10^9$ Jahre geschätzt, das des Universums auf $10^{10}$ Jahre. Dies setzt natürlich voraus, daß tatsächlich ein *brute force*-Angriff nötig ist, die Verschlüsselung also nicht auf andere Weise gebrochen werden kann.

[70] AES verwendet den Rijndael-Algorithmus, der öffentlich publiziert und jahrelang von Kryptologen getestet wurde. Für diesen Algorithmus ist zur Zeit kein Angriff bekannt, der schneller ist als das Ausprobieren aller Schlüssel, vgl. *Lucks/Weis*, DuD 2000, S. 711, 712. Zudem läßt sich dieser Algorithmus gleichermaßen gut in Software (Computerprogrammen) wie auch in spezieller Hardware (zum Beispiel Verschlüsselungschips auf Smartcards) implementieren. Vgl. *Wobst*, iX 10/2001, S. 92, 94 ff.

[71] *Gerling*, DuD 1997, S. 197, 199.

[72] *Bauer*, Entzifferte Geheimnisse (1. Auflage), S. 168.

[73] Vgl. die eindrucksvolle Beschreibung kryptoanalytischer Methoden bei *Bauer*, Entzifferte Geheimnisse (1. Auflage), S. 169 ff. Zum Brechen zum Beispiel von Codes, die in Chipkarten gespeichert sind, läßt sich unter Umständen sogar der Stromverbrauch der Karte auswerten.

[74] Der oben (Fn. 68, S. 24) angesprochene DES-Cracker führt einen *brute force*-Angriff durch. Dies stellt die Sicherheit des Verfahrens selbst nicht in Frage. Das Sicherheitsproblem

Reaktion der Sicherheitsbehörden und ihr energisches Eintreten für eine
Reglementierung der Kryptographie lassen sich zumindest als Indiz dafür werten, daß die Verwendung dieser Verfahren sie vor erhebliche, wenn
nicht unlösbare Probleme stellt. Nach heutigem Wissensstand kann man
wohl davon ausgehen, daß Verfahren mit ausreichender Schlüssellänge als
praktisch sicher angesehen werden können.[75]

## c)  Implementierung

Die Sicherheit einer Verschlüsselung hängt aber nicht nur vom Verfahren
und der Schlüssellänge ab, sondern auch von der jeweiligen Implementierung. Darunter versteht man die Umsetzung eines theoretisch entwickelten Verfahrens in die Praxis, also in benutzbare Computerprogramme. Dabei können – je nach Komplexität – erhebliche Sicherheitslücken auftreten. Zahlreiche Betriebssysteme und Anwendungsprogramme speichern
während des Ablaufs vorübergehend Daten auf Datenträgern – beim PC
etwa auf der Festplatte. Es kann nun vorkommen, daß solche sog. tem-
porären Dateien nicht wieder ordnungsgemäß gelöscht werden.[76] Es ist
häufig nicht auszuschließen, daß auch sicherheitskritische Informationen
in solche temporäre Dateien geschrieben werden. In der jüngeren Zeit
sind zahlreiche Angriffe bekanntgeworden, mittels derer über manipulier-
te Webseiten im Internet und bestimmte Komponenten von Web-Browsern
(zum Beispiel ActiveX der Firma Microsoft) auf die Festplatte des Be-
nutzers gegen seinen Willen oder ohne sein Wissen zugegriffen werden
kann. Es ist damit denkbar, daß kritische Informationen ausgelesen und
an potentielle Angreifer übermittelt werden. Andere Schwachstellen können im Programm selbst liegen, beispielsweise bei der Generierung des zufälligen Sitzungsschlüssels. Computer erzeugen nur sogenannte Pseudo-
Zufallszahlen, bei denen ausgehend von einer bestimmten Ausgangsgröße (in sehr einfachen Systemen etwa der Uhrzeit) mittels einer mathematischen Funktion eine Folge von scheinbar zufälligen Zahlen erzeugt wird.

---

ergibt sich aus der zu kleinen Schlüssellänge. Dies wird durch die Verwendung von 3DES
teilweise kompensiert.

[75] Vgl. zum Begriff der „praktischen Sicherheit" oben, S. 22.

[76] Beim Betriebssystem Windows ist dies häufig bei Systemabstürzen der Fall. Die Programme, die temporäre Dateien angelegt haben, kommen dann nicht mehr dazu, diese
zu löschen. Darüber hinaus kann auch das Betriebssystem selbst einen Schwachpunkt
darstellen. So lagert etwa Windows einen Teil des Inhalts des Arbeitsspeichers (RAM)
auf die Festplatte aus, wenn der Speicher zu knapp wird (sog. *swap*). Befinden sich zu
diesem Zeitpunkt Paßwörter oder Klartexte im Arbeitsspeicher, werden sie mit auf die
Festplatte geschrieben.

Sind die Funktion und die ungefähre Ausgangsgröße bekannt (E-Mail-Nachrichten enthalten in der Regel Zeit und Datum der Versendung), läßt sich durch eine Schätzung die Zahl der möglichen Sitzungsschlüssel und damit der Aufwand eines *brute force*-Angriffs wesentlich reduzieren. Zahlreiche weitere Implementierungsfehler lassen sich denken; dabei ist unter Sicherheitsaspekten eine maximale Findigkeit des potentiellen Angreifers zu unterstellen. Dies zeigt, daß ein hundertprozentig sicheres System sehr unwahrscheinlich ist. Andererseits ist es jedenfalls in einem Teil der Expertenwelt üblich, den sogenannten Quellcode (*source code*) der Programme zu veröffentlichen. Damit ist es jedem Kundigen möglich, die Implementierung auf Fehler (*bugs*), Hintertüren (*trap doors*) oder Schwächen zu untersuchen. Dies wird zum Beispiel bei einigen Versionen des weit verbreiteten Programm *Pretty Good Privacy* (PGP) so gehandhabt. Die Tatsache, daß vermutlich hunderte oder tausende von Programmierern weltweit den Programm-Code geprüft haben und Hinweisen auf Schwachstellen sofort nachgehen können, gibt auch den Internet-Nutzern ohne entsprechende Kenntnisse ein Gefühl größtmöglicher Zuverlässigkeit.[77]

## 3.   Abgestufte Sicherheit?

Zu klären bleibt noch, ob es im Bereich der Sicherheit Abstufungen geben kann. Gelegentlich wird in diesem Zusammenhang von „schwacher" und „starker" Kryptographie gesprochen, wobei sich die „Stärke" der Verschlüsselung aus der Länge der verwendeten Schlüssel ergeben soll.

Es wurde gezeigt, daß die Sicherheit eines modernen Verschlüsselungsverfahrens allein vom Schlüssel abhängt. Dabei wird davon ausgegangen, daß es sich um ein Verfahren handelt, gegen das ein kryptoanalytischer Angriff nicht möglich oder nicht bekannt ist, das Verfahren selbst also als sicher anzusehen ist. Unter dieser Voraussetzung steigt mit der Länge der Schlüssel der Aufwand für einen *brute force*-Angriff und läßt sich so weit

---

[77] Dies schließt nicht aus, daß das Entdecken von potentiellen Schwachstellen manchmal lange dauern kann. Der OpenPGP-Standard definiert ein Datenformat für die Speicherung des geheimen Schlüssels. Der geheime Schlüssel wird selbst verschlüsselt gespeichert; um ihn benutzen zu können, muß eine sogenannte Passphrase eingegeben werden. Im Jahr 2001 entdeckten die Tschechen *Klíma* und *Rosa* eine Möglichkeit, ohne Kenntnis der Passphrase den geheimen Schlüssel zu ermitteln. Dies setzt allerdings Manipulationen an dem gespeicherten geheimen Schlüssel voraus, die unentdeckt bleiben müssen, und ist daher praktisch von geringer Relevanz. In neuen Softwareversionen kann dieses Risiko ganz ausgeschlossen werden. Trotz intensiver Beschäftigung zahlreicher Kryptologen mit dem OpenPGP-Standard wurde diese Schwäche erst zwei Jahre nach seiner Verabschiedung entdeckt. Vgl. *Knobloch*, DuD 2000, S. 333.

steigern, daß von praktischer Sicherheit gesprochen werden kann.

Es stellt sich indes die Frage, ob nicht dann, wenn das Maß der „praktischen Sicherheit" nicht erreicht wird, wenigstens von „abgestufter Sicherheit" oder ein „bißchen Sicherheit" gesprochen werden kann. Ein Verschlüsselungssystem mit kurzen Schlüsseln wäre dann eben etwas weniger sicher, als ein System mit ausreichend langen Schlüsseln.

Auch eine sehr einfache Verschlüsselung wird in der Regel ausreichen, den rein zufälligen Beobachter ohne informationstechnische Kenntnisse von der Kenntnisnahme auszuschließen. Nimmt man aber an, ein potentieller Angreifer verfüge über informationstechnisches Know-How, dann ist die Grenze für die Entschlüsselbarkeit im Wege eines *brute force*-Angriffs allein die verfügbare Rechenleistung. Damit wird die Frage der Machbarkeit letztlich zu einer Geldfrage. Hierbei ist davon auszugehen, daß bei ausreichendem Interesse problemlos genügend Rechenleistung mobilisiert werden kann, um eine „schwache" Verschlüsselung zu brechen, und zwar unabhängig von der Person. Zwar kann unterstellt werden, daß Regierungen und Geheimdienste über ausreichend Rechenleistung verfügen. Es gibt jedoch keinen Grund, warum interessierte private Dritte nicht in der Lage sein sollten, in gleichem Maße Computerleistung zu mobilisieren.

Wird also nur eine „schwache" Verschlüsselung gewählt, so ist diese grundsätzlich als unsicher anzusehen. Die Vorstellung, „schwache" Kryptographie verhindere Kenntnisnahme durch private Dritte, erlaube aber staatlichen Stellen den Zugriff, findet in der Praxis keine Bestätigung, da es allein auf die Verfügbarkeit von Rechenleistung ankommt, bei der Privaten – abgesehen vom finanziellen Aufwand – keine prinzipiellen Grenzen gesetzt sind. In der Fachwelt hat sich daher die Ansicht durchgesetzt, Verschlüsselung sei eben praktisch sicher – bei ausreichender Schlüssellänge – oder nicht. Eine „abgestufte Sicherheit" gebe es jedoch nicht.

## C)  Einsatz von Verschlüsselungsverfahren

Verschlüsselungsverfahren werden heute schon in vielen sicherheitsrelevanten Bereichen eingesetzt, etwa bei der Überprüfung des PIN-Codes (Geheimzahl) von EC-Karten.[78] Im Rahmen der hier vorliegenden Untersuchung soll jedoch nur die individuelle Kommunikation zwischen Personen oder Institutionen berücksichtigt werden; Verfahren zur Authentisierung (wie das PIN-Verfahren) bleiben außer Betracht. Aber auch im Bereich der elektronischen Kommunikation über Datennetze gewinnt der Einsatz

---

[78] Hier wird seit 1998 das 3DES-Verfahren eingesetzt, vgl. oben, S. 24.

von Datenverschlüsselung zunehmend an Bedeutung. Beim Home- bzw. Internet-Banking gehört Verschlüsselung zum Standard. Auch im Behördenverkehr – etwa beim Informationsverbund Berlin-Bonn, der Datenverbindung zwischen den Bundesministerien in Bonn und Berlin – setzt sich Verschlüsselung durch. Auf Beschluß des Arbeitskreises „Technische und organisatorische Fragen des Datenschutzes" der Konferenz der Datenschutzbeauftragten des Bundes und der Länder nutzen die Datenschutzbeauftragten für die elektronische Kommunikation untereinander und mit dem Bürger das Programm PGP.[79]

Bei der individuellen Kommunikation im privaten Bereich benutzen hingegen bislang nur wenige solche Software. Dies mag zum einen daran liegen, daß Installation und Bedienung bisher recht umständlich waren. Zum anderen ist vielen Benutzern – etwa des E-Mail-Dienstes – entweder nicht bewußt oder gleichgültig, daß ihre Nachrichten ungeschützt transportiert werden. Dies wird sich aber wohl in absehbarer Zeit ändern. Neue Versionen von Verschlüsselungsprogrammen (zum Beispiel PGP seit der Version 5) bieten bequeme Benutzeroberflächen, die per Knopfdruck bzw. Mausklick die gewünschten Funktionen ausführen, oder lassen sich direkt in gängige E-Mail-Programme integrieren. In modernen Web-Browsern sind Sicherheitsfunktionen integriert, die inzwischen auch hohen Sicherheitsansprüchen genügen. Eher mittel- als langfristig ist davon auszugehen, daß Kommunikationssoftware sogenannte „starke" Verschlüsselung, also mit ausreichender Schlüssellänge, als selbstverständliche Funktion anbieten wird.[80]

## D)   Andere Möglichkeiten des Abhörens

Nur am Rande soll hier noch auf andere Möglichkeiten hingewiesen werden, sich Kenntnis vom Inhalt elektronischer Kommunikationsvorgänge zu verschaffen. Es ist zum Beispiel möglich, die Abstrahlung von Monitoren oder Grafikkarten von Computern, die in einem Gebäude stehen, auch noch in einiger Entfernung von außen aufzufangen und so vom Inhalt dessen Kenntnis zu nehmen, was gerade auf dem Computer-Bildschirm – etwa nach erfolgter Entschlüsselung – angezeigt wird.[81] Mit Hilfe von

---

[79] Vgl. *BfD*, 18. Tätigkeitsbericht 1999/2000, S. 68.

[80] Verschlüsselung kann darüber hinaus auch als Dienstleistung von Dritten angeboten werden. Ausführlich dazu *Hammer*, Technische Anforderungen an die Kommunikationssicherheit, in: Büllesbach (Hrsg.), Datenschutz im Telekommunikatiosrecht, S. 227 ff.

[81] Diese Überwachungstechnik ist unter dem Stichwort TEMPEST bekannt. Dieses Codewort der US-amerikanischen Regierung steht für einen Standard für Geräte und Tech-

Tastatur-Loggern lassen sich Eingaben – zum Beispiel Paßwörter – aufzeichnen. Dabei handelt es sich um kleine, unauffällige Geräte, die etwa
heimlich als Adapterstecker an Tastaturkabeln angebracht werden. Im übrigen bleiben natürlich zahlreiche Möglichkeiten bestehen, sich Ausdrucke
oder Datenträger zu verschaffen, auf denen die Klartexte lesbar sind, etwa
im Wege der Hausdurchsuchung. Allgemein läßt sich sagen, daß dann,
wenn Nachrichten auf den Kommunikationswegen durch Kryptographie
effektiv geschützt werden, der Schwerpunkt der Ermittlungen auf die jeweiligen Endpunkte der Kommunikation gelegt werden muß. Im übrigen könnten andere Ermittlungsmethoden (V-Leute, Kronzeugen, akusti-
sche Wohnraumüberwachung, Rasterfahndung) entsprechend an Bedeutung gewinnen.[82]

## E)  Zusammenfassung

Datenkommunikation in offenen Netzen ist nur dann vertraulich, wenn
die Sicherheit der Daten zu einem Attribut der Daten selbst wird. Dies
kann nur durch Verschlüsselung gewährleistet werden. Nach dem derzeitigen Stand der Technik kann durch Verschlüsselung ein Niveau praktischer Sicherheit erreicht werden, das Angriffe auf die Vertraulichkeit
der verschlüsselten Daten aussichtslos erscheinen läßt. Demgegenüber
ist „schwache" Kryptographie grundsätzlich als unsicher anzusehen. Der
Einsatz von Kryptographie verhindert lediglich die Entschlüsselung von
Nachrichten, die während des Transports abgehört werden; andere Möglichkeiten der Kenntnisverschaffung bleiben unberührt.

---

nologien, die solche kompromittierenden Abstrahlungen minimieren oder vermeiden.
Vgl. *Koops*, The crypto controversy, S. 211 ff., der u.a. von Experimenten berichtet, bei
denen es gelungen sein soll, Monitore in einem Büro des World Trade Center vom anderen Turm aus anzupeilen und ihren Inhalt wiederzugeben. *Kuhn/Anderson*, LNCS 1998
[1525], S. 124 beschreiben, wie sich der Monitor eines Computers mit einer Software –
zum Beispiel einem Virus – als Sender für ausgepähte Daten auf der Festplatte mißbrau-
chen läßt. Die Abstrahlung läßt sich in einiger Entfernung auffangen und aufzeichnen.
Aus den aufgezeichneten Signalen lassen sich die Daten rekonstruieren. Ein solcher Angriff setzt natürlich voraus, daß es gelingt, eine entsprechende Software auf dem aus-
zuspähenden Rechner zu installieren. Angesichts der Häufigkeit von Infektionen mit
Computer-Viren erscheint dies aber nicht so fernliegend. Die Autoren stellten gleichzeitig spezielle Computerschriftarten vor, die eine Reproduktion des Bildschirminhalts
effektiv unterbinden.
[82] Vgl. *Koops*, The crypto controversy, S. 227 ff.

# II. Interessenlage

Im vorherigen Kapitel wurde die technische Ausgangslage dargestellt. Von ebenso großer Wichtigkeit ist aber auch die politische und soziale Ausgangslage für eine Regulierung des Einsatzes von Verschlüsselung. Kryptographie wird als Mittel eingesetzt, um vertraulich über offene Netze kommunizieren zu können.[83] Welche Argumente sprechen nun für und gegen die Möglichkeit, daß Bürger und Unternehmen mit Hilfe der Kryptographie die Vertraulichkeit ihrer Kommunikation so effektiv schützen können, daß weder Dritte noch staatliche Stellen sie durchbrechen können?

## A) Gründe für den Einsatz von Verschlüsselungsverfahren bei elektronischer Datenkommunikation

Der Schutz der Vertraulichkeit der Kommunikation durch Kryptographie dient zum einen wirtschaftlichen Interessen. Zum anderen stellt er eine Möglichkeit dar, daß die Bürger ihre Privatsphäre auch dann schützen, wenn sie sich zur räumlich entfernten Kommunikation offener Netze bedienen.

### 1. Wirtschaftliche Nutzbarkeit offener Netze

Kommunikation, die wirtschaftlichen Zwecken dient, ist zwingend auf Vertraulichkeit angewiesen. Ob über das Internet Waren bestellt oder Buchhaltungsdaten an den Steuerberater übermittelt werden, die Unternehmenszentrale mit einer Niederlassung korrespondiert oder telekommunikative Dienstleistungen erbracht werden – in allen Fällen sind die Beteiligten in höchstem Maße daran interessiert, daß sie selbst bestimmen können, wer vom Inhalt der Kommunikation Kenntnis erhält. Angesichts eines sich weltweit verschärfenden Wettbewerbs und steigender Forschungs- und Entwicklungskosten für neue Produkte gewinnt zudem der Schutz gegen Wirtschaftsspionage an Bedeutung. Offene Netze wie das

---

[83] Daneben kann der Einsatz von Kryptographie auch dazu dienen, Integrität und Authentizität von Nachrichten zu sichern, s. oben, S. 3 ff.

Internet laden hier zu Angriffen geradezu ein und machen es den Angrei-
fern sehr leicht, die Kommunikationswege anderer zu überwachen oder
zur Informationsgewinnung zu nutzen. Die bisher mangelnde Sicherheit
in offenen Netzen dürfte eines der vorrangigen Hindernisse für die Verbreitung des elektronischen Wirtschaftsverkehrs (*E-Commerce*) sein.[84]

Bei den herkömmlichen inländischen Kommunikationswegen ist Vertraulichkeit weitgehend gewährleistet. Brief-, Telefon- und Fax-Verkehr
bieten ein hohes Maß an Sicherheit. Zwar sind staatliche Eingriffe in diesem Bereich in gewissen Grenzen erlaubt; diese dienen aber Zwecken der
Landesverteidigung oder der Strafverfolgung. Eine Weitergabe der gewonnenen Erkenntnisse an Private ist unzulässig und – dies kann unterstellt werden – zumindest unüblich. Ein Abhören von Telekommunikationsverbindungen durch Private zum Zwecke der Wirtschaftsspionage ist
verboten und strafbar und findet in größerem Umfang wohl nicht statt.

Für den grenzüberschreitenden Telekommunikationsverkehr kann diese Aussage so ohne weiteres schon nicht mehr getroffen werden. Zum
einen ist schon der rechtliche Schutz des Fernmeldegeheimnisses nicht
in allen Staaten in gleicher Weise ausgeprägt. Zum anderen hat eine Untersuchung des Europäischen Parlaments aufgezeigt, daß jedenfalls die
satelliten- und funkgestützte Telekommunikation Gegenstand eines weltweit operierenden geheimen Überwachungssystems ist, das „durch antei-
liges Zusammenwirken der USA, des Vereinigten Königreiches, Kanadas,
Australiens und Neuseelands"[85] funktioniert. Das Europäische Parlament
verweist in seiner Entschließung darauf, daß mit diesem System nicht nur
militärische und allgemeine wirtschaftliche Sachverhalte aufgeklärt würden, sondern „Kommunikation von Unternehmen gerade bei der Auf-
tragsvergabe auch im Detail" abgehört würde.[86] Dabei bestehe „das Risiko
..., daß die Informationen nicht zur Bekämpfung der Bestechung, sondern
zur Konkurrenzspionage verwendet werden"[87]. Allerdings erklärten die
USA und das Vereinigte Königreich, sie würden dies nicht tun, und es gebe
bisher auch keinen belegbaren Fall, in dem Echelon für diesen Zweck ein-

---

[84] Vgl. *Peuckert*, Electronic Commerce und Sicherheit, in: BSI (Hrsg.), Mit Sicherheit in die
  Informationsgesellschaft, S. 13, 14.

[85] Entschließung des Europäischen Parlaments zu der Existenz eines globalen Ab-
  hörsystems für private und wirtschaftliche Kommunikation (Abhörsystem Echelon)
  (2001/2098(INI)) vom 05.09.2001, Begründungserwägung A. Vgl. dazu auch ausführlich
  den Bericht des nichtständigen Ausschusses über das Abhörsystem Echelon des Europäischen Parlaments, Drs. A5-0264/2001.

[86] Ebd., Begründungserwägung P.

[87] Ebd.

gesetzt worden sei.[88] Im Bericht des nichtständigen Ausschusses wird zudem darauf hingewiesen, daß das Bundesgesetz Nr. 5 der Russischen Föderation über die Auslandsaufklärung ausdrücklich die Beschaffung wirtschaftlicher und wissenschaftlich-technischer Informationen als Aufgabe der Nachrichtendienste benenne.[89]

Verschärft stellt sich diese Situation bei elektronischer Kommunikation in offenen Netzen dar: Wie gezeigt, ist hier ein Vertraulichkeitsschutz prinzipiell nicht gewährleistet. Im Unterschied zu den herkömmlichen Kommunikationswegen sind Angriffe mit wesentlich geringerem Aufwand verbunden. Im Extremfall reicht es, irgendwo auf der Welt Zugang zum Internet zu haben, um über das Netz in beliebige Rechner eindringen und Kommunikationswege anzapfen zu können. Nach dem derzeitigen Stand der Technik kann an dieser Stelle allein der Einsatz von Verschlüsselungsverfahren Abhilfe schaffen. Es ist davon auszugehen, daß der Bedarf an einer wirtschaftlichen Nutzung offener Netze zunehmen wird, da gerade die offene Architektur es ermöglicht, preisgünstig und effizient jeden Punkt der Welt erreichen zu können. In diesem Feld besteht also ein großer Bedarf an „starker" Kryptographie.

## 2. Schutz rechtlich geschützter Geheimnisse

Das Recht erkennt an, daß es Situationen gibt, in denen Vertraulichkeit Bedingung für eine effektive Hilfe der Bürger untereinander ist. Beispiele dafür sind die Berufsgeheimnisse von Rechtsanwälten und Ärzten.[90] Diese Geheimnisse müssen auch dann geschützt werden, wenn die Kommunikation mit Mandanten und Patienten räumlich distanziert erfolgt. So muß etwa die E-Mail-Kommunikation mit dem Anwalt vor dem Zugriff Dritter geschützt werden. Ebenso muß die Vertraulichkeit beispielsweise von Patientendaten gewährleistet sein, die vom Hausarzt zum Krankenhaus übermittelt werden. Auch die Vertraulichkeit dieser Kommunikationen ist auf sichere Verschlüsselung angewiesen, wenn dabei offene Netze genutzt werden sollen.

---

[88] Ebd. u. Begründungserwägung R.
[89] Drs. A5-0264/2001, S. 106.
[90] Vgl. *Bizer*, Kryptokontroverse, in: Kubicek u.a. (Hrsg.), Jahrbuch Telekommunikation und Gesellschaft 1995, S. 214

## 3. Schutz der Privatsphäre

Auch im Bereich privater Kommunikation besteht ein Bedarf an Vertraulichkeit. Der Satz „Wer nichts zu verbergen hat, muß sich auch vor dem
Abhören nicht fürchten!", der zu Beginn der Datenschutzdebatte gelegentlich noch zu hören war, darf inzwischen als widerlegt angesehen werden:
Jeder hat etwas zu verbergen; der „gläserne Bürger" ist auch für den Unbescholtenen eine unangenehme Vorstellung.[91] Zum anderen zeigt schon die
traditionelle Gewährleistung von Kommunikationsgeheimnissen, etwa in
Art. 10 GG oder Art. 8 EMRK, daß die Vertraulichkeit privater Kommunikation zum Bestand moderner Menschenrechte gehört. Der Schutz der
Privatsphäre ist also ebenfalls ein zu beachtender Belang in der Auseinandersetzung um die Verschlüsselung.

## B)  Gründe für eine Beschränkung des Einsatzes von Verschlüsselungsverfahren

Der Einsatz „starker" Kryptographie wirft andererseits auch Probleme auf.
So war es bisher technisch möglich und bei dem Verdacht schwerer und
schwerster Straftaten oder Gefährdungen des Staates auch rechtlich nach
den Vorschriften der StPO, des G 10 und des Außenwirtschaftsgesetzes
(AWG) zulässig, Telekommunikationsverbindungen und Briefverkehr zu
überwachen.[92] Beim Einsatz von Verschlüsselungsverfahren werden diese

---

[91] Vgl. schon *Heußner*, Datenverarbeitung und Grundrechtsschutz, in: Hohmann (Hrsg.),
Freiheitssicherung durch Datenschutz, S. 110, 117.

[92] Abhörbefugnisse zum Zweck der Strafverfolgung sind geregelt in § 100a StPO. § 39 I
AWG verleiht dem Zollkriminalamt eine Befugnis zur Telekommunikationsüberwachung zur Verhütung von Straftaten nach dem AWG und dem Kriegswaffenkontrollge-
setz. Das Gesetz zur Beschränkung des Brief-, Post- und Fernmeldegeheimnisses (Artikel 10-Gesetz, G 10) erlaubt den Verfassungsschutzbehörden des Bundes und der Länder,
dem Militärischen Abschirmdienst (MAD) und dem Bundesnachrichtendienst (BND) die
Telekommunikationsüberwachung „zur Abwehr von drohenden Gefahren für die freiheitliche demokratische Grundordnung oder den Bestand oder die Sicherheit des Bundes oder eines Landes einschließlich der Sicherheit der in der Bundesrepublik Deutschland stationierten Truppen der nichtdeutschen Vertragsstaaten des Nordatlantikvertra-
ges" (§ 1 I Nr. 1 G 10). Der BND darf gem. § 1 I Nr. 2 G 10 in Verbindung mit §§ 5 und 7 G 10
internationale Telekommunikationsverbindungen auch zur Ermittlung bei bestimmten
Straftaten, etwa bei der Gefahr terroristischer Anschläge, aber auch bei Drogenhandel,
Geldwäsche und Geldfälschung überwachen und die Ergebnisse im Einzelfall an andere Behörden, auch an Strafverfolgungsbehörden, weitergeben. Insofern wird hier die
klare Trennung zwischen geheimdienstlicher und repressiv-polizeilicher Tätigkeit aufgegeben. Vgl. zur Entwicklung der Abhörbefugnisse in der Bundesrepublik seit 1949
*Zimmermann*, Staatliches Abhören.

Möglichkeiten bis zur Unmöglichkeit erschwert. Soweit es derzeitig zulässig ist, elektronischen Datenverkehr zu überwachen, verlieren die berechtigten Stellen durch den Einsatz von Kryptographie eine verwertbare Erkenntnisquelle. Zwar ist die Effizienz dieser Überwachungsmöglichkeiten umstritten, zumal in Deutschland über den Erfolg beispielsweise von Telefonabhöraktionen keine Statistiken geführt werden.[93] Es ist aber davon auszugehen, daß diese Möglichkeiten jedenfalls einen Beitrag zur Aufklärung oder Verhinderung von Verbrechen geleistet haben und auch zukünftig leisten werden.

## C) Praktische Konkordanz als Königsweg?

In der Debatte um die Zulässigkeit eines Verschlüsselungsverbots stehen sich also der Vertraulichkeitsbedarf von Wirtschaft und Privaten auf der einen Seite und der Aufklärungsbedarf staatlicher Stelle auf der anderen Seite gegenüber. Dies entspricht im Prinzip dem Interessenkonflikt, der auch bei der Frage des „normalen" Abhörens von Telefonen etc. auftritt. In beiden Fällen haben die Kommunikationsteilnehmer den Bedarf, vertraulich zu kommunizieren. In beiden Fällen ist „der Staat" – um diesen Ausdruck als Oberbegriff für alle zuständigen und möglicherweise berechtigten Stellen zu verwenden – im Einzelfall daran interessiert, zu erfahren, was diese Kommunikationsteilnehmer austauschen. Bei der herkömmlichen Überwachung von Telekommunikation – also im wesentlichen von Telefax und Telefon – steht die technische Möglichkeit außer Frage. Der Staat ist in der Lage, sich in jedes Telefongespräch einzuschalten, dieses mitzuhören und aufzuzeichnen.[94]

---

[93] Die Bundesregierung teilte in der Antwort auf eine Große Anfrage 1996 im Bundestag mit, sie könne mangels statistischer Erhebungen keine Angaben darüber machen, welche Straftaten Anlaß zu Überwachungen der Telekommunikation gegeben hätten und in wie vielen Fällen es zu Anklagen oder Verurteilungen gekommen sei, vgl. BT-Drs. 13/5967, S. 11 f. Nach Angaben des Bundesbeauftragten für den Datenschutz wurde im Jahr 1999 in 12 651 Fällen die Überwachung der Telekommunikation angeordnet. Im Verhältnis zum Jahr 1995 stellt dies eine Steigerung um fast 175 Prozent dar. Eine Erfolgskontrolle findet bisher nicht statt. Vgl. *BfD*, 18. Tätigkeitsbericht 1999/2000, S. 50. Das Max-Planck-Institut für ausländisches und internationales Strafrecht in Freiburg untersucht im Projekt „Rechtswirklichkeit und Effizienz der Überwachung der Telekommunikation nach §§ 100a, 100b StPO", in welchem Maß und mit welchen Erfolgen TÜ-Maßnahmen angeordnet und durchgeführt werden. Ergebnisse liegen derzeit noch nicht vor. Vgl. http://www.iuscrim.mpg.de.

[94] Schwierigkeiten scheint dies zum Teil beim digitalen Mobilfunk zu bereiten, bei dem die Daten auf der Funkverbindung zur nächsten Antenne verschlüsselt übertragen werden. Sie werden dann allerdings in der Regel leitungsgebunden zum nächsten Anschluß wei-

Auch elektronische Datenkommunikation läßt sich aufzeichnen oder abhören. Insofern besteht kein Unterschied. Das Neue besteht vielmehr darin, daß der Staat mit den aufgezeichneten Daten nichts anfangen kann, wenn sie mit „starken" kryptographischen Verfahren verschlüsselt wurden, jedenfalls so lange nicht, wie er den Empfänger nicht dazu bringen kann, den verwendeten Schlüssel zu offenbaren. Zwar kann es auch bei der Aufzeichnung von Gesprächen Verständnisprobleme geben. Es besteht jedoch eine hohe Wahrscheinlichkeit, daß diese überwunden werden können.

Durch die Möglichkeit „starker" Kryptographie gewinnt der Interessenwiderstreit zwischen Vertraulichkeitswunsch und Mithörnotwendigkeit eine neue Qualität: Der Einzelne hat es nunmehr durch den Einsatz von Verschlüsselungsverfahren in der Hand, Dritte – also auch berechtigte staatliche Stellen – von der Kenntnisnahme der übermittelten Inhalte auszuschließen.

Läßt sich diese neue Qualität vermeiden? Bei der herkömmlichen Telekommunikationsüberwachung wird versucht, diesen Interessenwiderstreit im Wege „praktischer Konkordanz" zu lösen. Eingriffe in das Telekommunikationsgeheimnis und damit die Grundrechte der Kommunikationsteilnehmer sind nicht ganz verboten, aber auch nicht völlig freigegeben. So dürfen Abhörmaßnahmen zum Zweck der Strafverfolgung nach § 100a StPO nur unter bestimmten Voraussetzungen erfolgen. Es muß der Verdacht einer besonders schweren Straftat (einer sog. „Katalogtat") bestehen, und es gibt bestimmte Verfahrensgarantien.

Diese Lösung läßt sich – entgegen der Hoffnung mancher Politiker[95] – nicht ohne weiteres auf den Gebrauch von Verschlüsselungstechnik übertragen, wie aus den Ausführungen zu den technischen Rahmenbedingungen bereits deutlich geworden sein dürfte und im nächsten Kapitel noch weiter erläutert wird. Entscheidend ist dabei, daß „schwache" kryptographische Verfahren oder solche mit Hintertüren (*trap doors*) sowie alle Verfahren, bei denen Kopien der geheimen Schlüssel an irgend einer vom Benutzer nicht zu kontrollierenden Stelle gespeichert sind, die Vertraulichkeit insgesamt in Frage stellen. In allen diesen Fällen können sich die Kommunikationsteilnehmer nämlich nicht mehr darauf *verlassen*, daß ihre Kom-

---

tergeleitet und können an dieser Stelle mitgeschnitten oder abgehört werden, ohne daß dem eine Verschlüsselung im Wege stünde. (Die derzeit verwendete Verschlüsselung bei Mobiltelefonen weist Schwachstellen auf, die wohl auch für praktische Angriffe genutzt werden können oben, Fn. 46, S. 15.)

[95] Vgl. *Mosdorf*, Sicherheit in offenen Netzen, in: BSI (Hrsg.), Mit Sicherheit in die Informationsgesellschaft, S. 179, 180.

munikation vertraulich ist.[96] Im Ergebnis ist daher festzuhalten, daß ohne den Einsatz von „starken" Verfahren überhaupt kein Vertraulichkeitsschutz, der diesen Namen verdient, zu erreichen ist. Ein Mittelweg, der Verschlüsselungsverfahren geringerer Sicherheit bedeutete, erwiese sich im Ergebnis als einseitige Lösung zuungunsten des Vertraulichkeitsschutzes; werden andererseits „starke" Verfahren zugelassen, so wird die berechtigte Kenntnisnahme unmöglich gemacht. Es ergibt sich somit eine Situation, in der entschieden werden muß, welchen Interessen hier der Vorzug zu geben ist. Eine Lösung im Sinne einer „praktischen Konkordanz" ist aufgrund der technischen Eigenarten des Objekts nicht möglich.

---

[96] Zur Frage, ob es im Bereich der Verschlüsselung eine abgestufte Sicherheit geben kann, vgl. bereits oben, S. 27.

# III. Rechtliche Regelungsmöglichkeiten

Für diesen Konflikt erscheinen mehrere rechtstechnische Lösungsmöglichkeiten denkbar. Sie sollen im folgenden kurz mit einem Ausblick auf die jeweiligen technischen Konsequenzen, aber zunächst ohne rechtliche Bewertung vorgestellt werden.

## A) Keine Beschränkung der Verschlüsselung

Die Entscheidung, die eigenen Daten zu verschlüsseln oder nicht, könnte den Nutzern überlassen werden. Bei Verwendung „starker" Kryptographie könnte dies bedeuten, daß zwar eine Aufzeichnung der Daten möglich bliebe, sie aber ohne Kenntnis der konkret verwendeten Schlüssel praktisch nicht entschlüsselt werden könnten.[97]

## B) Staatliche Reglementierung der Verschlüsselung

Die Verschlüsselung könnte auch staatlich reglementiert werden. Denkbar sind folgende Szenarien:

### 1. Verbot der Verschlüsselung

Der Einsatz kryptographischer Verfahren könnte verboten werden. Unterstellt, die Nutzer würden dieses Verbot beachten,[98] wäre damit der Zugriff auf die Kommunikation sichergestellt. Den Behörden bliebe bei der Ermittlung der Bedeutung der konkret übermittelten abgefangenen Nachricht eine Hürde – die der kryptographischen Verschlüsselung – erspart. Weiterhin müßten sie herausfinden, um welches Dateiformat es sich bei den übermittelten Daten handelt, wie sich daraus ein lesbarer Text zurückgewinnen läßt und welche konkrete Bedeutung dieser hat.[99] Auf der anderen

---

[97] Vgl. die Ausführungen zur praktischen Sicherheit oben, S. 22.

[98] Daran bestehen erhebliche Zweifel, wie sogleich gezeigt werden wird.

[99] Es können sowohl „reine" Textdateien (ASCII) übertragen werden, als auch Dateien, die von bestimmten Anwendungsprogrammen (Textverarbeitungen, Datenbankprogrammen, aber auch Grafiksoftware) erzeugt werden und die nicht ohne weiteres „lesbar"

Seite entfielen bei einem Verbot von Verschlüsselung deren Vorteile[100] und
damit letztlich die Nutzbarkeit des Internets als zuverlässiges Kommunikationsmedium. Zusätzlich ist zu bedenken, daß Verschlüsselung nicht
nur für Kommunikationszwecke verwendet wird. Auch Daten, die sicher
aufbewahrt werden sollen, werden häufig verschlüsselt. Dies bietet sicher-
heitstechnisch beispielsweise in einem Unternehmen mit umfangreichen
Datenbeständen den Vorteil, daß nicht die gesamte Datenverarbeitungsanlage vor unbefugtem Zugriff geschützt werden muß (was bei einer großen
vernetzten Anlage mit zahlreichen Terminals einen sehr hohen Aufwand
verursachen würde), sondern allein die verwendeten Schlüssel, die zum
Beispiel in einer leicht zu transportierenden und zu schützenden Chipkarte gespeichert werden könnten. Bildlich gesprochen müßte man nur die
Karte in den Tresor einschließen, nicht die gesamte Rechnerinstallation.
Auch diese Form der Verschlüsselung würde von einem Totalverbot erfaßt. Dies führte zum einen dazu, daß auch auf gespeicherte Daten – etwa im Rahmen einer Durchsuchung – Zugriff genommen werden könnte.
Andererseits würde es einen wirtschaftlich vertretbaren Selbstschutz etwa
von Unternehmen erschweren oder unmöglich machen. In diesem Zusammenhang ist auch zu beachten, daß Unternehmen gesetzlich verpflichtet
sein können, bestimmte Daten vor dem Zugriff Dritter zu schützen (Datenschutz, Geheimnisschutz etwa bei Rechtsanwälten oder Ärzten).

Zu beachten ist auch die Frage der Durchsetzbarkeit eines solchen Verbots. Neben der bereits erwähnten Möglichkeit der Steganographie, bei der
der Vorgang der Verschlüsselung insgesamt verborgen wird,[101] stellt sich
angesichts der Vielzahl frei erhältlicher Verschlüsselungsprogramme die
Frage, wie ein solches Verbot realisiert werden soll. Würde der Einsatz von
Verschlüsselungssoftware mit hohen Strafen bedroht, so stünde dies sicherlich außerhalb jedes Verhältnisses, wenn tatsächlich jemand nur einen
privaten Brief ohne jeden strafbaren Inhalt verschlüsselte. Niedrige Strafen oder gar die Einstufung als Ordnungswidrigkeit würden indes wohl
kaum jemanden davon abschrecken, mittels verschlüsselter (und vermutlich anonymisierter) Kommunikation die Begehung schwerer Verbrechen
zu planen.[102]

---

sind. Zu den Schwierigkeiten der Abgrenzung von „Klartext" und „verschlüsselten"
Nachrichten siehe S. 84 ff.

[100] Siehe oben, S. 31 ff.

[101] Siehe oben, S. 21.

[102] Unterhalb der Schwelle der Schwer- bzw. Schwerstkriminalität stellt sich die Frage nach
Abhör- oder Mithörbefugnissen bei der Strafverfolgung oder gar im präventiven Bereich
in einem Rechtsstaat nicht. Die Vorstellung, gegenüber *diesen* einschlägigen Täterkreisen

Es stellt sich zudem das rechtstechnische Problem, den Begriff der Verschlüsselung in einer dem Bestimmtheitsgebot des Art. 103 GG genügenden Schärfe zu präzisieren. Schon der Einsatz der bei der Datenkommunikation für den Transport notwendigen Protokolle verändert die ursprünglichen Daten. Und wären daneben auch schon seltene oder proprietäre[103] Dateiformate oder die bei der Datenfernübertragung übliche Datenkomprimierung als „Verschlüsselung" anzusehen?[104] Die Grenze ist hier in der Tat schwer zu ziehen.

Trotz dieser Erwägungen erscheint ein Verbot immerhin denkbar. Durchsetzungsschwierigkeiten spielen zunächst eher auf der Ebene der Rechtspolitik eine Rolle als auf der des Verfassungsrechts.[105] Gerade für die Frage der Grundrechtsrelevanz soll daher im folgenden auch das Verbot als schärfste Form der Beschränkung betrachtet werden.

## 2. Verbot „starker" Kryptographie

Möglich erscheint es daneben, Verschlüsselungsverfahren zu verbieten, deren Ergebnisse nicht mehr mit vertretbarem Aufwand auch ohne Kenntnis des privaten Schlüssels entschlüsselt werden können. Ein Kriterium dafür, dessen Tauglichkeit aber noch zu überprüfen wäre, könnte etwa die benötigte Rechenzeit für einen *brute force*-Angriff sein. Verboten werden könnten auch bestimmte Verfahren unter Angabe einer bestimmten Schlüssellänge und anderer sicherheitskritischer Parameter. Erlaubt wäre es dann, Verschlüsselungsverfahren einzusetzen, die mit begrenztem technischem Aufwand gebrochen werden könnten.

Wie gezeigt, hängt die technische Möglichkeit zum Brechen einer solchen Verschlüsselung nicht von einer wie auch immer gearteten Befugnis, sondern vor allem von der reinen verfügbaren Rechenleistung ab.[106] Eine Beschränkung des Zugriffs auf staatliche Instanzen erscheint daher mittels eines solchen Verbots nicht möglich. Vielmehr könnte jeder, der über hinreichend leistungsfähige Geräte verfügte, eine solche Verschlüsselung

---

könne ein strafbewehrtes Verschlüsselungsverbot eine abschreckende Wirkung entfalten, wird indes von *Bizer* wohl nicht zu unrecht als „naiv" bezeichnet, *Bizer*, Verschlüsselung und staatlicher Datenzugriff, in: Büllesbach (Hrsg.), Datenschutz im Telekommunikationsrecht, S. 245, 264.

[103] Damit sind „eigentümliche", unübliche Dateiformate gemeint, die nur von einem Programm, einem Unternehmen oder – im Extremfall – einer Person verwendet werden.

[104] Diese Frage wird unten, S. 84 ff., ausführlich behandelt.

[105] Inwieweit sich unter dem Gesichtspunkt der Verhältnismäßigkeit etwas anderes ergeben könnte, wird Gegenstand weiterer Erörterungen im folgenden sein.

[106] Vgl. oben, S. 27.

brechen. Im Ergebnis kommt also – wenn man sich wie der Verfasser der These anschließt, abgestufte Sicherheit sei gar keine Sicherheit – dazu, daß bei einem Verbot „starker" Kryptographie eine teilnehmerautonome sichere Kommunikation über offene Netze nicht mehr möglich wäre, weil die verwendeten Verschlüsselungen letztlich von jedermann gebrochen werden könnten. In seinen Auswirkungen wäre ein solches Verbot „starker" Kryptographie daher einem völligen Kryptographieverbot mit all dessen Vor- und Nachteilen im Grundsatz gleichzustellen, denn allein mit „starker" Verschlüsselung kann (praktische) Sicherheit erreicht werden, während Sicherheit mit „schwacher" Kryptographie eben nicht zu erreichen ist. An dieser Stelle zeigt sich noch einmal sehr deutlich, daß bei der juristischen Bewertung von den technischen Rahmenbedingungen nicht abstrahiert werden kann und darf.

## 3.  Hinterlegung der Schlüssel (*key escrow / government access to keys*)

Beim sogenannten *key escrow* oder *government access to keys* (GAK) wird die Erzeugung und Verwaltung der Schlüsselpaare von staatlichen oder staatlich lizenzierten Stellen übernommen.[107] Diese heben Kopien aller privaten (geheimen) Schlüssel auf, um sie bei Bedarf den Behörden zur Verfügung zu stellen. Alternativ kann man die Erzeugung der Schlüssel auch den Teilnehmern überlassen, ihren Gebrauch aber nur unter der Voraussetzung gestatten, daß die privaten Schlüssel bei einer staatlichen oder staatlich lizenzierten Stelle hinterlegt werden. Nachteil dieses Verfahrens wäre, daß sich mit den Schlüsseln jeweils die gesamte, also auch die frühere und zukünftige Kommunikation eines bestimmten Teilnehmers entschlüsseln ließe. Eine Beschränkung auf einzelne Kommunikationsvorgänge, einen bestimmten Zeitraum oder den Verkehr mit bestimmten Teilnehmern ließe sich mit dieser Methode nur dann erreichen, wenn die Schlüssel sehr häufig gewechselt (und wiederum hinterlegt) würden. Dies würde einen enormen zusätzlichen Verwaltungsaufwand bedeuten.

Gravierender erscheint aber die Gefahr, daß die geheimen Schlüssel kompromittiert werden könnten. Selbst bei sorgfältigster Auswahl des Personals und der Beachtung höchster Sicherheitsstandards läßt sich eine solche Kompromittierung schlechterdings nicht völlig ausschließen. Angesichts der enormen Zahl der zu speichernden Schlüssel erscheint es sogar eher wahrscheinlich, daß es gelingen kann, mittels Bestechung oder

---

[107] Die dafür erforderliche Technik wird auch als *key recovery* bezeichnet, vgl. dazu ausführlich *Wiesner*, DuD 2000, S. 698.

Erpressung die Herausgabe von Schlüsseln zu erreichen, oder daß sie einfach gestohlen werden.[108] Dem könnte zwar zum Teil dadurch entgegengewirkt werden, daß die Schlüssel aufgeteilt und an verschiedenen Stellen hinterlegt werden, wie dies im Konzept der US-Regierung für den Clipper-Chip vorgesehen war.[109] Doch müssen auch in einem solchen Fall zumindest bei der Herstellung des geheimen Schlüssels die Treuhänder zusammenwirken, wodurch eine Mißbrauchsmöglichkeit jedenfalls nicht technisch ausgeschlossen ist.[110] Das schwächste Glied in dieser Kette ist wie auch in anderen Bereichen der Mensch. Menschliches Versagen, Erpreßbarkeit oder Bestechlichkeit lassen sich in keinem Fall sicher ausschließen. Somit ist jedes Verfahren, bei dem außer den Teilnehmern selbst noch weitere Instanzen an der Schlüsselherstellung oder -aufbewahrung beteiligt sind, als potentiell unsicher anzusehen.

## 4.   Obligatorische Zweitverschlüsselung

Eine Variante des GAK stellt eine Methode dar, die unter der Bezeichnung *Corporate Message Recovery* (CMR) diskutiert wird. Dieses Verfahren wird zum Beispiel in verschiedenen Versionen von PGP seit der Version 5.5 unterstützt. Eine Nachricht wird dabei nicht nur mit dem öffentlichen Schlüssel des Empfängers, sondern gleichzeitig auch mit einem weiteren öffentlichen Schlüssel – etwa des Managements einer Firma – verschlüsselt (im folgenden als CMR-Schlüssel bezeichnet). Zur Entschlüsselung genügt einer der beiden Schlüssel.

Damit dies tatsächlich von den Mitarbeitern beachtet wird, wird das Netz der Firma so eingerichtet, daß nur solche Nachrichten nach außen weitergeleitet werden, die auch mit dem CMR-Schlüssel chiffriert wurden. Die öffentlichen Schlüssel der Mitarbeiter enthalten zudem den Hinweis, daß das E-Mail-System der Firma nur solche eingehenden E-Mails akzeptieren wird, die ebenfalls mit dem CMR-Schlüssel zweitverschlüsselt sind; andere E-Mails werden zurückgewiesen. Ein E-Mail-Verkehr über das Firmennetz ist damit nur möglich, wenn alle eingehenden und ausgehenden E-Mails nicht nur vom Empfänger, sondern auch von einer zweiten Stelle innerhalb der Firma – etwa der Geschäftsleitung – gelesen werden können.

---

[108] Diese Einschätzung teilt *Bizer*, Kryptokontroverse, in: Kubicek u.a. (Hrsg.), Jahrbuch Telekommunikation und Gesellschaft 1995, S. 214, 220.

[109] Vgl. *Rueppel*, „Clipper" – Der Krypto-Konflikt am Beispiel der amerikanischen ESCROW-Technologie, in: Tinnefeld/Philipps/Weis, Institutionen und Einzelne, S. 187, 191.

[110] *Rueppel*, „Clipper" – Der Krypto-Konflikt am Beispiel der amerikanischen ESCROW-Technologie, in: Tinnefeld/Philipps/Weis, Institutionen und Einzelne, S. 187, 196 f.

Im Unterschied zum *key escrow* bleiben bei diesem Verfahren die geheimen Schlüssel der Teilnehmer geheim. Der Zugriff ist nur auf diejenigen Nachrichten möglich, die zusätzlich mit dem CMR-Schlüssel verschlüsselt wurden. Prinzipiell können die Absender entscheiden, ob sie an den gewünschten CMR-Schlüssel mitverschlüsseln wollen oder nicht. Werden die E-Mails allerdings ohne diese Zweitverschlüsselung nicht weitergeleitet, reduziert sich die Wahlmöglichkeit darauf, mit dem Mitarbeiter zu kommunizieren und ein Mitlesen in Kauf zu nehmen oder auf diese Form der Kommunikation ganz zu verzichten. Dieses System soll dazu dienen, die geschäftliche Korrespondenz der Mitarbeiter auch nach deren Ausscheiden, einem Unfall oder schlicht bei Verlust des geheimen Schlüssels lesen zu können. Gleichzeitig wird dadurch eine Kontrolle der gesamten elektronisch geführten Korrespondenz möglich, was unter anderem den Verrat von Betriebs- und Geschäftsgeheimnissen auf diesem Weg erschweren könnte.

Kritiker wenden ein, ein solches System sei durchaus unnötig; es bleibe den Mitarbeitern wie bei der klassischen Brief- und Telefaxkommunikation unbenommen, die Korrespondenz zusätzlich im Klartext zu archivieren. Auch beim Versenden von Briefen und Telefax-Mitteilungen entscheide der Mitarbeiter, ob er Kopien ablege oder nicht. Soweit Unterlagen ausschließlich in elektronischer Form archiviert würden und dabei durch Verschlüsselung gegen unbefugte Zugriffe geschützt werden sollten, könnten andere Schlüssel (*storage keys*) verwendet werden, von denen eine Kopie an sicherer Stelle im Unternehmen aufbewahrt werden könnte. Demgegenüber sei eine umfassende Kontrolle der Korrespondenz nicht notwendig und auch bisher nicht üblich.

Die Diskussion um CMR wird vor allem deshalb mit einiger Vehemenz geführt, weil sich eine Ausweitung des Systems über den Bereich einzelner Firmennetze hinaus denken läßt. Vorstellbar wäre ein Szenario, bei dem der zu verwendende CMR-Schlüssel nicht der eines Unternehmens, sondern einer staatlichen Instanz ist (oder jedenfalls einer Stelle, die auf staatliche Anordnung den Inhalt einzelner oder aller E-Mails offenbart). Die Zweitverschlüsselung mit diesem Schlüssel ließe sich erzwingen, wenn es gelänge, die Internet Service Provider flächendeckend dazu zu bewegen, nur solche zweitverschlüsselten E-Mails weiterzuleiten. Dies könnte etwa im Rahmen eines Zulassungsverfahrens, flankiert durch entsprechende strafrechtliche Vorschriften, sichergestellt werden.

Zu fragen ist hier, ob – und gegebenenfalls wie – sich ein solches Verfahren von einem Verschlüsselungsverbot in einer der oben bereits erörterten Varianten unterscheidet. Der Einsatz von Verschlüsselungsprogrammen wird durch dieses Vorgehen nicht generell verboten. Es darf auch „starke" Kryptographie verwendet werden, so daß ein Schutz gegen die Kenntnisnahme durch unbefugte Dritte auf den ersten Blick gewährleistet scheint. Schwachpunkt dieses Systems im Hinblick auf den Vertraulichkeitsschutz ist – wie bei der Schlüsselhinterlegung – jedoch die Gefahr, daß der geheime (Zweit-) Schlüssel kompromittiert wird. Sie ist hier sogar noch größer als im Fall des *Key Escrow*, weil nur wenige unterschiedliche dieser Schlüssel existieren – im Extremfall ein einziger. Wird dieser (oder werden diese) kompromittiert, dann wird die gesamte bis dahin mit diesem System verschlüsselte Kommunikation, soweit sie noch irgendwo gespeichert ist, auf einen Schlag dechiffrierbar. Bleibt die Kompromittierung unentdeckt, ist auch der ganze zukünftige Datenverkehr dem Zugriff des Angreifers schutzlos preisgegeben. Diese Aussicht kann ein erhebliches Interesse wecken, an den Schlüssel heranzukommen. Das Verhältnis zwischen Aufwand (an Bestechungsgeldern, krimineller Energie zur Erpressung etc.) und Ertrag (vollständige Transparenz der Kommunikation sehr vieler Teilnehmer) ist hier für Angreifer besonders günstig. (Im Falle der Schlüsselhinterlegung ist das zwar ähnlich; dabei ist aber jeder einzelne Schlüssel nur einem Kommunikationsteilnehmer zugeordnet, der potentielle Schaden also geringer.)

Zusammenfassend läßt sich damit feststellen, daß die obligatorische Zweitverschlüsselung praktisch in derselben Weise wirkt wie die Schlüsselhinterlegung: Zu den verwendeten Schlüsseln existiert ein Entschlüsselungsschlüssel unter staatlicher Kontrolle. Allerdings ist das Risiko der Kompromittierung hier als deutlich höher einzustufen.

## 5. Verbot des Mißbrauchs von Verschlüsselung

Ein weiterer rechtstechnischer Vorschlag in der Debatte um die Kryptographie ist, zwar nicht den Gebrauch von Verschlüsselungsprogrammen, wohl aber deren Mißbrauch unter Strafe zu stellen. Von einem Mißbrauch könnte man dann sprechen, wenn die Verschlüsselung im Zusammenhang mit der Planung oder Begehung einer Straftat eingesetzt würde.

Dieser Vorschlag, der auf den ersten Blick vielleicht einleuchten mag, weil er zwischen der Nutzung der Verschlüsselung durch den unbescholtenen Bürger und der Nutzung durch Verbrecher zu differenzieren versucht, erweist sich beim zweiten Hinsehen als wenig hilfreich. Wegen des Mißbrauchs könnte nur bestraft werden, wer auch der Straftat selbst überführt wird – sonst wäre ein Mißbrauch nicht bewiesen. Das Verschlüsselungsverbot würde somit faktisch zu einer Strafschärfungsvorschrift, die dem

Begehen von Straftaten einen höheren Unwertgehalt beimißt, wenn es unter Verwendung von Verschlüsselungstechnik geschieht.

Das Ziel, die Strafverfolgung (oder auch präventives Eingreifen) zu ermöglichen oder zu erleichtern, würde auf diesem Wege nur dann erreicht, wenn ein solches Mißbrauchsverbot eine Abschreckungswirkung derart hätte, daß die Straftäter sich beim Begehen einer Straftat von der Verwendung von Kryptographie abhalten ließen. Dies erscheint – ohne im einzelnen auf die mögliche Wirksamkeit der Abschreckungsfunktion von Straftatbeständen eingehen zu wollen – zunächst einmal zweifelhaft.[111] Wer genügend kriminelle Energie aufbringt, um eine schwere Straftat zu planen und zu begehen, läßt sich von einer solchen Vorschrift wohl kaum davon abhalten, seine Pläne mit technischen Mitteln zu schützen.[112]

Man könnte sich jedoch vorstellen, daß ein solches Mißbrauchsverbot dem Zwecke dienen könnte, den für ein Ermittlungsverfahren notwendigen Tatverdacht zu begründen. Im Rahmen dieses Ermittlungsverfahrens stünden dann den Strafverfolgungsbehörden Eingriffsbefugnisse zu, die möglicherweise zur Aufdeckung weiterer Taten führen könnten. Bedenklich erscheint aber hier, daß auch der Anfangsverdacht durch bestimmte Tatsachen begründet werden muß (§ 160 I StPO). Reichte allein die Tatsache, daß Verschlüsselung verwendet wurde, aus, um den Verdacht eines Verschlüsselungsmißbrauchs zu begründen, so stünden praktisch alle Teilnehmer eines sicheren Kommunikationsverfahrens ständig unter Verdacht (mit der Folge, daß gegen sie ein Ermittlungsverfahren eröffnet werden könnte). Eine solche Anwendung eines Mißbrauchsverbots erscheint zwar vielleicht nicht undenkbar, aus rechtsstaatlichen Gründen aber doch so abwegig, daß diese Möglichkeit hier außer Betracht gelassen werden kann. Es wären also zusätzliche Anhaltspunkte notwendig, die auf das Begehen einer Straftat hindeuteten. Bloße Vermutungen oder Ahnungen reichten nicht aus, denn das Vorliegen der anderen Tat gehörte ja zum Tatbestand des Mißbrauchsverbots. Lägen aber Tatsachen vor, die einen solchen Verdacht hinsichtlich der anderen Tat begründeten, dann reichte dies für die Aufnahme von Ermittlungen bereits aus. Damit wäre der Mißbrauchstatbestand als vermeintlich zusätzliche Möglichkeit zur Einleitung von Ermittlungen funktionslos und somit überflüssig. Ein Verbot des Mißbrauchs von Verschlüsselung könnte allein als Strafschärfungsvorschrift beim Vor-

---

[111] Vgl. *Dix*, CR 1997, S. 38, 42.

[112] Ähnlich könnte man sich erhoffen, ein Halteverbot vor einer Bank erschwere Banküberfälle, weil es dann ja verboten wäre, das Fluchtfahrzeug vor der Bank abzustellen. Wer zu einem Banküberfall entschlossen ist, wird sich schwerlich an Verkehrsvorschriften halten.

liegen einer anderen Tat wirken, während es nicht als geeignet erscheint, die gesetzgeberischen Ziele – Staatsschutz und Strafverfolgung – wirksam zu befördern.

## C) Umgehungsmöglichkeiten

Es ist noch auf einen Umstand hinzuweisen, der seinen Ursprung ebenfalls in den technischen Eigenarten der Verschlüsselung hat. Sobald man auf ein völliges Verschlüsselungsverbot verzichtet und irgendeine Form von Verschlüsselung erlaubt, ist eine Umgehungsmöglichkeit eröffnet, die bei der praktischen Durchsetzung eines Verschlüsselungsverbots erhebliche Schwierigkeiten bereiten dürfte.

Angenommen, Alice und Bob, die wir ja bereits im Technik-Kapitel kennengelernt haben, planen einen Banküberfall und wollen zur Verabredung das Internet nutzen. Wir unterstellen, daß der freie Gebrauch „starker" Kryptographie gesetzlich verboten ist, es aber ein staatlich lizenziertes Verschlüsselungssystem gibt, das von vielen Menschen bei der elektronischen Kommunikation regelmäßig genutzt wird. Zu diesem System können sich staatliche Stellen auf richterliche Anordnung mit vertretbarem Aufwand Zugriff verschaffen, wenn der Verdacht einer schweren Straftat besteht. Das ist Alice und Bob auch bekannt. Sie tun das Naheliegende: Alice verschlüsselt ihre Nachrichten an Bob *zunächst* mit einem starken Verschlüsselungssystem – etwa mit PGP.[113] Diese verschlüsselte Nachricht versendet Alice an Bob und benutzt dabei ganz normal das staatlich erlaubte System. Es gibt praktisch keine Chance, herauszufinden, daß sie das getan hat. Dem Chiffrat, das vom dem staatlich erlaubten System erzeugt wurde, sieht man ja nicht im mindesten an, welches Format das mit ihm verschlüsselte Original einmal hatte. Es müßten, um Mißbräuche zu entdecken, also im Prinzip *alle* Nachrichten entschlüsselt werden, um dann in einem zweiten Schritt festzustellen, ob es sich dabei um (erlaubte) Klartexte oder (verbotene) Chiffrate handelte, die mit einem anderen (sicheren) System hergestellt wurden. Dies dürfte bereits an der puren Datenmenge scheitern. Und selbst, wenn dies nicht der Fall sein sollte und Alices Nachricht entdeckt würde, so stünden die Ermittler vor der nächsten Schwierigkeit: Alles, was sie gefunden haben, ist eine wirre Folge von Zeichen,

---

[113] Diese Programme und Algorithmen sind seit Jahren frei im Internet weltweit verfügbar, in Deutschland auf Tausenden von Rechnern installiert und auf Millionen von CD-ROMs als Beigabe von Computerzeitschriften verteilt worden. Wenn es nicht einmal möglich . ist, zu verhindern, daß Rauschgift in Gefängnisse geschmuggelt wird, dann ist es absolut ausgeschlossen, den Bezug dieser Software in Deutschland zu verhindern.

evtl. ergänzt um einige Header-Informationen.[114] Es gibt nur eine einzige Möglichkeit, nachzuweisen, daß es sich um eine mit einem verbotenen System verschlüsselte Nachricht handelt: die erfolgreiche Entschlüsselung mit dem richtigen Schlüssel (den in unserem Beispiel nur Bob hat). Fehlt dieser, so unterscheidet sich das Chiffrat technisch nicht von einer Folge zufälliger Zeichen.[115] Dieses Problem läßt sich weder theoretisch noch praktisch lösen. Mit anderen Worten: Für findige Verbrecher bietet ein staatlich zugelassenes Verschlüsselungssystem die Möglichkeit, den Einsatz von verbotenen Verschlüsselungssystem erfolgreich zu tarnen, indem die Nachricht einfach zweimal verschlüsselt wird.[116]

## D) Zusammenfassung und Präzisierung des Untersuchungsgegenstands

Die verschiedenen Regelungsmöglichkeiten lassen sich letztlich zu zwei Optionen zusammenfassen. Entweder wird die Verwendung von Kryptographie völlig ungeregelt gelassen. Oder es wird wenigstens die Verwendung „starker", das heißt sicherer Kryptographie verboten. Zu dieser zweiten Option zählen auch die obligatorische Schlüsselhinterlegung oder der Zwang zur Zweitverschlüsselung. Ihr Ziel, den Zugriff auf Kommunikationsinhalte zu erleichtern, können sie nur erreichen, wenn zugleich andere, sichere Verfahren verboten werden. Damit stellt sich jede Einschränkung der Freiheit der Verwendung von Verschlüsselungsverfahren jedenfalls als Verbot der teilnehmerautonomen sichersten Verfahren mit „starker" Kryptographie dar.

Im Folgenden soll die Zulässigkeit eines solchen Verbots untersucht werden. Dabei ist eine wichtige Einschränkung zu machen: Die Untersuchung erfolgt ausschließlich im Hinblick auf den Einsatz von Verschlüsselung zum Schutz der Vertraulichkeit von elektronischer Kommunikation. Der gesamte Bereich der verschlüsselten Datenspeicherung (also ohne

---

[114] Siehe dazu auch die Beispiele weiter unten, S. 84.

[115] Denkbar wäre es natürlich, daß sich sich die Behörden in den Besitz des Schlüssels bringen, jedenfalls dann, wenn Bob im Falle der Entdeckung den Schlüssel nicht einfach löscht oder auf andere Weise verschwinden läßt. Wenn dies aber möglich ist, dann braucht die Verschlüsselung auch nicht verboten zu werden. Eine *unbemerkte* Kenntnisnahme – wie dies in der Regel bei der Telekommunikationsüberwachung angestrebt wird – dürfte so kaum möglich sein.

[116] Weitere Tarnmöglichkeiten bieten die Steganographie oder die Verwendung sogenannter anonymer Remailer, mit denen sich der echte Absender einer Nachricht wirksam verschleiern läßt. Vgl. *Roßnagel*, ZRP 1997, S. 26, 27, und oben, S. 21 f.

daß die gespeicherten Daten versandt würden) wird außen vor gelassen. Daher wird streng genommen nicht untersucht, ob ein Verbot von Kryptographie mit der Verfassung vereinbar wäre, sondern genauer, ob ein Verbot von Kryptographie für Zwecke des Vertraulichkeitsschutzes bei elektronischer Kommunikation mit der Verfassung vereinbar ist. Gegenstand der Untersuchung ist also eine Regelung, die den Versand von verschlüsselten Nachrichten oder die Herstellung von Kryptogrammen für den Versand untersagt.

# IV. Brief-, Post- und Fernmeldegeheimnis, Art. 10 I GG

## A) Einführung

Der Schutz der Vertraulichkeit von Kommunikation zwischen Einzelnen gehört zum festen Bestandteil nationaler und internationaler Menschenrechtskataloge. Im deutschen Grundgesetz wird der Schutz der Privatsphäre in Art. 2 I GG i. V. m. Art. 1 I GG verortet. Eine spezielle Ausprägung dieses Schutzes stellt Art. 10 I GG dar.[117] Er schützt die Vertraulichkeit der Kommunikation zwischen einzelnen, die über räumliche Entfernungen hin erfolgt.[118] Das Recht des einzelnen soll gewährleistet werden, seine Mitteilungen nur einem von ihm bestimmten Empfängerkreis zu offenbaren und so seine Privatsphäre nach eigenem Ermessen selbst abgrenzen zu können.[119]

Bei der Kommunikation von Angesicht zu Angesicht oder in einer Gruppe kann der Sprechende selbst kontrollieren, wer ihm zuhören, also von seinen Nachrichten Kenntnis nehmen wird oder kann. Diese Kontrolle geht verloren, wenn Dritte bzw. technische Einrichtungen zur Übermittlung in Anspruch genommen werden. Das Brief-, Post- und Fernmeldegeheimnis soll den Schutz der Privatsphäre auch in den Bereichen gewähren, in denen dieser aufgrund der Inanspruchnahme Dritter bei der Kommunikation nicht mehr selbsttätig sichergestellt werden kann.[120] Die Bedeutung des Art. 10 I GG ergibt sich somit aus den spezifischen Gefahren, denen der Kommunikationsvorgang ausgesetzt ist.[121] Gerade die Gefährdungen, die dadurch entstehen, daß man sich bei der Kommunikation der Vermittlung Dritter bedient, sollen durch das Kommunikationsgeheimnis des Art. 10 I GG kompensiert werden: Dem Staat bzw. der Post wird verboten, von Mitteilungen Kenntnis zu nehmen, obwohl er bzw. sie dazu technisch in der Lage wäre.

---

[117] *Bleckmann,* Staatsrecht II, S. 845.
[118] *Maunz/Dürig–Dürig,* Art. 10 Rn. 1.
[119] *Maunz/Dürig–Dürig,* Art. 10 Rn. 1.
[120] BVerfGE 85, S. 386, 396.
[121] *Dreier–Hermes,* Art. 10 Rn. 13; *Maunz/Dürig–Dürig,* Art. 10 Rn. 2; BVerfGE 85, S. 386, 396.

## B) Elektronische Datenkommunikation als Gegenstand des Art. 10 I GG

Bevor näher auf den Vorgang der Verschlüsselung einerseits und den Versand verschlüsselter Nachrichten andererseits eingegangen wird, ist zunächst zu untersuchen, inwieweit elektronische Datenkommunikation überhaupt in den Schutzbereich von Art. 10 I GG fällt.

Art. 10 I GG schützt das Brief- sowie das Post- und Fernmeldegeheimnis. Die Abgrenzung dieser drei Schutzbereiche ist im einzelnen schwierig. Das Briefgeheimnis schützt den Nachrichtenverkehr zwischen einzelnen, die sich dazu des Kommunikationsmittels „Brief" bedienen.[122] Unter einem Brief wird dabei eine schriftliche Nachricht verstanden, wobei zum Teil gefordert wird, daß sie verschlossen sein muß.[123] Zwar spricht man etwa bei E-Mails von „elektronischen Briefen" oder „elektronischer Post". Elektronisch übermittelte Daten lassen aber eine Verkörperung und die Möglichkeit des Verschlusses, die einen Brief im o. g. Sinne auszeichnen, gerade vermissen. Zwar können auch Computerdaten ausgedruckt oder auf Datenträgern transportiert werden; dies fällt aber nicht in den hier betrachteten Bereich der elektronischen Datenkommunikation. Es läßt sich also festhalten, daß elektronische Datenkommunikation nicht in den Bereich des Briefgeheimnisses fällt.

Das Postgeheimnis des Art. 10 I GG hat einen etwas anderen Ansatzpunkt. Hier kommt es nicht auf die Eigenart der transportierten Nachricht an, sondern auf den Transporteur: die Post. Mit der Privatisierung des Post- und Telekommunikationswesens sind hier eine Reihe von schwierigen Rechtsfragen entstanden, insbesondere die nach dem Grundrechtsverpflichteten.[124] Während die Post als staatliche Anstalt früher selbst grundrechtsverpflichtet war, sind heute praktisch alle Aufgabenbereiche der Post als privatrechtliche Gesellschaften organisiert, die zudem im Wettbewerb mit anderen privaten Unternehmen agieren. Als unmittelbarer Pflichtadressat verbleibt damit heute nur die postfremde öffentliche Gewalt.[125]

In den Schutzbereich fallen alle Sendungen, die der Post (oder heute: einem Postdienstleister[126]) zum Zwecke der Beförderung übergeben wer-

---

[122] *Maunz/Dürig–Dürig*, Art. 10 Rn. 13.
[123] *Maunz/Dürig–Dürig*, Art. 10 Rn. 13.
[124] Vgl. *von Münch/Kunig–Löwer*, Art. 10 Rn. 9 ff.. Ausführlich *Rieß*, Vom Fernmeldegeheimnis zum Telekommunikationsgeheimnis, in: Büllesbach (Hrsg.), Datenschutz im Telekommunikatiosrecht, S. 127 ff.
[125] Vgl. *von Münch/Kunig–Löwer*, Art. 10 Rn. 10.
[126] *von Münch/Kunig–Löwer*, Art. 10 Rn. 13.

den.[127] Diese Beschreibung des Schutzbereichs läßt sich historisch wohl am ehesten mit dem staatlichen Postmonopol erklären. Art. 10 I GG stellte dazu ein notwendiges Gegengewicht dar.[128] Elektronische Datenkommunikation fällt daher heute in aller Regel nicht mehr in den Schutzbereich des Postgeheimnisses, da die Bereitstellung von Datenleitungen etc. heute nicht mehr von der Post und auch nicht von Postdienstleistern erfolgt, die dem Postwesen im Sinne von Art. 74 Nr. 7 und Art. 87f I GG zuzuordnen sind,[129] sondern von privaten Telekommunikationsdienstleistern, die sich nicht unter dem Begriff „Post" fassen lassen.

Einen umfassenden Schutz elektronischer Datenkommunikation bietet hingegen das Fernmeldegeheimnis im Sinne von Art. 10 I, 3. Alt. GG. Das Fernmeldegeheimnis schützt die Vertraulichkeit aller mit Mitteln des Fernmeldeverkehrs übertragenen Mitteilungen.[130] Zu diesen Mitteln gehören nicht nur die klassischen Kommunikationsmittel Telegraph, Telefon und Fernschreiber. Das Fernmeldegeheimnis umfaßt auch die Übertragung von elektronischen Daten über Leitungen, etwa bei Telefaxdienst oder Bildschirmtext.[131] Im Hinblick auf weitere Möglichkeiten elektronischer Datenübertragung ist das Grundrecht dynamisch.[132]

Gegenstand des Fernmeldegeheimnisses ist die durch unkörperliche Signale transportierte räumlich distanzierte individuelle Kommunikation.[133] Die Beschränkung hinsichtlich der Teilnehmerzahl ist notwendig zur Abgrenzung gegenüber dem Rundfunk, bei dem ebenfalls Signale mittels unkörperlicher Signale (elektromagnetischer Wellen) übertragen werden, der Kreis der (potentiellen) Empfänger aber nicht feststeht. Bei elektronischer Datenkommunikation werden Daten – in der Regel zwischen Computern – als unkörperliche Signale übertragen.[134] Der elektronische Datenaustausch fällt somit in den Schutzbereich des Fernmeldegeheimnisses. Inwieweit er gleichzeitig in den Bereich des Postgeheimnisses fällt, ist demgegenüber unerheblich, da sich für den Bereich der Post Schutzbereich und Aufgaben der beiden Einzelgewährleistungen des Art. 10 I GG nicht unterscheiden.[135] Daher wird im folgenden nur vom Fernmeldegeheim-

---

[127] *Maunz/Dürig–Dürig*, Art. 10 Rn. 15.
[128] *Maunz/Dürig–Dürig*, Art. 10 Rn. 2.
[129] Vgl. *von Münch/Kunig–Löwer*, Art. 10 Rn. 13.
[130] *Sachs–Krüger*, Art. 10 Rn. 14; *Maunz/Dürig–Dürig*, Art. 10 Rn. 18.
[131] *Sachs–Krüger*, Art. 10 Rn. 14.
[132] *Sachs–Krüger*, Art. 10 Rn. 14; *Jarass/Pieroth–Jarass*, Art. 10 Rn. 4.
[133] Vgl. *von Münch/Kunig–Löwer*, Art. 10 Rn. 18.
[134] Dies kann mit Hilfe elektromagnetischer Wellen oder (bei Glasfaserleitungen) mit Licht erfolgen.
[135] Vgl. *Maunz/Dürig–Dürig*, Art. 10 Rn. 18.

nis bzw. allgemein einem „Kommunikationsgeheimnis" auch dort gesprochen, wo das Brief- oder Postgeheimnis ebenfalls einschlägig sein kann.
Dies rechtfertigt sich aus der großen Ähnlichkeit der Struktur und Funktion der Einzelgewährleistungen des Art. 10 I GG.

## C) Verschlüsselte Daten als Gegenstand des Art. 10 I GG

Um zu klären, ob auch verschlüsselte Daten bei der elektronischen Datenkommunikation von Art. 10 I GG geschützt werden, ist zunächst eine
kurze Betrachtung der Datenfernübertragung (DFÜ) aus technischer Sicht
notwendig. Als Beispiel soll die Übertragung einer verschlüsselten Textdatei betrachtet werden.

Die Textdatei liegt zunächst als binär codierte Datei auf dem Rechner
des Absenders vor. Mittels eines Verschlüsselungsprogramms[136] wird nun
– ebenfalls auf dem Rechner des Absenders – das Chiffrat erzeugt, das
übertragen werden soll. Als nächstes kommt die Kommunikationssoftware zum Einsatz, die diese neue Datei (das Chiffrat) für den Transport aufbe-
reitet. Entsprechend dem zu verwendenden Protokoll werden die Daten in
eine bestimmte Form gebracht, eventuell in Pakete zerlegt und mit zusätzlichen, für den Transport notwendigen Informationen versehen. Dann erst
erfolgt die eigentlich Übertragung: Es wird eine physikalische Verbindung
zu einem anderen Rechner – entweder direkt dem Zielrechner oder auch
zu einem Internet-Router – hergestellt. Nun können die Transportdaten
übertragen werden. Dies kann über Telefon-, Netzwerk- oder Funkverbindungen erfolgen. Sind die Transportdaten beim Empfänger angekommen,
ist die Übertragung beendet. Der Empfänger kann jetzt aus den empfange-
nen Daten nach den Regeln des verwendeten Protokolls die ursprüngliche
verschlüsselte Datei rekonstruieren. Verfügt der Empfänger auch über ein
kompatibles Entschlüsselungsprogramm und den richtigen Schlüssel, so
kann er aus dem Chiffrat wieder die ursprüngliche Textdatei erzeugen.[137]
Verschlüsselte Daten unterscheiden sich somit, was ihre Übertragung
angeht, nicht von unverschlüsselten. Werden Daten verschlüsselt übertragen, so fallen lediglich zwei zusätzliche Arbeitsschritte an, einmal vor und
einmal nach der Übertragung. Daher fallen auch verschlüsselte Daten in
den Schutzbereich des Art. 10 I GG. Dies bedeutet unter anderem, daß auch
verschlüsselte Daten nur in den Grenzen des Art. 10 II GG mitgeschnitten
werden dürfen.[138]

---

[136] Vgl. oben, S. 14 ff.

[137] Siehe zu diesem Vorgang noch einmal ausführlicher unten, S. 86 ff.

[138] Der Nutzen eines solchen Mitschneidens ist allerdings, wie bereits oben, S. 22 ff., gezeigt,

## D) Keine Erstreckung des Schutzbereichs auf den Verschlüsselungsvorgang

Eine andere Frage ist hingegen, ob auch der Verschlüsselungs*vorgang* selbst von Art. 10 I GG erfaßt wird. Wie gezeigt, erfolgt dieser Vorgang vor dem eigentlichen Transport der Daten (bzw. entsprechend für die Entschlüsselung nach dem Transport). Es stellt sich also die Frage nach der zeitlichen Dimension des Geheimnisschutzes durch Art. 10 I GG.

Art. 10 I GG knüpft an den Transport der Daten an. Solange sie den Machtbereich des Senders nicht verlassen haben, werden sie noch nicht von Art. 10 I GG erfaßt. Dies ergibt sich aus dem Schutzzweck des Art. 10 I GG: Der Sender soll vor Gefährdungen der Vertraulichkeit geschützt werden, die gerade dadurch entstehen, daß er die Hilfe Dritter bzw. technischer Einrichtungen zur Nachrichtenübermittlung in Anspruch nimmt. Solange er die Nachricht nicht aus der Hand gegeben hat, besteht kein Anlaß für einen weitergehenden Schutz. Er behält die volle Kontrolle. Der Schutz des Art. 10 I GG setzt also in dem Augenblick an, in dem die Nachricht den alleinigen Kontrollbereich des Senders verläßt, und endet, wenn die Nachricht im alleinigen Kontrollbereich des Empfängers angekommen ist.[139] Der Verschlüsselungsvorgang selbst kann deshalb nicht mehr in den Schutzbereich des Art. 10 I GG fallen. Er geschieht notwendig, bevor die Nachricht abgesandt wird. Selbst die Aufbereitung für den Transport ist notwendige Voraussetzung dafür, daß die Nachricht den Machtbereich des Senders überhaupt verlassen kann. Der Schutz durch Art. 10 I GG kann deshalb erst zeitlich später ansetzen, nämlich in dem Augenblick, in dem die Nachricht den (alleinigen) Machtbereich des Absenders verlassen hat. Dies ist bei elektronischer Telekommunikation erst dann der Fall, wenn eine Verbindung des Sende-Geräts (beispielsweise des mit einem Modem ausgestatteten Computers) mit einer anderen technischen Einrichtung außerhalb des Machtbereichs des Senders (dem Empfangsgerät oder einer Vermittlungseinrichtung) hergestellt wurde und digitale oder analoge Signale vom Absender ausgesandt werden.

---

bei Verwendung „starker" Kryptographie unter Umständen begrenzt oder gleich null.

[139] Vgl. *AK–Schuppert*, Art. 10 Rn. 17: Der (zeitliche) Schutzbereich des Postgeheimnisses beginne mit der Einlieferung einer Postsendung bei der Post und ende mit der Ausfolgung an den Empfänger.

## E)   Weite Auslegung des Schutzbereichs?

Fraglich ist aber, ob nicht der Schutz des Art. 10 I GG auch auf Vorgänge ausgedehnt werden muß, die der unmittelbaren Vorbereitung der Nachrichtenübermittlung dienen, hier also auf den Verschlüsselungsvorgang selbst.[140] Dies scheint hinter der Aussage von *Hermes* zu stehen, wenn er ohne weitere Begründung ausführt, Art. 10 GG gewährleiste

> „die Verfügungsbefugnis über Informationen, die übermittelte Kommunikationsvorgänge betreffen, einschließlich der Befugnis, Vorkehrungen gegen ungewollte Kenntnisnahme durch Dritte zu treffen (z. B. durch Benutzung von Geheimschrift oder kryptographischer Verfahren in der Telekommunikation)."[141]

Dem schließt sich – ebenfalls ohne Begründung – *Löwer* an:

> „Gerade der Schutz vor Ermöglichung fremden Mitlesens oder Mithörens schließt die Verwendung kryptographischer Verfahren in den Gewährleistungsbereich des Art. 10 mit ein."[142]

Beide Autoren gehen jedoch von falschen Voraussetzungen aus. Kryptographie schützt gar nicht gegen die Kenntnisnahme, das Mitlesen und Mithören. Sie sorgt lediglich dafür, daß das Mitgelesene oder Mitgehörte nicht verstanden werden kann.

Einen etwas weitergehenden Ansatz verfolgt *Bizer*. Nach seiner Ansicht umfaßt der Schutzbereich des Art. 10 I GG auch die Entscheidungs- und Verfügungsbefugnis der Beteiligten, ein Geheimnis mit technischen Mitteln zu schützen. Dies ergebe sich aus dem Schutz der Bestimmungsbefugnis der am Kommunikationsvorgang Beteiligten, „wer von dem Inhalt Kenntnis erlangen soll".[143] Dies umfasse auch die Entscheidungsfreiheit des Empfängers, eine verschlüsselte Nachricht zu entschlüsseln oder als (verschlüsseltes) Geheimnis dauerhaft zu bewahren.[144]

---

[140] Um die Darstellung zu vereinfachen, wird im folgenden jeweils nur der *Verschlüsselungs*vorgang betrachtet. Die Erwägungen lassen sich gleichermaßen auf den *Entschlüsselungs*vorgang anwenden.

[141] *Dreier–Hermes*, Art. 10 Rn. 13.

[142] *von Münch/Kunig–Löwer*, Art. 10 Rn. 11. Zweifelnd, aber im Ergebnis offen *von Mangoldt/Klein/Starck–Gusy*, Art. 10 Rn. 46, der eher zu einem Schutz aus Art. 5 GG oder Art. 2 GG zu tendieren scheint. Siehe dazu ausführlich unten, S. 65 ff.

[143] *Bizer*, KJ 1995, S. 450, 454 unter Verweis auf BVerfG 85, S. 386, 396 und BVerfGE 67, S. 157, 171.

[144] *Bizer*, KJ 1995, S. 450, 454.

Keine dieser Interpretationen von Art. 10 I GG kann letztlich überzeugen. Der Schutzbereich des Grundrechts beginnt und endet mit dem Kommunikationsvorgang. Was nach Abschluß der Kommunikation, nach der Übermittlung der Nachricht geschieht, ist nicht mehr Thema des Art. 10 I GG. Das Fernmeldegeheimnis beugt den Gefahren vor, die durch die Inanspruchnahme Dritter bzw. technischer Einrichtungen entstehen. Bevor die Nachricht den Absender verläßt, sind aber keine zusätzlichen Gefahren entstanden. Ist die Nachricht endgültig in den Machtbereich des Empfängers gelangt, bestehen ebenfalls keine kommunikationsspezifischen Gefahren mehr. Daher läßt sich gegen Bizers Ansicht zunächst einwenden, daß schon das von ihm angeführte Beispiel des Empfängers Zweifel an der Richtigkeit seiner These weckt. Die Freiheit, einen beliebigen Text in verschlüsselter oder unverschlüsselter Form zuhause aufzubewahren, ist mit Sicherheit kein Anwendungsfall des Fernmeldegeheimnisses. Der Bezug zum Fernmeldegeheimnis – und damit zum Anwendungsbereich von Art. 10 I GG – entsteht erst und nur in dem Augenblick, in dem die Nachricht sich eben nicht mehr im alleinigen Machtbereich des Berechtigten befindet. Die Befugnis, den Inhalt bestimmter Schriftstücke oder Dateien für sich zu behalten, ergibt sich nicht aus Art. 10 I GG. Die Tatsache, daß ein Schriftstück oder eine Datei einmal Gegenstand eines Kommunikationsvorgangs war (oder werden soll), verleiht ihm oder ihr nicht dauerhaft den Schutz der Kommunikationsgeheimnisse des Art. 10 I GG.

Zur Verdeutlichung ein Beispiel: Alice möchte Bob die Freundschaft aufkündigen, weil er angeblich ihren geheimen Schlüssel verraten hat. Sie schreibt einen recht deutlichen Brief, läßt ihn aber zunächst auf dem Schreibtisch liegen. Am nächsten Tag überlegt sie es sich anders und wirft den Brief weg. Soll die Vertraulichkeit dieses Briefs von Art. 10 I GG geschützt sein? Dies ließe sich schwerlich allein mit der Intention begründen, daß er ja eigentlich einmal versandt werden sollte.[145]

Problematisch ist aber auch Bizers Anknüpfung an die Bestimmungsbefugnis über den „Inhalt" des Kommunikationsvorgangs. „Inhalt" ist nämlich zweifelsfrei nur die tatsächlich transportierte Nachricht, also das, was während des Kommunikationsvorgangs übermittelt wird. Wie gezeigt, wird im Falle der Verschlüsselung nur der codierte Text, das Chiffrat übertragen; der Klartext bleibt allein im Machtbereich des Absenders bzw. des Empfängers. Richtig ist, daß auch das Chiffrat selbst dem Schutz des Fernmeldegeheimnisses unterliegt. Daraus ergibt sich für den Verschlüsse-

---

[145] Vielmehr wäre hier die Privatsphäre und damit die Vertraulichkeit dieser Aufzeichnung durch Art. 13 I GG, eventuell auch durch das Allgemeine Persönlichkeitsrecht gemäß Art. 2 I i. V. m. Art. 1 I GG geschützt. Zu letzterem vgl. unten, S. 135 ff.

lungsvorgang aber noch nichts. Bizer geht jedoch offenbar davon aus, daß nicht nur die tatsächlich übertragenen Zeichen den „Inhalt" der Nachricht bilden, sondern daß der „Inhalt" begrifflich weiter zu fassen ist.

Ein Bezug zwischen Verschlüsselung und Fernmeldegeheimnis ließe sich in der Tat herstellen, wenn Art. 10 I GG nicht nur das tatsächlich Übermittelte in seiner jeweiligen Form schützte, sondern allgemein die Vertraulichkeit des gedanklichen Sinngehalts dessen, was Gegenstand des Kommunikationsvorgangs ist. Als „Inhalt" der Kommunikation wäre dann also nicht mehr allein die Nachricht in ihrer konkreten Form anzusehen, sondern auch das, was der Absender „eigentlich" sagen wollte, die Bedeutung, die er (und im Idealfall der Empfänger) den tatsächlich übermittelten Zeichen beimißt.[146]

Ob dies aber tatsächlich Thema des Art. 10 I GG ist, erscheint mehr als fraglich. Die von Bizer zitierten Entscheidungen des Bundesverfassungsgerichts belegen seine These jedenfalls nicht. Dort heißt es (zum Postgeheimnis) lediglich:

> „Es erstreckt sich insbesondere auf den konkreten Inhalt der übermittelten Sendung und schützt vor Offenbarung (Übermittlung, Weitergabe), wer mit wem durch die Post Briefe und Sendungen wechselt, vor der Öffnung verschlossener Sendungen, vor Nachforschungen nach ihrem Inhalt und vor Eingriffen postfremder Stellen."[147]

Was an dieser Stelle unter dem „konkreten Inhalt" zu verstehen ist, ergibt sich aus dem Wortlaut der Entscheidung nicht. Kurz zuvor heißt es in etwas allgemeinerer Formulierung:

> „Das Grundgesetz weist den in Art. 10 I GG garantierten Grundrechten des Brief-, Post- und Fernmeldegeheimnisses hohen Rang zu. Es gewährleistet die freie Entfaltung der Persönlichkeit durch einen privaten, vor den Augen der Öffentlichkeit verborgenen Austausch von Nachrichten, Gedanken und Meinungen (Infor-

---

[146] Im Falle des Briefgeheimnisses könnte dies bedeuten: Der Absender wäre nicht nur dagegen geschützt, daß ein tatsächlich versandter Brief abgefangen und gelesen würde; er wäre darüber hinaus dagegen geschützt, daß der Brief u.U. übersetzt, allgemein: daß die Bedeutung des Briefes, die Intentionen des Absenders ermittelt würden. Dies wäre die Konsequenz daraus, als „Inhalt" des Kommunikationsgeheimnisses nicht die kommunizierte Nachricht in ihrer konkreten, verkörperten Form anzusehen, sondern auch den gedanklichen Sinngehalt, der ihr beizumessen ist.

[147] BVerfGE 67, S. 157, 172.

mationen) und wahrt damit die Würde des denkenden und freiheitlich handelnden Menschen."[148]

Inhalt der vom Grundgesetz geschützten Kommunikationsgeheimnisse
ist nach Ansicht des Bundesverfassungsgerichts also „der Austausch von
Nachrichten, Gedanken und Meinungen (Informationen)". Den Bezug auf
die „Gedanken und Meinungen" könnte man so verstehen, als sei die Vertraulichkeit des gedanklichen Sinngehalts des Übermittelten auch Gegenstand des Fernmeldegeheimnisses. Dem steht jedoch entgegen, daß das
Gericht auch hier ausdrücklich den „Austausch" von Informationen erwähnt. Ausgetauscht werden können nie Gedanken „an sich", sondern nur
deren Repräsentation durch Zeichen oder Signale. Schon die Verwendung
von Sprache stellt eine Codierung dar, bei der bestimmte Begriffe Sinn-
gehalte repräsentieren. Kommunikation findet also immer vermittelt statt,
indem bestimmte Zeichen, Signale oder Begriffe vom Absender dem Empfänger übermittelt werden. Art. 10 I GG knüpft nun an diese Übermittlung,
den „Austausch", an. Nur das, was auch übermittelt werden kann, kann
auch Gegenstand des grundrechtlichen Schutzes sein. Insofern unterscheidet sich eine mit technischen Mitteln zusätzlich verschlüsselte Nachricht
nicht von einer beliebigen anderen Nachricht, sei sie nun in einer seltenen
Sprache formuliert oder aus anderen Gründen schwer verständlich („Wir
treffen uns am gewohnten Ort.").[149] Der Schutz des Art. 10 I GG richtet sich
insofern allein darauf, daß diese verwendeten Zeichen oder Signale vertraulich bleiben, denn allein sie können überhaupt Gegenstand eines Kommunikationsvorgangs sein. Daher kann der gedankliche Sinngehalt, die Information „an sich", nicht von Art. 10 I GG geschützt sein, denn was nicht
Gegenstand eines Kommunikationsprozesses sein kann, kann auch nicht
von einem Kommunikationsgeheimnis geschützt werden. Es gibt keinen
Anhaltspunkt dafür, daß das Bundesverfassungsgericht der zitierten Entscheidung eine andere Auffassung zugrunde gelegt haben sollte. Damit
ergibt sich für den Schutzbereich des Art. 10 I GG, daß von ihm nur die
Vertraulichkeit der konkret verwendeten Zeichen oder Signale geschützt
ist, nicht aber die Vertraulichkeit der Bedeutung, die Sender oder Empfänger ihnen zumessen.

---

[148] Ebd.
[149] Das Recht, eine solche Sprache zu benutzen oder keine klaren, für jedermann (bzw. jeden Mit-Hörer oder -Leser) unmittelbar verständlichen Formulierungen zu gebrauchen,
ergibt sich nicht aus Art. 10 I GG, denn es hat mit kommunikationsspezifischen Gefährdungen der Vertraulichkeit nichts zu tun; die Befugnis, so zu sprechen, wie man will,
wird von Art. 10 GG allenfalls vorausgesetzt.

Die Unterscheidung zwischen der Vorbereitung einer Nachricht für den Versand und dem eigentlichen Transport erscheint allenfalls auf den ersten Blick künstlich oder gar formalistisch. Sie ist notwendig, um den Schutzbereich von Art. 10 I GG scharf zu konturieren. Zur sachgerechten Abgrenzung des Schutzbereichs bietet sich das oben erörterte Kriterium an, nämlich die spezifische Gefährdung der Vertraulichkeit aufgrund der Inanspruchnahme Dritter oder technischer Einrichtungen.[150] Es gibt hingegen keinen überzeugenden Grund, den Schutzbereich auch auf Vorgänge auszudehnen, die erst der Vorbereitung einer Kommunikation dienen.

## F)   Recht auf Versand verschlüsselter Daten aus Art. 10 I GG?

Wie gezeigt, schützt Art. 10 I GG nicht die Freiheit, Nachrichten für den Versand zu verschlüsseln. Ein Verschlüsselungsverbot könnte aber dann Art. 10 I GG berühren, wenn das Grundrecht auch die Freiheit schützte, beliebige Inhalte mittels Telekommunikation zu versenden. In diesem Fall wäre das Verbot, bestimmte – verschlüsselte – Daten zu übertragen, ein Eingriff in diese Freiheit, weil dann diese Nachrichten oder Mitteilungen nicht mehr versandt werden dürften.

Daß Art. 10 I GG dieses Recht, Beliebiges im Wege der Telekommunikation zu kommunizieren, schützt, wird etwa von *Scherer* angenommen. Das Recht auf Individualkommunikation sei zwar auf der Senderseite zunächst durch Art. 5 I 1 GG geschützt, das Recht zum Empfang nicht allgemeinzugänglicher – also individualkommunikativer – Informationen durch Art. 2 I GG.[151] Jedoch fielen gerade aus dem Schutzbereich von Art. 5 I 1 GG alle diejenigen Mitteilungen heraus, die sich nicht als „Meinungs-

---

[150] Dieser Unterscheidung entsprechen im übrigen auch die einschlägigen Regelungen in der Strafprozeßordnung. Auch dort wird zwischen der Beschlagnahme von Gegenständen (also auch Schriftstücken, Disketten usw.), die sich im Gewahrsam einer Person befinden (§§ 94 II, 95, 98 StPO), einerseits und der Beschlagnahme von Postsendungen auf der Post, Telegrammen auf den Telegraphenanstalten und der Überwachung des Fernmeldeverkehrs (§§ 99 ff. StPO) andererseits unterschieden. Soweit dabei auf den „Gewahrsam" als Abgrenzungskriterium abgestellt wird, entspricht dies inhaltlich dem oben erörterten Kriterium der alleinigen Kontrollmöglichkeit des Berechtigten. Mit ähnlicher Begründung hat das LG Hanau entschieden, zur Überwachung der E-Mail-Kommunikation dürfe nur auf der Grundlage von § 100a StPO die „Beschlagnahme" von E-Mails angeordnet werden, die der Nutzer noch nicht aus seiner Mailbox beim Provider abgerufen hat. Eine Beschlagnahme nach §§ 94, 99 und 162 I 2 StPO komme nicht in Betracht, denn dadurch würde der Schutz des Art. 10 GG unterlaufen. Dieser ende „erst dann, wenn die Nachricht bei dem Empfänger angekommen ist." LG Hanau, Beschluß vom 23.09.1999, Az. 3 Qs 149/99, DuD 2000, S. 557.

[151] *Scherer*, Telekommunikationsrecht und Telekommunikationspolitik, S. 581.

äußerung" in dem vom Bundesverfassungsgericht und der herrschenden Lehre vertretenen Sinne darstellten, also nicht gekennzeichnet seien durch „das Element der Stellungnahme, des Dafürhaltens, des Meinens im Rahmen der geistigen Auseinandersetzung"[152]. Zwar seien im Hinblick auf die Meinungsbildung auch gewisse Tatsachenmitteilungen geschützt; dennoch fielen große Teile dessen, was mit Hilfe des Fernmeldewesens an Individualkommunikation übertragen werde, aus dem Schutzbereich des Art. 5 I 1 GG heraus, insbesondere weite Teile der Datenkommunikation.[153] Hier nun „erweitert und verstärkt" Art. 10 GG nach Ansicht von Scherer den Schutz der Individualkommunikation. Die nicht „meinungsrelevanten" Teile der nachrichtentechnisch übermittelten Kommunikation würden von Art. 10 GG „(mit)erfaßt und geschützt". Art. 10 I GG schütze das Fernmeldegeheimnis, und mit diesem „Geheimnis" schütze er zugleich die Freiheit, in fernmeldetechnisch übertragener Individualkommunikation (auch) nicht meinungsrelevante Informationen auszutauschen.[154]

Richtig an Scherers Ansicht ist zunächst, daß Art. 10 I GG jeden Inhalt eines (tele-) kommunikativen Vorgangs schützt, also Meinungen ebenso wie private, geschäftliche und berufliche Mitteilungen.[155] Der Schutz richtet sich aber nur auf die Vertraulichkeit der übermittelten Nachrichten. Scherers weitergehende Interpretation, Art. 10 I GG schütze nicht nur die Vertraulichkeit von stattfindenden Kommunikationsvorgängen, sondern das Stattfindenkönnen von Individualkommunikation überhaupt, erscheint dagegen zweifelhaft. Aus der Tatsache, daß der Schutz der Vertraulichkeit einer Kommunikation das Stattfinden einer solchen voraussetzt, läßt sich noch nicht ableiten, dann müsse eben diese Tätigkeit auch gerade von dieser Grundrechtsnorm (mit) geschützt sein.[156] Der Schutz von Art. 10 I GG knüpft an eine spezielle Gefährdungslage bei der (Tele-) Kommunikation an, die er durch ein Verbot zu kompensieren sucht. Diese entsteht erst mit der Kommunikation. Findet keine Kommunikation statt, greift Art. 10 I GG auch nicht ein.

Im Normtext selbst findet sich für Scherers Ansicht kein Anhaltspunkt. Auch sonst ist kein zwingender Grund ersichtlich, daß der Vertraulich-

---

[152] BVerfGE 65, S. 1, 41.

[153] *Scherer*, Telekommunikationsrecht und Telekommunikationspolitik, S. 582 und Fußnote 28.

[154] *Scherer*, Telekommunikationsrecht und Telekommunikationspolitik, S. 582. In der Tendenz ähnlich *Rieß*, Vom Fernmeldegeheimnis zum Telekommunikationsgeheimnis, in: Büllesbach (Hrsg.), Datenschutz im Telekommunikatiosrecht, S. 127, 136 ff.

[155] *Rohlf*, Der grundrechtliche Schutz der Privatsphäre, S. 166; BK–*Badura*, Art. 10 Rn. 26; BVerfG NJW 2000, S. 55, 56.

[156] Vgl. *Dreier–Hermes*, Art. 10 Rn. 13 u. 71.

keitsschutz die Möglichkeit zur Kommunikation (mit) erfassen müßte. Ähnlich stellt sich die Situation etwa bei Art. 13 GG dar: Der Schutz der Privatsphäre in den eigenen vier Wänden begründet kein Recht auf eine eigene Wohnung.[157] Es ist daher mit der h. M. davon auszugehen, daß sich Art. 10 I GG insoweit auf die Funktion als Abwehrrecht beschränkt und darüberhinaus keinen Anspruch gewährt, etwa auf die Schaffung oder Erhaltung der Möglichkeit, Telekommunikationseinrichtungen zu nutzen.[158]

Etwas anderes ergibt sich auch nicht aus der Entscheidung des Bundesverfassungsgerichts zur Fernmeldeüberwachung durch den Bundesnachrichtendienst auf Grund des G 10.[159] Dort heißt es u. a.:

> „Indem das Grundrecht die einzelnen Kommunikationsvorgänge grundsätzlich dem staatlichen Zugriff entzieht, will es zugleich die Bedingungen einer freien Telekommunikation überhaupt aufrechterhalten. Mit der grundrechtlichen Verbürgung der Unverletzlichkeit des Fernmeldegeheimnisses soll vermieden werden, dass der Meinungs- und Informationsaustausch mittels Fernmeldeanlagen deswegen unterbleibt oder nach Form und Inhalt verändert verläuft, weil die Beteiligten damit rechnen müssen, dass staatliche Stellen sich in die Kommunikation einschalten und Kenntnisse über die Kommunikationsbeziehungen oder Kommunikationsinhalte gewinnen."[160]

Aus der Entscheidung wird deutlich, daß Art. 10 GG auch nach Auffassung des Gerichts das Stattfinden von Telekommunikation voraussetzt und nur auf die Bedingungen abzielt, unter denen diese erfolgt. Die Vertraulichkeit soll um ihrer Freiheit willen geschützt werden.[161] Daraus läßt sich aber noch nicht folgern, der Staat sei verpflichtet, die Kommunikation beliebiger Inhalte zu ermöglichen oder zu gestatten. In den Worten des Bundesverfassungsgerichts:

> „Der Schutz des Fernmeldegeheimnisses in Art. 10 GG ... knüpft an das Kommunikationsmedium an und will jenen Gefahren für

---

[157] Vgl. *Maunz/Dürig–Papier*, Art. 13 Rn. 6.

[158] Vgl. *Rohlf*, Der grundrechtliche Schutz der Privatsphäre, S. 167;*BK–Badura*, Art. 10 Rn. 32; *Maunz/Dürig–Dürig*, Art. 10 Rn. 15, 18; *Evers*, Privatsphäre und Ämter für Verfassungsschutz, S. 182; *Oehler*, Postgeheimnis, in: Neumann/Nipperdey/Scheuner (Hrsg.), Grundrechte II, S. 605, 606; VG Bremen, NJW 1978, S. 66 ff.

[159] BVerfG NJW 2000, S. 55 ff.

[160] BVerfG NJW 2000, S. 55, 57.

[161] In ähnlicher Weise schützt das Wahlgeheimnis die Freiheit der (politischen) Wahl. Es gewährleistet aber nicht das Wahlrecht, sondern setzt es voraus.

die Vertraulichkeit begegnen, die sich gerade aus der Verwendung dieses Mediums ergeben, das staatlichem Zugriff leichter
ausgesetzt ist als die direkte Kommunikation unter Anwesen-
den."[162]

Ein Recht, gerade verschlüsselte Daten zu übertragen, ergibt sich somit
nicht aus Art. 10 I GG. Die Befugnis zur Übertragung verschlüsselter Daten
ist nicht vom Schutzbereich des Art. 10 I GG umfaßt. Ein Verbot gerade
dieser Übertragung würde also auch nicht in Art. 10 I GG eingreifen.

## G)  Zusammenfassung

Art. 10 I GG schützt verschlüsselte ebenso wie unverschlüsselte Nachrichten während des Transports vor unbefugten Zugriffen des Staates. Der Verschlüsselungsvorgang und das Versenden verschlüsselter Nachrichten fallen hingegen nicht in den Schutzbereich des Fernmeldegeheimnisses.

---

[162] BVerfG NJW 2000, S. 55, 58.

# V. Kommunikationsfreiheit, Art. 5 I GG

## A) Einführung

Das Grundrecht des Art. 5 I 1 GG nimmt im Grundrechtskatalog eine zentrale Stellung ein. Das Bundesverfassungsgericht bezeichnet die Freiheit der Meinungsäußerung als den unmittelbarsten Ausdruck der menschlichen Persönlichkeit in der Gesellschaft, Art. 5 I GG sei „eines der vornehmsten Menschenrechte überhaupt."[163] Das Kardinalgrundrecht des Art. 5 I 1 GG schützt die Freiheit der Kommunikation in vielerlei Gestalt. Es läßt sich zeigen, daß Art. 5 I 1 GG auch die Freiheit schützt, Nachrichten auf elektronischem Weg verschlüsselt zu übertragen.[164]

Art. 5 I GG schützt – wie sogleich ausführlich zu zeigen sein wird – die Freiheit, Beliebiges im Wege der Individualkommunikation zu versenden, also auch Verschlüsseltes. Entscheidender Ansatzpunkt ist dabei nicht die Herstellung von Kryptogrammen, also der Einsatz von Kryptographie. Bei diesem Vorgang handelt es sich lediglich um die technische Transformation einer Ausgangsdatei in ein Chiffrat, aber noch nicht um einen Kommunikationsvorgang, der den Schutz von Art. 5 I GG auslöst. Gleichwohl unterfällt auch die Herstellung von Kryptogrammen, also die Freiheit, kryptographische Verfahren verwenden zu dürfen, dem Schutz der Kommunikationsfreiheit, denn die notwendigen Vorbereitungsschritte für eben diese Grundrechtsbetätigung müssen vom Schutzbereich mit umfaßt sein.[165] Andernfalls stünde es dem Staat frei, solche Vorbereitungshandlungen zu unterbinden und den Grundrechtsgebrauch in einer bestimmten Weise damit faktisch unmöglich zu machen, ohne an die Beschränkungen gebunden zu sein, die ihm das Grundrecht selbst auferlegt. Eine solche Umgehung kann aber die Verfassung nicht zulassen.

Bei der Begründung für die soeben aufgestellte These sind einige dogmatische Hürden aus dem Bereich der Interpretation des Art. 5 GG zu nehmen. Zunächst ist zu zeigen, daß Art. 5 I GG den Prozeß der Indivi-

---

[163] BVerfGE 7, S. 198, 208.

[164] Die Zuordnung der verschlüsselten Kommunikation zum Schutzbereich des Art. 5 I 1 GG wird bisher nur von wenigen gesehen, so etwa andeutungsweise von *Gusy*, siehe *von Mangoldt/Klein/Starck–Gusy*, Art. 10 Rn. 46.

[165] Vgl. *AK–Hoffmann-Riem*, Art. 5 Rn. 31.

dualkommunikation umfassend schützt, ungeachtet der Inhalte und insbesondere ohne Rücksicht auf die „Meinungsrelevanz" einzelner Mitteilungen. Sodann ist zu begründen, daß auch verschlüsselte elektronische
Kommunikation in den Schutzbereich fällt. Schließlich – und dies macht
den Schwerpunkt der nachfolgenden Erörterungen aus – ist darzulegen,
daß ein Verbot verschlüsselter Kommunikation den Anforderungen von
Art. 5 II GG nicht genügen kann.

## B)   Schutz des Kommunikationsprozesses durch Art. 5 I GG

Im vorhergehenden Kapitel wurde der Versuch Scherers dokumentiert, die
Gewährleistung des Rechtes auf Individualkommunikation in Art. 10 I GG
zu verankern.[166] Dieser Versuch läßt sich wohl zumindest auch damit erklären, daß Scherer davon ausgeht, dieses Recht sei von Art. 5 I 1 GG nur
unzureichend geschützt. Er stellt dabei darauf ab, daß für den Schutz des
Art. 5 I 1 GG die „Meinungsrelevanz" ausschlaggebend sei.
    Diese Annahme geht indes fehl. Der Prozeß der Individualkommunikation wird umfassend von Art. 5 I GG geschützt. Wie im folgenden zu zeigen sein wird, vermag *erstens* die Abgrenzung von „Meinungsäußerung"
und „Tatsachenmitteilung", die auch Scherers Ansicht zugrunde liegt, jedenfalls im Hinblick auf individuelle Kommunikation nicht zu überzeugen. Sie ist *zweitens* für die Frage des Grundrechtsschutzes der Individualkommunikation auch nur marginal relevant. *Drittens* schützt Art. 5 I GG
anders, als vom Bundesverfassungsgericht und ihm folgend einigen Autoren angenommen, den ganzen Prozeß der Kommunikation einschließlich
des Empfangs individueller Mitteilungen.

### 1.   Schutz von „Tatsachenmitteilungen" durch Art. 5 I GG

Die Annahme, Art. 5 I 1 GG schütze nicht jeden beliebigen Kommunikationsvorgang, knüpft an den Wortlaut des Grundrechts an, so wie er
im Grundgesetz formuliert worden ist. Danach hat jeder das Recht, seine „Meinung" frei zu äußern und zu verbreiten. Aus dieser Formulierung wird von vielen Autoren und Gerichten geschlossen, geschützt sei
eben nicht „die Äußerung schlechthin, sondern (nur) die Meinungsäußerung"[167]. Zu den „Meinungen" im Sinne von Art. 5 I GG sollen dabei zunächst Äußerungen zählen, die eindeutig durch Elemente des Dafürhal-

---

[166] S. oben, S. 60 ff.
[167] Statt vieler *Grimm*, NJW 1995, S. 1697, 1698 m. w. N.

tens, Wertens oder Stellungnehmens gekennzeichnet sind. Dabei soll es jedoch unerheblich sein, wie fundiert, „wertvoll" oder „wertlos" diese geäußerte Meinung ist; jede subjektive Bewertung und Gewichtung von Zusammenhängen, ob nach langem Überlegen oder ad hoc, naheliegend oder abwegig, wird zu den Meinungen im Sinne von Art. 5 I 1 GG gezählt.[168] Entscheidend kommt es also auf den subjektiven Charakter der Äußerung an.

So erklärt sich auch, warum bis heute umstritten und letztlich wohl ungeklärt ist, ob und in welchem Umfang Tatsachenmitteilungen in den Schutzbereich von Art. 5 I 1 GG einzubeziehen sind. Nach Ansicht des Bundesverfassungsgerichts fehlt es hier grundsätzlich an einer eigenständigen Bewertung, die den Schutz von Art. 5 I 1 GG begründete. Tatsachenmitteilungen seien daher nur insoweit geschützt, als sie Grundlage für die Meinungsbildung sein könnten, nicht aber dann, wenn sie zur Meinungsbildung nichts beitragen könnten, wie etwa rein statistische oder bewußt unwahre Angaben.[169] Ein großer Teil der Literatur hat sich der Ansicht angeschlossen, daß Angaben, die unter keinem Gesichtspunkt als Kundgabe einer subjektiven Bewertung angesehen werden können, nicht dem Schutz des Art. 5 I 1 GG unterstehen sollen.[170]

Die Abgrenzung zwischen geschützter Meinungsäußerung und nicht geschützter Tatsachenmitteilung ist aber immer wieder grundsätzlich kritisiert worden. Prominentester Kritiker dürfte *Herzog* sein. Er hält eine solche Abgrenzung für objektiv unmöglich (und nicht nur im Einzelfall für schwierig).[171] Eine von jedem eigenen Werturteil des Berichtenden losgelöste Berichterstattung sei nicht denkbar. Es gebe keinen Menschen, der imstande wäre, auch die geringfügigste Tatsache ohne irgendeine persönliche Regung zu referieren. An dieser „selbstverständlichen menschlichen Befindlichkeit" könne die Grundrechtsinterpretation unmöglich vorübergehen.[172] Überdies führe eine solche Abgrenzung dazu, daß zwar die Berichterstattung durch die Massenmedien nach Art. 5 I GG geschützt sei (Rundfunk- und Pressefreiheit), die Berichterstattung durch den Privatmann hingegen nur von Art. 2 I GG erfaßt würde.[173] Das Ergebnis dieses Gedankenganges hält Herzog für grotesk: Die Meinungsäußerung sei, obwohl sie „von allen Subjektivitäten belastet sein kann, deren der sich Äu-

---

[168] *Schmidt-Jortzig*, HbStR VI, § 141, Rn. 18.

[169] BVerfGE 65, S. 1, 40.

[170] *Schmidt-Jortzig*, HbStR VI, § 141, Rn. 19; *Merten*, DÖV 1990, S. 761, 762.

[171] *Maunz/Dürig–Herzog*, Art. 5, Abs. I, II, Rn. 51.

[172] Ebd.

[173] *Maunz/Dürig–Herzog*, Art. 5, Abs. I, II, Rn. 52.

ßernde nur fähig ist", mehr geschützt als die Berichterstattung, die unter
Umständen Schritt für Schritt dem Wahrheitsbeweis zugänglich sei und
ohne die eine fundierte Meinungsäußerung objektiv unmöglich sei.[174] Daher sei es notwendig, den Begriff der Meinungsäußerung über die Mitteilung von Werturteilen hinaus auf die Mitteilung bzw. Weitergabe von
Nachrichten zu erstrecken.[175]

Andere hingegen halten an der Unterscheidung zwischen Tatsachenmitteilung und Meinungsäußerung fest. Sie betonen, daß Tatsachenbehauptungen „nicht schon aus sich heraus geschützt" seien, sondern „erst
über die Brücke der Meinung" in den Schutzbereich von Art. 5 I 1 GG ge-
langten.[176] Soweit eine Trennung von wertenden und tatsächlichen Be-
standteilen einer Äußerung möglich sei, ohne daß dadurch der Sinn der
Äußerung verloren gehe oder verfälscht werde, sei auch eine isolierte Betrachtung zu rechtfertigen.[177]

Viele Autoren sind allerdings im Anschluß an das Bundesverfassungsgericht bereit, die Grenzen der Meinungsäußerungsfreiheit weit zu ziehen.
Das Gericht betont, um dem hohen Stellenwert der Meinungsfreiheit gerecht zu werden, dürfe der Begriff der „Meinung" nicht zu eng gefaßt werden. Er sei

> „grundsätzlich weit zu verstehen: Sofern eine Äußerung durch
> Elemente der Stellungnahme, des Dafürhaltens oder Meinens ge-
> prägt ist, fällt sie in den Schutzbereich des Grundrechts. Das muß
> auch dann gelten, wenn sich diese Elemente, wie häufig, mit Ele-
> menten einer Tatsachenmitteilung oder -behauptung verbinden
> oder vermischen, jedenfalls dann, wenn beide sich nicht trennen
> lassen und der tatsächliche Gehalt gegenüber der Wertung in den
> Hintergrund tritt."[178]

Der Schutz von Tatsachenbehauptungen ende „erst dort, wo sie zu der verfassungsrechtlich vorausgesetzten Meinungsbildung nichts beitragen können."[179]

Einige der Autoren, die die prinzipielle Unterscheidung zwischen Tatsachenmitteilung und Meinungsäußerung nicht in Frage stellen, gehen
über den vom Bundesverfassungsgericht gesteckten Rahmen noch hinaus.

---

[174] *Maunz/Dürig–Herzog*, Art. 5, Abs. I, II, Rn. 52.
[175] *Maunz/Dürig–Herzog*, Art. 5, Abs. I, II, Rn. 55.
[176] *Grimm*, NJW 1995, S. 1697, 1699.
[177] *Grimm*, NJW 1995, S. 1697, 1699.
[178] BVerfGE 61, S. 1, 9.
[179] BVerfGE 90, S. 241, 247.

So wollen einige schon in der Entscheidung, eine bestimmte Tatsache überhaupt mitzuteilen, die Bewertung erblicken, diese Tatsache sei der Mitteilung wert.[180] Darüber hinaus wollen einige auch noch solche Tatsachenmitteilungen als von Art. 5 I GG geschützt ansehen, die einem „individuellen Mitteilungsbedürfnis" entspringen.[181] *Wendt* sieht darin nicht eine eigenständige Fallgruppe geschützter Meinungen. Er hält es für richtiger, in dem „Merkmal des Hervorgehens einer Äußerung (im weitesten Sinne) aus einem individuellen Mitteilungsbedürfnis das entscheidende, übergreifende Kriterium zu erkennen", mit dessen Hilfe die durch Art. 5 I 1 GG erfaßten Mitteilungen von den nicht erfaßten abzugrenzen seien.[182] Dies führte also dazu, praktisch jede Äußerung, die sich nicht gerade in der fremdmotivierten Mitteilung statistischer Daten erschöpfte, dem Schutzbereich des Art. 5 I 1 GG zu unterstellen. Wozu die Abgrenzung dann noch dienen soll, leuchtet nicht so recht ein, es sei denn, man unterstellte, genau diese Ausnahme hätten ihren Sinn historisch darin gehabt, den Gegnern der Volkszählung die Berufung auf die negative Meinungsfreiheit nach Art. 5 I GG zu versagen, und sei daher eher politisch als verfassungsrechtlich motiviert.

In der Judikatur ist dieses Abgrenzungsproblem vor allem in Fällen relevant geworden, in denen es um Fragen des Schutzes der Ehre und des allgemeinen Persönlichkeitsrechts ging. Zumeist handelte es sich um Klagen von Personen, über die in der Öffentlichkeit Behauptungen aufgestellt wurden, die aus ihrer Sicht nicht mehr vom Recht auf freie Meinungsäußerung gedeckt waren, und die nun Ansprüche auf Unterlassung oder Gegendarstellung geltend machten.[183]

Eine große Bedeutung hat die Abgrenzung bei der Frage des presserechtlichen Gegendarstellungsanspruchs. Dieser besteht nach den Landespressegesetzen nur, wenn in einem Presseorgan Tatsachenbehauptungen veröffentlicht wurden, nicht aber bei der Veröffentlichung von Meinungen. Bei der Veröffentlichung von Tatsachenmitteilungen hat der Betroffene das Recht, die Umstände aus seiner Sicht zu schildern, Vorgänge oder Zusammenhänge anders darzustellen. Die Zeitung oder Rundfunkanstalt ist gesetzlich verpflichtet, diese Gegendarstellung an gleicher Stelle und in gleicher Aufmachung zu veröffentlichen wie die inkriminierte Behaup-

---

[180] *BK–Degenhart*, Art. 5 Abs. 1 u. 2, Rn. 98; *Schmidt-Jortzig*, HbStR VI, § 141, Rn. 19; ähnlich *Merten*, DÖV 1990, S. 761, 762.
[181] *Dreier–Schulze-Fielitz*, Art. 5, I, II, Rn. 28; *BK–Degenhart*, Art. 5 Abs. 1 u. 2, Rn. 100.
[182] *von Münch/Kunig–Wendt*, Rn. 9.
[183] Vgl. die Rechtsprechungsübersicht von *Scholz/Konrad*, AöR 123 [1998], S. 60.

tung – notfalls auch auf der Titelseite.[184] Keine Rolle spielt dabei der Wahrheitsgehalt der einen oder anderen Darstellung.[185]

Im Falle von redaktionellen Meinungsäußerungen steht dem Betroffenen ein solches Recht nicht zu. Die hinter dieser in den Landespressegesetzen durchgängig anzutreffenden Regelung stehende Überlegung ist wohl, daß unrichtige Behauptungen in die Persönlichkeitsrechte des Betroffenen stärker eingreifen können als die Meinungsbekundung eines Redakteurs. Der Tatsachenmitteilung wird hier ein besonderes Gewicht beigemessen. Die Meinung des Journalisten wiegt weniger schwer als eine Behauptung über bestimmte Vorgänge oder Eigenschaften. Offenbar hält die Öffentlichkeit nach Ansicht der Gesetzgebung also Tatsachen für wichtiger als subjektive Bewertungen durch Dritte.

Diese Wertung scheint in einem gewissen Widerspruch zum herkömmlichen Verständnis des Schutzbereichs von Art. 5 I GG zu stehen. Wenn Tatsachenbehauptungen stärker als Meinungsäußerungen dazu geeignet sind, auf die Wertschätzung oder Meinungsbildung anderer Menschen Einfluß zu nehmen – müßten sie dann nicht in besonderer Weise geschützt werden? Müßte es dann nicht gerade zum Kernbereich des Grundrechts gehören, Wahrheiten auch öffentlich aussprechen zu dürfen? Daß Tatsachenmitteilungen vom Schutzbereich des Art. 5 I GG nicht oder mit geringerer Intensität erfaßt sein sollen als Meinungsäußerungen, erscheint vor diesem Hintergrund eher noch weniger überzeugend.[186]

Es spricht im Ergebnis daher kaum etwas dafür, aber vieles dagegen, Tatsachenmitteilungen aus dem Schutzbereich von Art. 5 I GG auszugrenzen.[187] Es sollte nicht versucht werden, die Abwägungsprobleme, die in zivil- und presserechtlichen Streitigkeiten auftreten können, wenn

---

[184] Der Gegendarstellungsanspruch ist in den Landespressegesetzen geregelt, vgl. etwa § 11 Hamburger PresseG. Zu den Einzelheiten vgl. *Soehring*, Presserecht, § 29; *Löffler/Rickert*, Handbuch des Presserechts, S. 133 ff.

[185] In den Bundesländern, in denen dies zulässig ist, weisen die Zeitungen im sog. „Redaktionsschwanz" regelmäßig auf diesen Umstand hin, womit das Recht der Gegendarstellung nach Ansicht einiger teilweise entwertet wird.

[186] Im Ergebnis wie hier *v. der Decken*, Meinungsäußerungsfreiheit und Ehrenschutz, S. 30 ff., insbes. S. 33. Ebenso *Windsheimer*, der anmerkt: „Regelmäßig (bedarf) gerade die Tatsache – als ein Stück objektiver Wahrheit – der Erkenntnis, also einer geistig-individuellen Leistung ..., während umgekehrt gerade die Meinung häufig nichts anderes ist, als was Brockhaus sie nennt: das Fürwahrhalten ohne sichere Überlegung." *Windsheimer*, Die „Information" als Interpretationsgrundlage für die subjektiven öffentlichen Rechte des Art. 5 Abs. 1 GG, S. 89 ff., 95 f.

[187] Auch Art. 10 EMRK enthält ausdrücklich das Recht zum freien Austausch von Meinungen und Nachrichten. Vgl. dazu und zum Verhältnis von EMRK und Grundgesetz ausführlicher unten, S. 81 ff.

das Recht auf freie Meinungsäußerung mit dem Schutz der Rechtsgüter Dritter in Ausgleich zu bringen ist, auf der Ebene der verfassungsrechtlichen Schutzbereichsbestimmung zu lösen. Vielmehr handelt es sich hier um Fragen der Beschränkbarkeit des Rechts aus Art. 5 I GG, die von den Gerichten zu lösen sind und gelöst werden können, ohne daß dafür eine überzeugende Schutzbereichsbestimmung des Art. 5 I GG geopfert werden müßte.

## 2. Meinungsäußerungen und Tatsachenmitteilungen

Doch auch wenn man sich der bisher herrschenden Auffassung anschließt und zwischen (geschützter) Meinungsäußerung und (nicht geschützter) bloßer Tatsachenmitteilung unterscheidet, muß man letztlich doch zu dem Schluß kommen, daß die E-Mail-Kommunikation insgesamt dem Schutz des Art. 5 I GG unterfällt. Wo immer man die Trennlinie zwischen beiden Äußerungsformen zieht – unter den unzähligen auf elektronischem Wege versandten Nachrichten werden sich immer einige finden, die eindeutig als „Meinungsäußerung" anzusehen sind, und andere, denen nach den differenzierenden Ansichten der Schutz des Art. 5 I 1 GG versagt bleiben müßte. Als Beispiel für klare Meinungsäußerungen können etwa Diskussionsbeiträge auf Mailinglisten dienen, bei denen um das Für und Wider einer „Kryptoregulierung" gestritten wird. Nicht als Meinungsäußerungen zu qualifizieren wäre zum Beispiel die Übertragung von Buchhaltungsdaten eines Mandanten an seinen Steuerberater.

Ob das Verhältnis zwischen beiden Formen der Mitteilung mit einiger Sicherheit quantifizierbar ist, mag hier dahingestellt bleiben. Es reicht die Feststellung, daß bei der Menge der im Internet versandten E-Mails mit Sicherheit beide Formen vorkommen werden. Hingewiesen sei noch einmal darauf, daß bereits heute einige dieser E-Mails verschlüsselt versandt werden. In absehbarer Zukunft ist zu erwarten, daß sich dieser Anteil steigern wird und eines Tages die Mehrzahl, wenn nicht alle Kommunikationsvorgänge im Internet verschlüsselt durchgeführt werden, spätestens dann, wenn Verschlüsselung bei der Nutzung von E-Mail-Programmen Standard geworden sein wird. Auf Dauer werden die Nutzer nicht bereit sein, bei dieser Form der Kommunikation auf Integrität, Authentizität und Vertraulichkeit zu verzichten. Dies läßt sich aber, wie im Kapitel über die technische Ausgangslage dargestellt, nur durch den Einsatz von Verschlüsselung erreichen. Somit beträfe ein Versendungsverbot für verschlüsselte Nachrichten regelmäßig zumindest auch solche Mitteilungen, die eindeutig als von Art. 5 I 1 GG geschützte Meinungsäußerungen anzusehen sind.

Diese Feststellung reicht aber bereits aus, die Anwendbarkeit von
Art. 5 I 1 GG auf ein solches Versendungsverbot zu begründen. Das Bun-
desverfassungsgericht hat in einer Entscheidung zum Vertriebsverbot von
Zeitschriften mit Nacktbildern u. a. ausgeführt:

> „Diese Vorschriften (des Jugendschutzes, Anm. d. Verf.) verbie-
> ten den Vertrieb von Schriften, die *regelmäßig* eine Meinungsäuße-
> rung enthalten, und berühren daher den in Art. 5 I grundrechtlich
> geregelten Lebensbereich."[188]

Weiter heißt es dort:

> „Die grundsätzliche Wertentscheidung der Verfassung für die
> freie Meinungsäußerung schließt es aus, Schriften, von denen we-
> der stets noch wenigstens typischerweise Gefahren für die Jugend
> ausgehen, generellen Verboten zu unterwerfen. Die Aufstellung
> einer unwiderleglichen Vermutung für den schwer jugendgefähr-
> denden Charakter einer nur nach allgemeinen äußeren Merkma-
> len bestimmten Schriftengruppe kann dazu führen, daß im Ein-
> zelfall auch Schriften, gegen die vom Standpunkt des Jugend-
> schutzes aus nichts einzuwenden ist, von der Verbreitung ausge-
> schlossen werden. Ein solches Verfahren des Gesetzgebers ist im
> Bereich des Art. 5 GG nicht zulässig."[189]

Aus diesen Ausführungen des Gerichts läßt sich schließen: Eine generelle
Regelung muß sich an den Maßstäben des Art. 5 II GG messen lassen, wenn
sie regelmäßig auch von Art. 5 I 1 GG geschützte Mitteilungen betrifft. Es
kommt also nicht darauf an, daß auch jede einzelne Mitteilung den Schutz
des Grundrechts genießt. Im Gegenteil: Der Schutz des Art. 5 I 1 GG reicht
sogar so weit, daß er einer gesetzlichen Regelung entgegensteht, bei der
nur im Einzelfall die Verbreitung einer schützenswerten Mitteilung unterbunden wird. Obwohl sich die Ausführungen des Gerichts hier primär mit
der Einschränkbarkeit des Art. 5 I GG im Hinblick auf den Jugendschutz
befassen, bieten sie doch einen ausreichenden Anhaltspunkt dafür, daß eine generelle Regelung, die neben anderen Mitteilungen auch solche verbietet, die ohne weiteres den Schutz des Art. 5 I 1 GG genießen, mit eben
diesem Grundrecht vereinbar sein muß. Auf die Schutzwürdigkeit jeder
einzelnen Mitteilung kommt es nicht an; es reicht aus, wenn zumindest
auch „Meinungsäußerungen" im Sinne der vorherrschenden Auffassung
zu Art. 5 I 1 GG von der Regelung betroffen würden.

---

[188] BVerfGE 30, S. 336, 347, Hervorhebung d. Verf.
[189] BVerfGE 30, S 336, 354.

Genau dies wäre bei der Einführung eines generellen Verbots des Versandes von verschlüsselten Nachrichten der Fall. Eine generelle Regelung wäre allenfalls dann zulässig, wenn von den versandten Nachrichten „stets oder wenigstens typischerweise"[190] Gefahren für eines der in Art. 5 II GG genannten Rechtsgüter ausgingen. Zum einen ist dies bei der ganz normalen Telekommunikation per E-Mail wohl kaum der Fall: Hier werden solche Nachrichten ausgetauscht, die auch im üblichen Brief- oder Telefonverkehr vorkommen. Der Anteil von jugendgefährdenden oder kriminellen Mitteilungen dürfte – wie bei jeder anderen Form der Kommunikation – verschwindend gering sein. Zum anderen bewegen sich diese Überlegungen auf der Ebene der Beschränkbarkeit von Art. 5 I 1 GG, nicht auf der der Schutzbereichsbestimmung. Sie spielen also für die Anwendbarkeit des Art. 5 I 1 GG zunächst keine Rolle. Der Versand von (auch verschlüsselten) Nachrichten stellt somit eine von Art. 5 I 1 GG geschützte Verhaltensweise dar, so daß sich eine beschränkende Regelung an den Maßstäben des Art. 5 II GG messen lassen muß.

## 3. Art. 5 I 1, HS 1 GG als Recht auf Individualkommunikation

Das dritte Argument knüpft an den Schutzzweck von Art. 5 I 1 GG an. Das Bundesverfassungsgericht hat in den meisten Entscheidungen zu Art. 5 I GG die Wichtigkeit der Meinungsäußerungsfreiheit für ein demokratisches Staatswesen betont. Ausgangspunkt dieser Entwicklung war die Lüth-Entscheidung, in der das Grundrecht als „für eine freiheitlich-demokratische Staatsordnung ... schlechthin konstituierend" bezeichnet wurde.[191] Der „besondere Wertgehalt" dieses Rechtes müsse zu einer „grundsätzlichen Vermutung für die Freiheit der Rede in allen Bereichen, *namentlich aber im öffentlichen Leben*"[192] führen.

Diese Betonung der Kommunikation im öffentlichen Bereich hat dazu geführt, daß die andere Komponente von Art. 5 I 1 GG häufig nicht genügend wahrgenommen wird. Das Grundrecht schützt die Meinungsfreiheit nicht nur um ihrer politischen Dimension willen, sondern auch – und möglicherweise vor allem – deshalb, weil die Möglichkeit des freien Sich-Äußerns von herausragender Bedeutung ist für die freie Selbstentfaltung des einzelnen.[193] Aus diesem Grund bezeichnet das Bundesverfassungsgericht die Meinungsfreiheit auch als den unmittelbarsten Aus-

---

[190] BVerfGE 30, S. 336, 354.
[191] BVerfGE 7, S. 198, 208.
[192] Ebd., Hervorhebung d. Verf.
[193] Vgl. *Maunz/Dürig–Herzog*, Art. 5, Abs. I, II, Rn. 5 f., 8.

druck der menschlichen Persönlichkeit in der Gesellschaft.[194] Die Freiheit, sich anderen mitzuteilen und mit anderen zu kommunizieren, stellt eine unmittelbare Konkretisierung der in der Menschenwürde angelegten geistigen Freiheit dar.[195] Sie ist für den Menschen „unverzichtbare Bedingung seiner Existenz".[196] Nach Ansicht von *Rupp* ist es geradezu „verfehlt, die Meinungs- und Kommunikationsfreiheit ausschließlich in die politische Dimension zu rücken und als Element der Vorformung der sogenannten politischen Willensbildung zu verstehen."[197] Die Gedanken- und Meinungsfreiheit, das Recht, ein Gespräch zu führen oder abzulehnen, ein Buch zu schreiben oder zu lesen, seien nicht deshalb minder geschützt, weil und wenn sie zur sogenannten politischen Willensbildung nichts beitrügen, ein nichtpolitisches Thema wie etwa Kritik an Formen der Wirtschaftswerbung, Presseorganen oder Schriftstellern, Regisseuren oder Wissenschaftlern behandelten oder die Öffentlichkeit überhaupt nicht erreichten und nicht zu erreichen bestimmt seien.[198] *Schulze-Fielitz* betont, der Schutz des Art. 5 I 1 GG sei Teil des „in der Menschenwürde wurzelnden elementaren Rechts auf Denkfreiheit, auf die individuell-private Befriedigung von geistiger Neugier, Wissensdurst und Mitteilungsbedürfnis und auf mitmenschliche Kommunikation."[199] *Hoffmann-Riem* hält es ebenfalls für verfehlt, die Kommunikationsfreiheit nur vor dem Hintergrund politischer Prozesse zu deuten. Für die individuelle Lebensgestaltung und die soziale Integration wie auch die allgemeine politische Entscheidungsbildung seien auch Informationen wichtig, die nicht dem politischen Bereich i. e. S. angehörten und die im Rahmen „bloßer Unterhaltung" oder von Bildungsprogrammen u. ä. aufgenommen würden.[200] Zusammenfassend stellt er fest: „Kommunikationsfreiheit ist das Grundrecht kommunikativer Entfaltung schlechthin, das in allen Lebensbereichen (Arbeitsleben, Freizeit, Erholung u. a.) wichtig werden kann."[201]

Diese individuelle Komponente der von Art. 5 I 1 GG geschützten Meinungsfreiheit umfaßt damit die Freiheit, sich zu äußern, völlig unabhängig vom Inhalt der Äußerung, ihrer gesellschaftlichen Nützlichkeit oder

---

[194] BVerfGE 7, S. 198, 208.

[195] *Herzog* betont den „engen Kontakt" zur Menschenwürde und zur „Denkfreiheit" des Art. 4 GG. S. *Maunz/Dürig–Herzog*, Art. 5, Abs. I, II, Rn. 6.

[196] *Schmidt-Jortzig*, HbStR VI, § 141, Rn. 1.

[197] *Rupp*, Bedeutungsgehalte und Auswirkungen der Kommunikationsfreiheit im Grundgesetz, in: Schwartländer/Riedel (Hrsg.): Meinungsfreiheit II, S. 83, 87.

[198] Ebd.

[199] *Dreier–Schulze-Fielitz*, Art. 5 I, II, Rn. 28.

[200] *AK–Hoffmann-Riem*, Art. 5 I,2, Rn. 10.

[201] Ebd.

ihrer Funktion in der Demokratie. Sie hat ihren Grund nicht in staatlichen, gesellschaftlichen oder objektiv-rechtlichen Anforderungen, Bedingungen oder Notwendigkeiten, sondern in der Menschenwürde. Sie dient der unmittelbaren Selbstentfaltung des einzelnen. Häufig, wenn nicht typischerweise weisen Kommunikationsvorgänge kaum oder keine Bezüge über die unmittelbar an diesem Vorgang Beteiligten hinaus auf. Sie sind nicht auf öffentliche Wirkung angelegt, sondern dienen dem individuellen Austausch, der Befriedigung des Mitteilungsbedürfnisses des einzelnen. Das Treten an die Öffentlichkeit, der politische Diskurs, der öffentliche Meinungskampf, die Wahlpropaganda oder die Kommentierung von Ereignissen von allgemeinem Interesse stellen in der Menge des täglich Kommunizierten eher die Ausnahme als die Regel dar. Der einzelne unterhält sich viel häufiger mit seinen Freunden, Nachbarn, Bekannten und Kollegen über Privates und Persönliches, als daß er in einer öffentlichen Veranstaltung Politiker rügt oder Entscheidungen von Amtsträgern kritisiert. Eine Konzentration auf den öffentlichen oder politischen Bereich der Kommunikation bedeutete, einen wesentlichen Teil der kommunikativen Existenz des Menschen auszuklammern. Dafür gibt es aber nicht nur keinen Anlaß, es widerspräche auch der grundsätzlichen Einsicht, daß im Schutz des Art. 5 I 1 GG die Menschenwürde eine besondere Form der konkreten Ausgestaltung erfährt. „Private" und „öffentliche" Kommunikation sind, was die Einbeziehung in den Schutzbereich von Art. 5 I 1 GG betrifft, daher gleich zu behandeln.[202]

Ein zweiter Aspekt ist ebenso wichtig: Kommunikation ist nie einseitig. Erst die Möglichkeit, daß jemand von dem Geäußerten Notiz nimmt, macht aus der Mitteilung Kommunikation. Für die menschliche Existenz ist aber nicht nur die Möglichkeit wesentlich, sich selbst seiner Meinung zu ent-äußern, sondern auch, sich mit anderen auszutauschen. Gerade dies ist der Sinn und die Absicht desjenigen, der sich äußert: Er will und braucht, daß andere von dem Geäußerten Notiz nehmen, darauf reagieren, zustimmen oder widersprechen, ihr Verhalten überdenken oder ändern. Ohne diese komplementäre Möglichkeit verliert die Freiheit, sich zu äußern, ihren Sinn. Es ist gerade der Austausch, also die zwei- oder mehrseitige Kommunikation, die dem Menschen das Mensch-Sein erst ermöglicht, Identität und Individualität schafft.[203] Das bedeutet zwar nicht, daß das Grundgesetz einen Anspruch darauf begründete, angehört zu werden. Aber es verbietet dem Staat, ohne rechtfertigenden Grund die Möglich-

---

[202] Vgl. *BK–Degenhart*, Art. 5 Abs. 1 u. 2, Rn. 41.
[203] Vgl. *Roßnagel*, KJ 1990, S. 267, 271.

keit, gehört zu werden, einzuschränken oder zu unterbinden – noch nicht einmal durch faktisches Handeln,[204] und durch generelle gesetzliche Vorschriften nur dann, wenn sie den Ansprüchen des Art. 5 II GG genügen.[205] Das Bundesverfassungsgericht hat betont, daß zum Recht der öffentlichen Meinungsäußerung auch die Chance gehöre, von anderen wahrgenommen zu werden.[206] Das Recht, seine Meinung zu äußern, schließe die Wirkungsabsicht ein.[207] Wenn das Bundesverfassungsgericht an dieser Stelle auf die „öffentliche" Meinungsäußerung abstellt und dies so verstanden werden müßte, als gelte das Gleiche nicht auch für „private" Meinungsäußerungen, so ist dem nicht zu folgen. Aus der Funktion des Grundrechts ergibt sich, daß jede Meinungsäußerung geschützt ist, unabhängig davon, ob der Empfängerkreis groß oder klein, unbestimmt, bestimmbar oder bestimmt ist. Soweit diese Unterscheidungen eine Rolle spielen können, wirken sie sich auf der Ebene der Einschränkbarkeit bzw. der Rechtfertigung von Einschränkungen aus. Sie vermögen aber nicht, den Schutzbereich des Grundrechts zu verkleinern.

Die nächste Frage ist, ob sich damit aus Art. 5 I 1, HS 1 GG schon ein allgemeines Recht auf Individualkommunikation begründen läßt. Zur Kommunikation gehören nämlich zwei Teile: Äußerung und Empfang einer Nachricht. Nach dem Wortlaut des Art. 5 I 1, HS 1 GG scheint jedoch nur ein Teil dieser Kommunikation geschützt zu sein, nämlich nur der Part des Senders, nicht aber der des Empfängers. Es wird unterschieden zwischen der Freiheit der Meinungsäußerung einerseits (S. 1, 1. Alternative) und der Freiheit, sich aus allgemein zugänglichen Quellen zu unterrichten – also Informationen zu empfangen – andererseits (S. 1, 2. Alternative). Diese letztere, die Informationsfreiheit, bezieht sich nur auf allgemein zugängliche Quellen. Allgemein zugänglich ist eine Informationsquelle nach einer Definition des Bundesverfassungsgerichts, die in der Literatur überwiegend geteilt wird, wenn sie „technisch geeignet und bestimmt ist, der Allgemeinheit, d. h. einem individuell nicht bestimmbaren Personenkreis, Informationen zu verschaffen"[208].

Vorgänge der Individualkommunikation sind nun aber gerade nicht „allgemein" zugänglich, sondern in der Regel höchst individuell, nämlich

---

[204] Etwa durch das Anhalten von Briefen, das Übertönen von Äußerungen oder das Fernhalten von Zuhörern.

[205] Vgl. dazu *Schmidt-Jortzig*, HbStR VI, § 141, Rn. 26; *Maunz/Dürig–Herzog*, Art. 5 Abs. I, II, Rn. 75 ff.; *AK–Hoffmann-Riem*, Art. 5 I 2, Rn. 31.

[206] BVerfGE 7, S. 198, 210.

[207] Vgl. *Grimm*, NJW 1995, S. 1697, 1698 f.

[208] BVerfGE 27, S. 71, 83; BVerfGE 33, S. 52, 65; BVerfGE 90, S. 27, 32.

nur dem beabsichtigten Empfänger, womit sie jedenfalls nicht von der Informationsfreiheit im Sinne des Art. 5 I 1, HS 2 GG erfaßt werden.[209] Wird der Anteil des Empfängers an diesem Kommunikationsvorgang also nicht geschützt?

Nach Ansicht des Bundesverfassungsgerichts hat das Grundrecht des Art. 5 I 1, HS 1 GG auch den Empfang der Meinung durch andere mit zum Inhalt.[210] Dieser Schutz werde allerdings allein „den Äußernden um ihrer Meinungsfreiheit willen" gewährt. Der Empfänger spiele dabei insoweit nur eine passive Rolle und könne sich nicht selbst auf die Meinungsäußerungsfreiheit berufen.[211] Nach dieser Entscheidung könnte sich der Empfänger einer individuellen Mitteilung im Rahmen des Art. 5 I 1 GG allenfalls noch auf die Informationsfreiheit nach S. 1, HS 2 berufen. Aber auch dieses Recht steht ihm nach Ansicht des Bundesverfassungsgerichts nicht zu. In zwei weiteren Entscheidungen hat das Gericht deutlich gemacht, nach seiner Ansicht sei der Empfang privater, an bestimmte Personen gerichteter Briefe nicht durch Art. 5 I GG geschützt, sondern allenfalls durch Art. 2 I GG.[212] Zur Begründung führt das Bundesverfassungsgericht in der früheren der beiden Entscheidungen lediglich an, Sendungen an bestimmte Personen zählten nicht zu den allgemein zugänglichen Quellen im Sinne des Art. 5 I 1, HS 2 GG. Daher könne der Empfänger nicht in seinem Grundrecht der Informationsfreiheit aus Art. 5 I GG betroffen sein, wenn die Post an ihn adressierte Sendungen (zum Beispiel) wegen strafbarer Inhalte nicht befördere.[213] In der späteren Entscheidung begnügt sich das Bundesverfassungsgericht mit dem Hinweis auf die Entscheidung aus dem Jahr 1965.[214] Mit der Frage, ob sich der Empfänger einer individuellen Mitteilung auf die Meinungsäußerungsfreiheit gemäß Art. 5 I 1, HS 1 GG berufen könne, befaßte sich das Gericht in diesen Entscheidungen nicht ausdrücklich. Es liegt aber die Vermutung nahe, daß das Bundesverfassungsgericht es nicht unerwähnt gelassen hätte, wenn es eine Verletzung von Art. 5 I 1, HS 1 GG gesehen hätte. Der Empfänger einer individuellen Mitteilung kann sich also nach Ansicht des Gerichts nicht auf Art. 5 I 1 GG berufen.

Andererseits hat das Bundesverfassungsgericht im 3. Rundfunkurteil ausgeführt, die Rundfunkfreiheit diene der gleichen Aufgabe „wie alle Ga-

---

[209] Vgl. *Dreier–Schulze-Fielitz*, Art. 5 I, II, Rn. 60.
[210] BVerfGE 27, S. 71, 81.
[211] Ebd. Ebenso *Rotta*, Nachrichtensperre und Recht auf Information, S. 47.
[212] BVerfGE 34, S. 384, 400, unter Verweis auf BVerfGE 18, S. 310, 315.
[213] BVerfGE 18, S. 310, 315.
[214] BVerfGE 34, S. 384, 400.

*rantien des Art. 5 I GG*: der Gewährleistung freier individueller und öffentlicher Meinungsbildung", und zwar in einem umfassenden, jede Vermittlung von Information und Meinungen umfassenden Sinn.[215] Freie Meinungsbildung vollziehe sich in einem „Prozeß der Kommunikation".[216] Sie setze auf der einen Seite die Freiheit voraus, Meinungen zu äußern und zu verbreiten, auf der anderen Seite die Freiheit, geäußerte Meinungen zur Kenntnis zu nehmen, sich zu informieren. Indem Art. 5 I GG Meinungsäußerungs-, Meinungsverbreitungs- und Informationsfreiheit als Menschenrechte gewährleiste, suche er zugleich diesen Prozeß verfassungsrechtlich zu schützen.[217]

Die Informationsfreiheit nach Art. 5 I 1, HS 2 GG weist dabei nach Ansicht des Bundesverfassungsgerichts nicht nur einen Bezug zum demokratischen Prinzip des Art. 20 I GG auf, sondern auch eine individualrechtliche Komponente. Es gehöre zu den elementaren Bedürfnissen des Menschen, sich aus möglichst vielen Quellen zu unterrichten, das eigene Wissen zu erweitern und sich so als Persönlichkeit zu entfalten.[218] Nicht zuletzt könnten die Informationen „den einzelnen befähigen, die Meinungen anderer kennenzulernen, sie gegeneinander abzuwägen, damit Vorurteile zu beseitigen und Verständnis für Andersdenkende zu wecken."[219]

Die Informationsfreiheit wird hier demnach als Komplementärfreiheit zur Freiheit der Meinungsäußerung und -verbreitung gesehen.[220] Tatsächlich sind die Schutzbereiche aber nicht in der hier angedeuteten Weise kompatibel: Während für die öffentliche Meinungsäußerung die Informationsfreiheit den Empfang dieser Äußerungen durchaus schützt, weil die öffentliche Äußerung regelmäßig zu den „allgemein zugänglichen Quellen" zählt, gilt dies nicht für die private, individualkommunikative Äußerung. Deren Abgabe ist zwar nach Art. 5 I 1, HS 1 GG ebenso geschützt wie die öffentliche Äußerung, ihr Empfang gehört aber eindeutig nicht in den Schutzbereich der Informationsfreiheit nach Art. 5 I 1, HS 2 GG. Die Aussage des Gerichts, Art. 5 I GG suche den gesamten Prozeß der Meinungskundgabe und -entgegennahme zu schützen, wäre also konsequenterweise dahingehend einzuschränken, daß dies nicht für die Entgegennahme individueller Mitteilungen gelte. Damit schützte Art. 5 I 1 GG jedoch gerade

---

[215] BVerfGE 57, S. 295, 319, Hervorhebung d. Verf.
[216] Ebd.
[217] Ebd.
[218] BVerfGE 27, S. 71, 81.
[219] BVerfGE 27, S. 71, 82.
[220] *Schmitt Glaeser* spricht hier vom „korrespondieren Charakter" der beiden Freiheiten, Jura 1987, S. 567.

nicht mehr „den gesamten Prozeß" der Kommunikation, sondern umfassend nur die Fälle der öffentlichen Kommunikation, während die Teilnahme an Individualkommunikation nur auf Seiten des jeweiligen Senders, nicht aber auf Seiten des Empfängers durch dieses Grundrecht geschützt wäre.

Diese Konzeption von Meinungsfreiheit berücksichtigt die Bedeutung der individuellen Komponente des Art. 5 I 1, HS 1 GG nicht ausreichend. Kommunikation bedeutet Austausch, beschreibt immer einen mehrseitigen Akt, an dem mindestens einer der Beteiligten als Sender, ein weiterer als Empfänger teilnimmt. Die Empfangsmöglichkeit ist einerseits für den Sender wichtig, der nicht nur ein Interesse daran, sondern auch ein Recht darauf haben muß, daß seine Mitteilungen ihren Empfänger auch erreichen können. Dies erkennt das Bundesverfassungsgericht auch an.[221] Andererseits ist gerade die Möglichkeit, auch individuelle Mitteilungen empfangen zu können, elementare Voraussetzung für die eigene Meinungsbildung und die Chance zur Teilnahme an individueller Kommunikation überhaupt.[222] Nur wer informiert ist, kann sich überhaupt eine Meinung bilden und sie äußern. Nach Ansicht von *Schmidt-Jortzig* stellt Information – also die Entgegennahme von Nachrichten – als Voraussetzung der Meinungsbildung „an sich ein geschütztes Element der Meinungsäußerungsfreiheit" dar.[223] Nach Ansicht von *Ragaz* erscheint das Recht der freien Meinungsäußerung erst „mit der Ergänzung durch das Recht auf freien Meinungsempfang vollständig."[224] Nach der Auffassung *Windsheimers* folgt die Garantie des Informationsempfangs aus der Äußerungsfreiheit. Sie schütze den Informationsempfang als das Recht des Nehmenden und als das Recht des Gebenden, begreife also schon für sich allein das Individuum in seiner Doppelstellung als Empfänger und als Absender.[225]

Die vom Bundesverfassungsgericht getroffene Unterscheidung zwischen Schutz des Senders (Art. 5 I 1 GG) und Schutz des Empfängers

---

[221] Vgl. BVerfGE 27, S. 71, 81.

[222] Vgl. *Bleckmann*, Staatsrecht II, § 26 Rn. 37.

[223] *Schmidt-Jortzig*, HbStR VI, § 141, Rn. 27.

[224] *Ragaz*, Die Meinungsäußerungsfreiheit der Europäischen Menschenrechtskonvention, S. 6. Er weist auf Art. XI der *Déclaration des droits de l'homme et du citoyen* vom 26. August 1789 hin, in dem es heißt: „La libre communication des pensées et des opinions est un des droits les plus précieux de l'homme; tout citoyen peut donc parler, écrire, imprimer librement, sauf à répondre de l'abus de cette liberté dans les cas déterminés par la loi.".

[225] *Windsheimer*, Die „Information" als Interpretationsgrundlage für die subjektiven öffentlichen Rechte des Art. 5 Abs. 1 GG, S. 120.

(Art. 2 I GG)[226] entbehrt dagegen einer überzeugenden Grundlage. Dies gilt umso mehr, wenn man sich vor Augen führt, daß Kommunikationsprozesse zumeist wechselseitig stattfinden, indem einmal der eine und dann der andere der Partner als Sender oder Empfänger agiert. Diesen Prozeß in einzelne Phasen aufteilen zu wollen und jeden der Beteiligten jeweils solange nach Art. 5 I 1, HS 1 GG als geschützt anzusehen, wie er selbst redet, läßt sich mit dem Zweck des Art. 5 I GG, eine möglichst freie, ungestörte Meinungsbildung und den Austausch eigener Gedanken und Ideen zu gewährleisten, nur schwerlich vereinbaren.

Die Begründung, an einzelne gerichtete Mitteilungen seien keine allgemein zugänglichen Informationsquellen im Sinne des Art. 5 I 1, HS 2 GG, ist für sich genommen sicherlich richtig.[227] Indem der Empfang von Nachrichten jedoch auf Seiten des Empfängers aus der Meinungsfreiheit ausgeklammert und gänzlich der Informationsfreiheit zugeordnet wird, wird dieses Recht zum Empfang von Nachrichten und Informationen auf die allgemein zugänglichen Quellen *beschränkt*. In der Interpretation des Bundesverfassungsgerichts wird damit das Recht auf ungehinderten oder wenigstens gleichberechtigten Zugang zu allgemein zugänglichen Informationsquellen zu einer Einschränkung des Schutzbereichs der Kommunikationsfreiheit nach Art. 5 I 1, HS 1 GG.

Eine solche Interpretation von Art. 5 I 1, HS 2 GG erscheint verfehlt. Sie ist nicht nur nicht mit dem hier vertretenen Verständnis der Funktion dieses Grundrechts vereinbar, sondern widerspricht auch den Intentionen des Verfassungsgebers. Im Unterschied zur Meinungsfreiheit, die zum „klassischen" Bestand der Grundrechte zählt, ist die Informationsfreiheit nach 1945 als Reaktion auf die Restriktionen während der Nazi-Diktatur als „ergänzendes Grundrecht"[228] hinzugekommen. Sie wurde formuliert unter dem Eindruck totalitärer Propagandapolitik[229] und steht als eigenständiges Grundrecht neben der Meinungsäußerungsfreiheit. Gelegentlich anzutreffende Formulierungen, die Information des einen korrespondiere der Meinungsäußerung des anderen,[230] sind zumindest mißverständlich, wenn sie in unmittelbaren Zusammenhang gebracht werden mit der Informationsfreiheit nach Art. 5 I 1, HS 2 GG, denn diese schützt eben nur die

---

[226] BVerfGE 34, S. 384, 400.

[227] Vgl. *Schmidt-Jortzig*, HbStR VI, § 141, Rn. 33 a. E..

[228] *Maunz/Zippelius*, Staatsrecht, S. 193. Vgl. auch *Rotta*, Nachrichtensperre und Recht auf Information, S. 50.

[229] Vgl. *BK–Degenhart*, Art. 5 Abs. 1 u. 2, Rn. 7; *von Mangoldt/Klein/Starck–Starck*, Art. 5 Abs. 1, 2, Rn. 4.

[230] *Maunz/Zippelius*, Staatsrecht, S. 193; *Schmitt Glaeser*, Jura 1987, S. 567, 567.

Information aus allgemein zugänglichen Quellen, während S. 1, HS 1 auch die individuelle Äußerung schützt.[231] Denkbar wäre es auch, den Schutz der Informationsfreiheit auf den Empfang individueller Mitteilungen auszudehnen. Dies erschiene jedoch allenfalls dann sachgerecht, wenn sich die Freiheit dann über die allgemein zugänglichen Quellen hinaus nur auf solche Mitteilungen und Informationen erstreckte, die an den jeweiligen Betroffenen adressiert wären. Anderenfalls vermittelte Art. 5 I 1, HS 2 GG dem einzelnen ein Abwehrrecht, das den Staat daran hinderte, ihm den Zugang zu allen möglichen Informationsquellen zu verwehren – von Privatbriefen Dritter bis hin zu Staatsgeheimnissen. Doch erscheint eine solche Ausweitung nach der hier vertretenen Konzeption der Meinungsfreiheit nicht einmal nötig. Richtigerweise sollte die Informationsfreiheit als selbständige, zusätzliche Gewährleistung verstanden werden, die über die individuelle Kommunikation hinaus eben auch die Unterrichtung aus allgemein zugänglichen Quellen schützt und den Staat daran hindert, ohne (gesetzliche) Rechtfertigung den einzelnen von diesen Informationen abzuschneiden. Sie hat damit eine eigenständige Bedeutung und Funktion, die von der individuellen Kommunikationsfreiheit unabhängig ist. Dies entspricht auch eher den Intentionen der Verfassungsgeber, die die Informationsfreiheit nach den Erfahrungen des nationalsozialistischen Regimes ausdrücklich in den Grundrechtskatalog aufnahmen.[232]

Hinzuweisen ist an dieser Stelle auf Art. 10 I EMRK. Diese Norm ist zwar für die deutsche Verfassungsinterpretation nicht maßgeblich. Die Europäische Menschenrechtskonvention steht als völkerrechtlicher Vertrag in der Bundesrepublik im Rang einfachen Bundesrechts.[233] Trotzdem enthält sie wertvolle Hinweise für das Verständnis des Konzepts der Meinungsfreiheit überhaupt. Auch nach Ansicht des Bundesverfassungsgerichts ist bei der Auslegung des Grundgesetzes „Inhalt und Entwicklungsstand der Europäischen Menschenrechtskonvention in Betracht zu ziehen" und die Rechtsprechung des Europäischen Gerichtshofes für Menschenrechte „als Auslegungshilfe für die Bestimmung von Inhalt und Reichweite

---

[231] Vgl. auch *Schmidt-Jortzig*, HbStR VI, § 141, Rn. 28 und Fußnote 68..

[232] Vgl. *Schmitt Glaeser*, Jura 1987, S. 567, 567; BVerfGE 27, S. 71, 80.

[233] Vgl. die Darstellung der herrschenden Rechtsauffassung bei *Sternberg*, Der Rang von Menschenrechtsverträgen im deutschen Recht, S. 38 ff. (Er selbst argumentiert dafür, der EMRK Verfassungsrang einzuräumen und sie auf diese Weise von der „lex posterior"-Regel auszunehmen.) Die EMRK erhält auch nicht über den „Umweg" des Vorrangs des Gemeinschaftsrechts eine vorrangige Geltung in der Bundesrepublik, da der Europäische Gerichtshof sie zwar regelmäßig als Erkenntnisquelle heranzieht, eine förmliche unmittelbare Bindung der Gemeinschaft und insbesondere der Mitgliedstaaten aber bisher nicht existiert. Vgl. *Sternberg*, ebd., S. 116 ff.

von Grundrechten und rechtsstaatlichen Grundsätzen des Grundgesetzes" heranzuziehen.[234] Nach Art. 10 I 2 EMRK schließt das Recht auf freie Meinungsäußerung „die Freiheit zum Empfang und zur Mitteilung von Nachrichten oder Ideen ohne Eingriffe öffentlicher Behörden und ohne Rücksicht auf Landesgrenzen" ein. Beide Freiheiten – die der Mitteilung und die des Empfangs von Nachrichten oder Ideen – stellen zwei Seiten derselben Meinungsfreiheit („right to freedom of expression"[235]) dar.[236] Das Recht, Nachrichten zu empfangen, hat dabei zumindest denselben Anwendungsbereich wie das Recht, Nachrichten mitzuteilen, und geht in Teilen über diese Freiheit hinaus.[237] Der Europäische Gerichtshof für Menschenrechte hat wiederholt bestätigt, Art. 10 MRK verbiete „im Grunde einer Regierung ..., eine Person am Empfang von Informationen zu hindern, die Dritte ihr mitzuteilen wünschen oder mitzuteilen bereitstehen."[238] Eine Trennung zwischen dem Schutz von Sender und Empfänger hinsichtlich des Rechtes der freien Meinungsäußerung, wie sie das Bundesverfassungsgericht vornimmt, ist auf Ebene des europäischen Menschenrechtsschutzes daher schon nicht einmal mehr konstruierbar.

Will man also den Satz ernst nehmen, Art. 5 I 1 GG schütze den gesamten „Prozeß der Meinungsweitergabe zwischen dem Sich-Äußernden und dem oder den Rezipienten"[239], so muß man den Empfang individueller Mitteilungen mit in diese Freiheit einbeziehen. Die einzelnen Teilverbürgungen des Art. 5 I GG schließen sich dann nicht aus oder begrenzen einander, sondern sie ergänzen und überschneiden sich. Insofern ist es gerechtfertigt, davon auszugehen, daß Art. 5 I GG individuelle und öffentliche Kommunikationsprozesse umfassend schützt.[240] Vorgänge der individuellen (Tele-) Kommunikation sind umfassend von Art. 5 I 1, HS 1 GG geschützt, und zwar unabhängig von der Funktion der Teilnehmer an diesem Vorgang als Sender oder Empfänger.

---

[234] BVerfGE 78, S. 358, 370.

[235] Vgl. die engl. Fassung von Art. 10 Abs. 1 S. 1,2 EMRK: „Everyone has the right to freedom of expression. This right shall include freedom to hold opinions and to receive and impart information and ideas without interference by public authority regardless of frontiers."

[236] Vgl. *Bullinger*, HRLJ 1985, S. 339, 345.

[237] *Bullinger*, HRLJ 1985, S. 339, 345 u. 352.

[238] EuGHMR, NVwZ 1999, S. 57, 58.

[239] *Dreier–Schulze-Fielitz*, Art. 5 I, II, Rn. 49; vgl. *Ridder*, Meinungsfreiheit, in: Neumann/Nipperdey/Scheuner, Grundrechte II, S. 274; *Schmidt-Jortzig*, HbStR VI, § 141, Rn. 24; *Maunz/Dürig–Herzog*, Art. 5 I, II, Rn. 57 f.

[240] Vgl. *Schmidt-Jortzig*, HbStR VI, § 141, Rn. 12.

## 4. Elektronische Datenkommunikation als geschützte Form der Individualkommunikation nach Art. 5 I 1, HS 1 GG

Die hier behandelten Formen der elektronischen Datenkommunikation gehören zu der von Art. 5 I 1, HS 1 GG geschützten Freiheit der individuellen Kommunikation.[241]

Das Internet ermöglicht eine Vielzahl von Diensten. Es können individuelle Mitteilungen als E-Mail versandt werden. Angebote können aber auch Servern zum Abruf bereitgestellt oder an eine Vielzahl von Empfängern versandt werden. Nicht zuletzt ist es bei ständig steigenden Übertragungskapazitäten möglich, Ton- und Bildübertragungen in Echtzeit über das Internet durchzuführen.

Damit stellt sich die Frage, ob Internet-Dienste der Meinungsfreiheit gemäß Art. 5 I 1 GG oder der Presse- und Rundfunkfreiheit gemäß Art. 5 I 2 GG zuzurechnen sind. Vereinzelt ist auch vorgeschlagen worden, den bestehenden fünf Kommunikationsfreiheiten des Art. 5 I GG eine sechste, sog. „Internetfreiheit" zuzugesellen.[242]

Richtig ist es wohl, diese Frage nicht für alle Internet-Dienste gleichermaßen zu beantworten, sondern auf den jeweiligen Dienst abzustellen. Beim Versand individueller Nachrichten per E-Mail liegt es am nächsten, diese der Freiheit der individuellen Kommunikation im oben ausgeführten Sinne gemäß Art. 5 I 1 GG zuzurechnen.

Zum besseren Verständnis ist kurz auf die Alternative einzugehen. Man könnte daran denken, ähnlich wie bei der Rundfunkfreiheit die Nutzung des Internets einem staatlichen Ausgestaltungs- und Regelungsvorbehalt zu unterwerfen. Für den Bereich des Rundfunks rechtfertigte sich dieser früher im wesentlichen aus der Knappheit der zur Verfügung stehenden Frequenzen. Die meinungsbildende Funktion der elektronischen Massenmedien wurde als so wichtig angesehen, daß der Gesetzgeber für berechtigt und verpflichtet gehalten wurde, den Zugang zu diesem Medium so zu regeln, daß alle gesellschaftlich relevanten Gruppen eine gerechte Chance zur Darstellung ihrer Positionen erhielten.

Für den Bereich der elektronischen Massenmedien verliert dieses Argument mit der zunehmenden Digitalisierung der Übertragungswege zunehmend an Bedeutung. Für das Internet hat es indes gar keine Berechtigung.

---

[241] A. A. *Kleine-Voßbeck*, electronic mail und Verfassungsrecht, S. 15 ff., der zwar überzeugend argumentiert, individuelle E-Mail sei kein Rundfunk im Sinne von Art. 5 I 2 GG, daraus aber den m. E. unzutreffenden Schluß zieht, die Benutzung von E-Mail sei gar nicht durch Art. 5 I GG geschützt. Auf die Frage, ob die Benutzung von E-Mail bereits durch Art. 5 I 1 GG geschützt ist, geht er nicht ein.

[242] *Mecklenburg*, ZUM 1997, S. 525.

Der technische Zugang zum Internet ist jedermann eröffnet. Die Voraussetzungen für die Nutzung sind denkbar gering. Es reichen ein Computer und eine Telefonleitung. Die Anzahl der Teilnehmer ist prinzipiell unbegrenzt. Die Übertragungskapazitäten halten mit der wachsenden Teilnehmerzahl nicht nur Schritt, sie wachsen überproportional. Immer mehr Teilnehmern stehen breitbandige Anschlüsse zur Verfügung.

Unter diesen Voraussetzungen gibt es keinen Grund, E-Mail anders als andere Medien der individuellen Kommunikation zu behandeln. Wird das Internet für die individuelle Kommunikation genutzt, so wird diese Tätigkeit in vollem Umfang von Art. 5 I S.1, HS 1 GG geschützt.[243]

## 5. „Verschlüsselte" Kommunikation

Die nächste Frage, die sich stellt, ist, ob von Art. 5 I 1 GG auch gerade die Freiheit geschützt wird, verschlüsselt zu kommunizieren. Die Frage ist nicht neu: Schon 1869 beschäftigte sich *Robert von Mohl* mit der Frage, ob die Chiffrierung von Privatdepeschen durch den Absender zulässig sei. Er kam zu dem Schluß, daß jedermann befugt sei, "seine Angelegenheiten in einer unberufenen Dritten nicht verständlichen Weise mitzutheilen".[244]

Zunächst stellt sich ein Definitionsproblem. Was ist überhaupt eine „verschlüsselte" Nachricht?

Eine erste Antwort darauf ergibt sich aus der Kommunikationstheorie: *Jede* Nachricht ist verschlüsselt. Dies ergibt sich aus folgendem Kommunikationsmodell: An der Kommunikation sind immer mindestens zwei Teilnehmer beteiligt – Sender und Empfänger. Der Sender möchte dem Empfänger einen bestimmten Inhalt mitteilen, die Nachricht. Worin diese Nachricht besteht, ist für den hier verfolgten Gedankengang zunächst einmal ohne Relevanz.[245] Es gibt nun aber keine Möglichkeit, diese Nachricht unmittelbar dem Empfänger zukommen zu lassen. Die Übermittlung ist auf den Einsatz von Medien angewiesen. Dabei kann es sich zum Beispiel um gesprochene oder geschriebene Sprache handeln. Um sich dieses Me-

---

[243] Im Ergebnis so auch *Bullinger/Mestmäcker*, Multimediadienste, S. 65: Multimediadienste fallen in den Schutzbereich von Art. 5 I 1 GG, „soweit sie ein technisches Surrogat der Individualkommunikation" darstellen. Daher besitze der Gesetzgeber anders als bei der Rundfunkgarantie auch keine „Ausgestaltungsfreiheit". Einschränkungen seien nur im Rahmen des Art. 5 II GG durch allgemeine Gesetze zulässig. (Zum Begriff der „allgemeinen Gesetze" vgl. auch unten, S. 93 ff.)

[244] *v. Mohl*, Politik, S. 648, zitiert nach *Bizer*, Nachfrage nach Sicherheit, in: FS Denninger, S. 29, 40.

[245] Vgl. zu einer ausführlichen Darstellung des Kommunikationsprozesses *Schulz von Thun*, Miteinander reden, S. 25 ff.

diums bedienen zu können, muß der Sender seine Nachricht erst einmal in Sprache übersetzen. Er wählt dabei solche Wörter und Formulierungen, von denen er erwartet, daß der Empfänger mit diesen die gleichen gedanklichen Inhalte verbinden wird wie er selbst. Diese Erwartung wird – das zeigt die alltägliche Erfahrung – häufig teilweise oder völlig enttäuscht.[246] Der Grund für solche Mißverständnisse ist, daß Sender und Empfänger bei der Codierung und Decodierung der Nachricht nicht denselben Code verwenden – den gleichen Wörtern und Sätzen werden unterschiedliche Bedeutungen beigemessen.

Allein die sprachliche Formulierung von gedanklichen Inhalten ist also schon eine Art von Verschlüsselung. Der Schlüssel bei dieser Art von Codierung findet sich im jeweiligen Sprachgebrauch, und zwar innerhalb der jeweiligen Bezugsgruppe oder -gruppen, denen die Kommunikationsteilnehmer angehören.[247] Kennt man die Bezugsgruppe und den dort üblichen Sprachgebrauch, lassen sich solcherart codierte Nachrichten allerdings häufig auch von Außenstehenden entschlüsseln. Auch die Fachsprachen der verschiedenen technischen oder wissenschaftlichen Disziplinen stellen eine Form von Codierung dar.[248] Innerhalb desselben Sprachraums gibt es eine sehr große Zahl von Begriffen, denen die Mehrheit der dort Lebenden die gleiche oder doch eine sehr ähnliche Bedeutung zumißt. Man könnte auch formulieren: Für diese Wörter oder Formulierungen bestehen anerkannte Übersetzungsregeln. Diese finden ihren Niederschlag in Wörterbüchern oder Grammatiken. Die Existenz solcher Regeln – die im übrigen auch zahlreiche Ausnahmen zulassen (müssen) – ändert aber nichts an der Tatsache der Codierung überhaupt. Zudem gibt es keinen zwingenden Grund für die Teilnehmer eines Kommunikationsvorgangs, diese Regeln zu befolgen. Ihnen reicht es zumeist, vom jeweils anderen verstanden zu werden. Häufig bilden sich auch bestimmte eigene Regeln zwischen den Beteiligten heraus. Wenn sich zwei Menschen „am gewohnten Ort zur üblichen Zeit" verabreden, dann kennen im Zweifel nur sie Ort und Zeitpunkt ihres Treffens. Für Außenstehende ist diese Information allenfalls durch

---

[246] Ein besonders deutliches Beispiel bieten die Schwierigkeiten, die etwa mit der Auslegung von Gesetzestexten verbunden sind. Obwohl hier besonders viel Mühe darauf verwendet wird, die Absicht des Gesetzgebers möglichst unmißverständlich zu artikulieren, ergeben sich dennoch immer wieder Interpretationsspielräume. Selbst scheinbar klare Formulierungen geben in gewissen Zusammenhängen Anlaß zum Zweifel.

[247] Dem Wort „Koks" wird ein Stahlarbeiter eine andere (vorrangige) Bedeutung zuordnen als ein Drogendealer.

[248] Manch juristischer Text erscheint dem juristischen Laien geradezu in der Absicht geschrieben worden zu sein, von ihm nicht verstanden zu werden, obwohl sich der Autor doch gerade um größte sprachliche Präzision bemüht hat.

Nachforschungen zu ermitteln. Vergleichbares gilt für die Kommunikation in einer Fremdsprache, die den Teilnehmern bekannt, Dritten aber unbekannt ist. Auch hier existieren allgemeine Übersetzungsregeln für einzelne Wörter und eine Grammatik, die jedoch auch nicht weiterhelfen, wenn sich der Sinn der Nachricht schon in der Ausgangssprache nur den Beteiligten erschließt.

Wird zur Kommunikation nun auch noch elektronische Datentechnik eingesetzt, so kommen zu der durch die Verwendung von Sprache überhaupt schon notwendigen Codierung weitere Verschlüsselungsvorgänge hinzu.

Bei der Datenkommunikation werden Schriftzeichen und andere Daten in elektronischer Form repräsentiert. Diese Codierung erfolgt selbst wiederum auf mehreren Ebenen, und auch hier ergibt sich die Bedeutung der verwendeten Codes nur bei Kenntnis des jeweiligen Schlüssels. Dieser kann zwischen den Beteiligten vereinbart oder allgemein oder weithin anerkannt und gebraucht sein.

Auf der untersten technischen Ebene werden Daten in digitaler Form dargestellt. Die kleinste Dateneinheit – ein sogenanntes *Bit* – kann dabei nur zwei Zustände annehmen: 0 oder 1, „aus" oder „an".[249] Faßt man acht Bits zusammen, so lassen sich $2^8$, also 256 verschiedene Zustände oder Zahlen darstellen.[250] Schon diese Konvention – es könnten ja auch sieben oder neun Bits sein – beruht auf Vereinbarung und Gebrauch. Sie wird aber in der Datentechnik – und insbesondere in dem hier betrachteten Bereich der elektronischen Datenkommunikation – weitgehend eingehalten. Bereits auf der nächsten Stufe der Codierung beginnen jedoch die Unterschiede. Diesen 256 verschiedenen Zahlen werden nämlich bestimmte Zeichen zugeordnet, so daß eine bestimmte Zahl einen bestimmten Buchstaben oder ein anderes Zeichen repräsentiert. Einer der frühesten Standards in diesem Bereich war der *American Standard Code for Information Interchange (ASCII).*[251] Dieser nutzte jedoch zunächst nur sieben der acht

---

[249] Dazu werden in der Regel unterschiedliche Spannungszustände verwendet.

[250] Diese Einheit nennt man ein *Byte.*

[251] Im ASCII-Code hat der Buchstabe „A" die Nummer 65, der Kleinbuchstabe „a" die Nummer 97. Das US-Währungssymbol „$" hat die Nummer 36. Für das neue Euro-Symbol hingegen war zunächst noch nicht klar, welche Nummer es erhalten sollte. Von einer solchen Regelung hängt aber zum Beispiel ab, ob in einem Computerprogramm oder auf einer Webseite ein Preis korrekt dargestellt wird. Die Firma Microsoft hat sich dafür entschieden, in ihren Produkten den bisher unbenutzten Code Nummer 128 zu verwenden. Auch wenn dies bisher noch kein offizieller Standard ist, so wird die weite Verbreitung von Microsoft-Produkten (insbesondere der diversen Varianten des Betriebssytems Windows) für eine recht weitgehende faktische Standardisierung sorgen. Dieses Beispiel

möglichen Bits für die Codierung von Buchstaben und anderen Zeichen und war zudem noch am amerikanischen Zeichensatz orientiert. Die Folge: Für Sonderzeichen – etwa die deutschen Umlaute – waren zunächst keine Codes vorgesehen. Als sich der ASCII-Code zusammen mit der Computertechnik von den Vereinigten Staaten aus in alle Welt verbreitete, mußten für Länder, deren Zeichensatz über die Buchstaben A bis Z hinausging, jeweils spezifische Codetabellen entwickelt werden.[252] Zuweilen stößt man noch heute auf die Auswirkungen dieser Schwierigkeiten, insbesondere bei der textorientierten Kommunikation im Internet wie etwa dem E-Mail-Dienst. Manche Software, die auf Routern oder auch als Endprogramm eingesetzt wird, kann bis heute mit Sonderzeichen (wie zum Beispiel den schon erwähnten deutschen Umlauten) nicht korrekt umgehen. Zum Teil werden diese Sonderzeichen dann mit speziellen Zeichenfolgen aus dem Standardzeichensatz codiert, wobei manche Programme diese Codierung erkennen und korrekt darstellen, andere hingegen nicht. Ein Beitrag in einer Newsgroup kann dann beim Anwender zum Beispiel so aussehen:

```
Subject: =?ISO-8859-1?Q?Re:_Suche_Frontend_f=FCr_Oracle-
Server?=
Bevor Du gr=F6=DFere Aktionen machst, pr=FCfe bitte
unbedingt die Zugriffsm=F6glichkeiten nach Oracle.
Sollte n=E4mlich Access als Frontend...[253]
```

In diesem Beispiel geht es um die fehlerhafte Interpretation eines im übrigen dokumentierten, also nachvollziehbaren Standards[254] auf der Ebene einzelner Zeichen. Es zeigt, daß schon auf einer der unteren Ebenen die Kenntnis der verwendeten Codierung notwendig ist, um eine Folge von elektronisch gespeicherten Daten korrekt interpretieren zu können.

Datenformate sind aber in der Regel weitaus komplexer. So enthalten etwa die Dateien, die von Textverarbeitungsprogrammen angelegt werden, neben dem eigentlichen Text noch zahlreiche Informationen über

---

zeigt zweierlei: Zum einen wird deutlich, von welcher Bedeutung klare Vereinbarungen über die Bedeutung verwendeter Codes sind. Zum anderen wird aber an dieser Stelle auch sichtbar, daß die Bedeutung sich nicht auf irgend eine Weise aus der Natur der Sache ergibt, sondern allein auf Vereinbarungen, Gebrauch oder Standards beruht.

[252] Für Länder mit ganz anderen Zeichensätzen – etwa Griechenland oder Rußland – existieren natürlich auch eigene Codetabellen.

[253] „Subject: Re: Suche Frontend für Oracle-Server
Bevor Du größere Aktionen machst, prüfe bitte unbedingt die Zugriffsmöglichkeiten nach Oracle. Sollte nämlich Access als Frontend..."
(Ausschnitt aus einem Beitrag in der Newsgroup de.comp.databases).

[254] Dieses Format bezeichnet man als *quoted-printable*.

die verwendeten Formatierungen, die Struktur des Textes usw. Teilweise werden diese Anweisungen mit Hilfe von Steuerzeichen ausgedrückt, die selbst wiederum aus Zeichen des Standardzeichensatzes zusammengesetzt sind.[255] Zumeist aber werden formatierte Texte und erst recht umfangreiche Datensammlungen in binärer Form gespeichert. Dabei werden die zusätzlichen Informationen nicht oder nicht nur aus Standardzeichen zusammengesetzt, sondern als Bytefolge gespeichert, wobei die jeweilige Bedeutung der Bytes sich nur aus der entsprechenden Spezifikation des Formats ergibt. Solche Dateien ergeben für jemanden, der die Datei öffnet, nur dann irgend einen Sinn, wenn er das Datenformat kennt bzw. wenn die von ihm benutzten Programme das Dateiformat erkennen und die Datei gegebenenfalls in ein lesbares Format konvertieren können.[256] Man sieht es einem Byte eben nicht an, ob es einen Zahlenwert (oder den Teil eines großen, aus mehreren Bytes zusammengesetzten Zahlenwertes), einen Buchstaben oder eine Verwaltungsinformation innerhalb einer Datei (etwa den Wert „00", mit dem die Zahl „0", aber auch das Ende einer Datei gekennzeichnet sein kann) repräsentieren soll.

Gleichwohl gibt es auch hier eine – wenn auch sehr große – Anzahl von Standards, und für die gängigen Programme existieren Hilfsmittel, mit denen sich die Umwandlung vom einen in das andere Dateiformat bewerkstelligen läßt, auch wenn dabei häufig ein Teil der Informationen (zumeist über Formatierung oder Struktur des Dokuments) verloren geht. Programmierer sind indes nicht auf die Verwendung von Standardformaten angewiesen. Zwar bietet sich dies häufig aus praktischen Gründen an. Daneben besteht aber auch die Möglichkeit, andere, proprietäre[257] Dateiformate zu entwickeln und zu verwenden. Inwieweit dies notwendig oder sinnvoll ist, hängt jeweils vom Verwendungszweck ab. Manche Formate bieten eine größere Datensicherheit, indem sie etwa zusätzliche Informationen wie Prüfsummen etc. enthalten. Andere Formate werden auf ihren

---

[255] Beim Textsatzsystem LATEX, mit dem auch dieser Text erstellt worden ist, werden Befehle beispielsweise mit dem Zeichen „ \ " eingeleitet; eine Hervorhebung sieht im Quelltext etwa so aus: \emph{hervorgehobener Text} und führt zu der Ausgabe: *hervorgehobener Text*.

[256] Dieses Phänomen dürfte all jenen bekannt sein, die schon einmal versucht haben, mit Benutzern anderer Textverarbeitungsprogramme oder auch nur unterschiedlicher Versionen desselben Programms elektronisch gespeicherte Dokumente auszutauschen. Sind die passenden Im- und Exportfilter oder Konvertierungsprogramme nicht installiert oder funktionieren diese nicht richtig, so bleiben die gespeicherten Daten für den Benutzer zumeist unentzifferbar. Zu den praktischen Schwierigkeiten, die sich in dieser Hinsicht bei strafrechtlichen Ermittlungsverfahren ergeben, siehe *Bär*, Der Zugriff auf Computerdaten im Strafverfahren, S. 36 ff., 183 ff. m. w. N.

[257] nicht-standardisiert, nur den Beteiligten „eigen"

Speicherverbrauch hin optimiert. Die Einzelheiten sind für die Zwecke dieser Untersuchung nicht relevant. Es reicht an dieser Stelle die Feststellung, daß die Frage, wie vielen Dritten es gelingen kann, mit diesen Daten überhaupt irgend etwas anzufangen, jeweils davon abhängt, ob sie das verwendete Datenformat (also die Form der Codierung) kennen oder wenigstens ermitteln können. Zunächst liegen diese Daten nämlich nur als Folge von Bits und Bytes vor. Wie beim einzelnen Zeichen besteht auch bei einer Zeichen- bzw. Bytefolge die Schwierigkeit, daß sich nicht ohne weiteres feststellen läßt, ob es sich um ASCII-codierten Text, eine Datenbank von Meßwertreihen oder doch nur um eine Folge von Zufallszahlen handelt. Erst die Kenntnis der verwendeten Codierung macht eine Decodierung möglich. Die Zahlen selbst haben keinen eigenen Aussagewert. Erst in Verbindung mit einer bestimmten Übersetzungsregel, einer Codetabelle oder einer Formatbeschreibung werden die von ihnen repräsentierten Daten wieder verwendbar.

Die Verwendung kryptographischer Methoden, wie sie im Kapitel zur technischen Ausgangslage[258] beschrieben wurden, stellt – technisch betrachtet – nur eine *weitere* Stufe der Verschlüsselung dar. Wird zum Beispiel eine Nachricht in einem E-Mail-Programm oder mit einem Texteditor geschrieben, so wird diese zunächst in irgendeinem Format – etwa im ASCII-Format – auf einem Datenträger gespeichert. Diese gespeicherte Datei stellt eine Folge von Bytes dar, die nur so lange auch für andere lesbar ist, wenn sie den verwendeten Code – im Beispiel also den ASCII-Code – kennen. Nur zur Klarstellung sei hier noch einmal hervorgehoben, daß die Lesbarkeit allein noch lange nicht bedeuten muß, daß Dritte, die nicht an dem Kommunikationsvorgang beteiligt sein sollen, diesem Text auch irgendeinen Sinn entnehmen können.

Dasselbe gilt im Prinzip auch für Nachrichten, die mit kryptographischen Methoden verschlüsselt wurden. Zu den Codierungen, die zunächst in sprachliche Zeichen und dann in deren digitale Repräsentation erfolgten, kommt hier noch eine weitere Codierung unter Einsatz eines Verschlüsselungsprogramms der oben beschriebenen Art hinzu.[259] Tatsächlich unterscheidet sich ein solches Chiffrat äußerlich von einer Folge von zufälligen Zahlen und Zeichen nur dadurch, daß ihr in der Regel Verwaltungsinformationen hinzugefügt werden, die auf Absender und Empfänger und die verwandte Verschlüsselungsmethode hinweisen.

---

[258] Siehe oben, S. 7 ff.

[259] Nach Schätzung von Experten gibt es heute weltweit über 800 verschiedene Verschlüsselungsprodukte, vgl. *Abelson/Anderson/Bellovin*, DuD 1998, S. 14, 20.

Eine mit PGP verschlüsselte Nachricht kann beispielsweise so aussehen:

```
FROM: "John Doe" <john.doe@somewhere.com>
TO: "Christian Meyn" <christian.meyn@gmx.de>
SUBJECT: PGP-Test

----- BEGIN PGP MESSAGE -----
Version: PGP 5.5.5


hQCMA1m6TBWWeF+RAQP/c7fX4bYqVBToPdV+OvKQ2P5xUJh356sVDQ+ai2ERZRmr
QY211zsKpgzsOvtX1BAOnNGePnXvezWUONdryyOQqiePkkphehuPGD+bQ6IWncD/
52r3WXRX5F8YpZGUA5NcubAZBvurchHUqMCcFAF/JESCowu1uj89sxT6tbAnpeek
8/sSG9rHGnhQqlwwSIHzcboO6S4dovrQjADWyyhFvTYvB4AZMQGCZ8Z84jfHjbdd
HByS1HsggNNIwx91InGrAORvqtIKYAE1jQlRFHe61INZ7v6PfZ7SF3dxNZ7mDOh1
dYDEKFOa31er90uefNZUvQK94BV5fVsOCrBtLtM17B7YLfkeUqzFYMCqwfia7M/8
sCOzKzh9cHKKEQnZSmKHXNd9pavQthvdD8dTDt1ZhajYvA7wZxxBUaAyzsPuH7iT
Nzjga8sNxMUx3fq/gU4yfDnvTytr5Ks7R/pvs8/aOugV6cQc+fu+hDNkGTHpQp4q
AUGRJw===1hmf
----- END PGP MESSAGE -----
```

Hierbei liegt es aufgrund der Zeile „BEGIN PGP MESSAGE", der Versi-
onsnummer und der Zeile „END PGP MESSAGE" auf den ersten Blick sehr
nahe, daß es sich bei den Zeilen dazwischen um eine mit PGP verschlüsselte Nachricht handelt. Dies muß allerdings nicht so sein: Da der Quelltext von PGP frei verfügbar ist, ist es nicht allzu schwierig, das Format
dieser Header-Zeilen zu verändern (also etwa andere Schlüsselwörter zu
verwenden). Tatsächlich könnte die Nachricht auch mit einem ganz anderen Verfahren verschlüsselt worden sein; diese Header wären dann nur
zur Täuschung verwendet worden. Möglich ist auch, daß die Nachricht
zunächst mit einem anderen Verfahren (bzw. mit einem anderen Empfän-
gerschlüssel) und erst dann mit PGP verschlüsselt wurde. Schließlich ist es
auch nicht ausgeschlossen, daß es sich bei den Zeilen dazwischen um reine Zufallszeichen und gar nicht um ein Chiffrat handelt. Kennt man Verfahren und Schlüssel, ist eine Entschlüsselung möglich. Falls nicht, kann
man noch nicht einmal feststellen, ob es sich überhaupt um eine chiffrierte
Nachricht handelt.

Das oben angesprochene Definitionsproblem läßt sich nicht lösen:
Kommunikation kann gar nicht anders als „verschlüsselt" (codiert) stattfinden. Natürlich unterscheidet sich eine mit kryptographischen Methoden verschlüsselte Nachricht von einer, die in halbwegs verständlichem
Deutsch geschrieben wurde. Aber dieser Unterschied ist nur graduel-

ler, nicht qualitativer Natur. Unterschiede bestehen hinsichtlich der Anzahl derjenigen, die den verwendeten Code kennen, und hinsichtlich der
Schwierigkeit, bei Nichtkenntnis den verwendeten Code zu ermitteln.
So kann bei einer Nachricht in einer seltenen fremden Sprache möglicherweise ein Übersetzer gefunden werden. Bei einem Kommunikations-
protokoll können durch Analyse der übermittelten Daten mit einigem Aufwand (wahrscheinlich) die Ursprungsdaten rekonstruiert werden, wobei
die Schwierigkeit bestehen bleiben kann, diesen dann einen Sinn beizumessen. Bei der Verwendung kryptographischer Methoden können die Ursprungsdaten durch Verfahren der Kryptoanalyse oder – bei bekanntem
Verfahren – das Ausprobieren aller möglichen Schlüssel[260] rekonstruiert
werden, obwohl dieser Aufwand je nach Länge der verwandten Schlüssel
sehr groß sein und an technische Grenzen stoßen kann.

Läßt sich aber auf diese Weise keine klare Linie ziehen zwischen einer „verschlüsselten" und einer „unverschlüsselten" Nachricht, so können daraus nur zwei Folgerungen gezogen werden: Entweder ist der Versand *beliebiger* Nachrichten – ob nun mit kryptographischen Methoden verschlüsselt oder nicht – von Art. 5 I 1 GG geschützt, weil eben jede Nachricht immer codiert ist und die Möglichkeit des Verstandenwerdens von
den Kenntnissen (wozu auch das Wissen um die anzuwendende Übersetzungsregel gehört) und Fähigkeiten des Empfängers abhängt. Oder
Art. 5 I 1 GG schützt nur solche Nachrichten, die auch von Dritten verstanden werden können. Logisch zu Ende gedacht, hieße dies: Beim Telefonieren und Briefeschreiben bestünde Schutz nur dann, wenn ausschließlich
Wörter verwandt würden, die irgendwo in einem Wörterbuch zu finden
sind. Diese Vorstellung ist offenbar absurd: Selbstverständlich wird von
Art. 5 I 1 GG, verstanden als Recht auf individuelle Kommunikation, die
Freiheit geschützt, am Telefon Kisuaheli zu sprechen, nuschelnd „krypti-
sche" Anspielungen auf gemeinsame Erlebnisse zu machen oder in Briefen
zwischen den Beteiligten vereinbarte Abkürzungen zu verwenden.[261]

---

[260] *brute force attack,* vgl. oben, S. 23 ff.

[261] Der F.D.P.-Bundestagsabgeordnete Burkhard Hirsch stellte in einer Pressemitteilung
eben diese Frage: „Was ist ‚Verschlüsselung'? Wird es verboten sein, in früh-aramäisch
zu korrespondieren, nur so, weil es eben Spaß macht? Und was heißt: ‚Wenn der Mantel
fällt, fällt auch der König'? (...) Gesetzestechnisch wäre es viel einfacher, nicht die Kryptographie zu verbieten, sondern in einem Gesetz mit einem einzigen Artikel vorzuschrei-
ben: ‚Abs. 1: Jede private und geschäftliche Korrespondenz ist nur in einer Amtssprache
der Europäischen Union erlaubt. Abs. 2: Zuwiderhandlungen werden zumindest als Vor-
täuschung einer Straftat bestraft, wenn nicht höher. Abs. 3: Das Bundesministerium des
Inneren wird ermächtigt, durch Rechtsverordnung eine Liste der zugelassenen Wörter
zu veröffentlichen.' Merke: Man soll keine Gesetze machen, die günstigstenfalls fröhli-

Weil die Abgrenzung zwischen „Klartextkommunikation" und „verschlüsselter Kommunikation" nicht zu leisten ist, lassen sich verschlüsselte Nachrichten nicht aus dem Schutzbereich von Art. 5 I 1 GG ausgrenzen. Daher ist auch der Versand von Nachrichten, die mit kryptographischen Methoden gegen die Kenntnisnahme durch Dritte geschützt sind, von Art. 5 I 1 GG geschützt.

## C) Verschlüsselungsverbot als Eingriff in den Schutzbereich von Art. 5 I 1 GG

Ein Eingriff in ein Grundrecht liegt dann vor, wenn ein vom Grundrecht geschütztes Verhalten durch eine staatliche Maßnahme ganz oder teilweise unmöglich gemacht wird.[262] Das Versenden von Kryptogrammen ist wie das Versenden beliebiger anderer Mitteilungen über das Internet von Art. 5 I S. 1 GG geschützt. Genau dieses Verhalten wird durch ein Verbot zwar nicht faktisch unmöglich gemacht; es werden aber Sanktionen an dieses Verhalten geknüpft, die gerade von ihm abhalten sollen. An der Eingriffsqualität des Verschlüsselungsverbots bestehen daher keine Zweifel.[263] Dies gilt auch angesichts der Tatsache, daß die Regelung möglicherweise das Versenden von bestimmten unsicheren Kryptogrammen weiterhin erlaubt; jedenfalls sind die Kommunikationsteilnehmer in ihrer Freiheit, Beliebiges zu versenden, eingeschränkt.

## D) Beschränkbarkeit von Art. 5 I 1 GG

Eine solche Einschränkung bedarf der verfassungsrechtlichen Rechtfertigung. Art. 5 II GG sieht die Beschränkbarkeit der Rechte aus Abs. 1 ausdrücklich vor, stellt aber an die einschränkende Regelung Anforderungen, denen auch ein Verschlüsselungsverbot genügen müßte. Zwar drängt sich dabei angesichts etwa der Schwierigkeiten der Bestimmung der „allgemeinen Gesetze" im Sinne von Art. 5 II GG die Vermutung auf, daß diese Frage sich letztlich als ein Abwägungsproblem darstellen wird. Doch ist es wichtig, zunächst die Anforderungen zu untersuchen, die die Verfassung an ein Gesetz stellt, das das Grundrecht aus Art. 5 I GG einschränken soll. Hernach sind diese Anforderungen – von denen das Erfordernis der Verhältnismäßigkeit die zentrale sein dürfte – im einzelnen zu untersuchen und

---

ches Gelächter auslösen." FAZ, 07.05.1997, S. 4.
[262] Heute allgemeine Meinung, vgl. nur *Pieroth/Schlink*, Staatsrecht II, Rn. 240 ff.
[263] Vgl. *Maunz/Dürig–Herzog*, Art. 5, I, II, Rn. 76.

die gedachte Regelung an ihnen zu messen. Dabei wird sich zeigen, daß die Anforderungen in bezug auf Geeignetheit und Erforderlichkeit der Maßnahme empirischer, nicht wertender Art sind. Ihre Erfüllung läßt sich mit größerer Sicherheit feststellen, als dies bei einer reinen Wertung der Fall wäre. Dies schließt nicht aus, daß die Verfassungsmäßigkeit der Regelung letztlich von Wertungsfragen abhängt, die im Rahmen der Angemessenheit (auch Verhältnismäßigkeit im engeren Sinne, Proportionalität) zu stellen und zu beantworten sein werden. Diese treten nach einer detaillierten Analyse aber deutlicher zu Tage und werden zugleich von empirischem Ballast befreit.[264] Dabei ist auch im Rahmen der Angemessenheitsprüfung der Versuch zu unternehmen, die Entscheidung möglichst zu rationalisieren. Dies soll in Anlehnung an *Alexys* Modell der Lösung von Prinzipienkollisionen[265] erfolgen.

### 1. Verschlüsselungsverbot als „allgemeines Gesetz" im Sinne von Art. 5 II GG

Die Formulierung des „allgemeinen Gesetzes", die unter „nicht mehr aufklärbaren" Umständen in Art. 118 I 1 der Weimarer Reichsverfassung „hineingeraten"[266] war, ist vom Parlamentarischen Rat in Art. 5 II GG übernommen worden und hat während ihrer ganzen Existenz zu einer Vielzahl von Streitigkeiten und Interpretationsversuchen geführt, deren praktische Relevanz indes nicht immer offensichtlich war. Den zahlreichen Aufsätzen und Lehrmeinungen zur Frage, was denn nun genau unter einem „allgemeinen Gesetz" im Sinne von Art. 5 II GG zu verstehen ist, soll hier nicht eine weitere Deutungsvariante zugesellt werden. Es soll jedoch der Versuch unternommen werden, den derzeitigen Stand der Diskussion insoweit zu skizzieren, als dies für die Zwecke dieser Untersuchung fruchtbringend erscheint.

Einigkeit scheint in Rechtsprechung und Rechtswissenschaft jedenfalls dahingehend zu bestehen, daß nicht schon jede abstrakt-generelle Regelung ein „allgemeines Gesetz" ist. Dies wird damit begründet, daß sich die Formulierung sonst mit dem Verbot des Einzelfallgesetzes in Art. 19 I S. 1 GG decken würde und somit überflüssig wäre. Auch die besondere Erwäh-

---

[264] Vgl. *Schlink*, Abwägung im Verfassungsrecht, S. 151. Vgl. auch *Gentz*, NJW 1968, S. 1600, 1601, der zu Recht davor warnt, der Grundsatz der Verhältnismäßigkeit drohe „zum Schlagwort zu erstarren und in einem allgemeinen Appell an die Gerechtigkeit aufzugehen."

[265] Dazu eingehend unten, S. 121 ff.

[266] So *Maunz/Dürig–Herzog*, Art. 5, Abs. I, II, Rn. 250.

nung des Schutzes der Jugend und des Rechts der persönlichen Ehre machte dann wenig Sinn, denn auch gesetzliche Vorschriften zum Schutz dieser Rechtsgüter wären als abstrakt-generelle Regelungen bereits von den „allgemeinen Gesetzen" umfaßt.

Dem Begriff des „allgemeinen Gesetzes" soll daher nach allgemein geteilter Auffassung ein weitergehender Bedeutungsinhalt zukommen.[267] Vertreten werden vor allem zwei Interpretationsansätze.

Zum einen soll das allgemeine Gesetz meinungsneutral sein. Es soll sich nicht gegen eine bestimmte Meinung oder geistige Zielrichtung wenden, sondern ein anderes Rechtsgut ohne Rücksicht auf eine bestimmte Meinung schützen.[268] Eine Ausnahme von diesem Erfordernis macht Art. 5 II GG im Hinblick auf Vorschriften zum Schutz der Jugend und der persönlichen Ehre: Hier wird gerade das Unterbinden der Äußerung bestimmter geistiger Inhalte erlaubt.

In der Rechtsprechung sind allerdings auch solche Strafgesetze, bei denen gerade die Äußerung bestimmter Meinungen unter Strafe gestellt wird (§§ 89, 90a, 99 I Nr. 1, 103 StGB), als „allgemeine Gesetze" anerkannt worden, wenn diese zum Schutz von verfassungsrechtlich geschützten Rechtsgütern als unerläßlich angesehen wurde.[269] Die Meinungsneutralität ist in der Praxis der Rechtsprechung also kein unverzichtbares Element der „Allgemeinheit" eines Gesetzes; die Abwägung mit anderen Rechtsgütern kann die „Allgemeinheit" auch dann begründen, wenn das grundrechtseinschränkende Gesetz nicht meinungsneutral ist.[270]

In bezug auf den Gegenstand dieser Untersuchung liegt es auf der Hand, daß das Verbot der Versendung von Kryptogrammen an der Hürde der Meinungsneutralität nicht scheitern würde. Es richtete sich nicht gegen bestimmte Meinungen „als solche". Es wurde bereits gezeigt, daß die

---

[267] *Maunz/Dürig–Herzog*, Art. 5 Abs. I, II, Rn. 252 ff. m. w. N.; *Pieroth/Schlink*, Staatsrecht II, Rn. 587 ff.

[268] Vgl. BVerfGE 7, S. 198, 209.

[269] Vgl. *von Münch/Kunig–Wendt*, Art. 5 Rn. 74; BVerfGE 20, S. 162, 177 f.; BVerfGE 47, S. 130, 143; BVerfGE 47, S. 198, 232 f.; BVerfGE 57, S. 250, 268; BVerwGE 64, S. 55, 62 f.

[270] A. A. *Schwark*, der strafrechtliche Meinungsäußerungsverbote nur dann als zulässig ansieht, wenn sie für ein Grundrecht oder eine andere Verfassungsbestimmung „existenznotwendig", gewissermaßen staatsschützend im engeren Sinne, sind. Staatsschutzbestimmungen, die im „Vorbereich" staatsschädigende Information und Kommunikation verhindern wollten, ließen sich auf diesem Wege nicht rechtfertigen und seien verfassungswidrig. Er begründet dies damit, daß die genannten Einschränkungen allein zur Lösung von Grundrechtskollisionen zulässig seien, „wenn und soweit" diese den Rechten des Art. 5 II GG (sic!, gemeint ist wohl Abs. 1) vorgingen. Das ist aber gerade die Frage, die die Auslegung von Art. 5 II GG zu beantworten sucht. Vgl. *Schwark*, Der Begriff der „Allgemeinen Gesetze", S. 130 f.

Verwendung von Kryptographie als zusätzliche Codierung von Nachrichten „als solche" keine Meinungsäußerung darstellt. Äußerstenfalls könnte man eine (dann spezifisch unterbundene) Meinungsäußerung noch dahingehend konstruieren, daß der Versender einer verschlüsselten Nachricht eben durch die Verwendung von Kryptographie für deren Zulässigkeit demonstrieren wolle. Doch erscheint dies bei einer realistischen Betrachtung fernliegend. In praktisch allen Fällen dürfte sich diese Annahme als falsch herausstellen. Daher bleibt es dabei, daß sich ein Verbot der Versendung von Kryptogrammen nicht gegen eine bestimmte Meinung richtet, sondern allgemein jede verschlüsselte Nachricht erfaßt.

Auch aus der *Südkurier*-Entscheidung des Bundesverfassungsgerichts[271] läßt sich nichts anderes für die Frage entnehmen, ob ein Versendungsverbot für Kryptogramme das Grundrecht aus Art. 5 I GG im Sinne eines „allgemeinen Gesetzes" beschränken darf. In dieser Entscheidung hatte das Gericht eine Vorschrift zu beurteilen, die die Veröffentlichung von ausländischen Stellenangeboten in der deutschen Presse von einer Genehmigung durch die Bundesanstalt für Arbeit abhängig machte. Das Gericht hob die Norm auf und begründete diese Entscheidung damit, es handele sich nicht um ein „allgemeines Gesetz", weil es sich bei dem Verbot nicht um den Ausfluß eines für jedermann geltenden Anwerbeverbotes handele, sondern weil das Gesetz nach dem Wortlaut und in der Praxis allein die Presse betreffe.[272] Mit der Frage, ob die Einschränkung durch andere, wichtige Verfassungsgüter gerechtfertigt sein könnte, setzte sich das Gericht in der Entscheidung nicht auseinander. Der Bezugspunkt für die Beurteilung der „Allgemeinheit", den das Gericht in dieser Entscheidung wählte, unterscheidet sich von dem in anderen Urteilen. Es bezeichnet ein Gesetz als nicht-allgemein, das nur der Presse, nicht aber jedermann die Verbreitung bestimmter Inhalte untersagt. Eine Verbot der Versendung von Kryptogrammen würde indes jedenfalls für „jedermann" gelten und wäre damit nach den Kriterien dieser Entscheidung nicht als nicht-allgemein zu bezeichnen.

Ein weitergehender Ansatz neben dieser sogenannten Sonderrechtslehre[273] ist die materiale Interpretation des Begriffs des „allgemeinen Gesetzes". Der Verfassungsgesetzgeber, der diese Formulierung in den Verfassungstext aufgenommen habe, müsse, so die Argumentation, damit mehr gemeint haben als nur das Verbot, Gesetze zu erlassen, die die Äußerung bestimmter Meinungen verbieten. Der Geltungsanspruch des Grund-

---

[271] BVerfGE 21, S. 271 ff.

[272] Vgl. BVerfGE 21, S. 271, 280 und 290.

[273] Vgl. *Pieroth/Schlink*, Staatsrecht II, Rn. 588 ff.

rechts, so das Bundesverfassungsgericht in der insofern wegweisenden *Lüth*-Entscheidung (und seitdem in ständiger Rechtsprechung[274]), dürfe nicht von vornherein auf den Bereich beschränkt werden, den ihm die Gerichte durch ihre Auslegung der Gesetze noch belassen.[275] Aus der grundsätzlichen Bedeutung der Meinungsfreiheit ergebe sich, daß die sachliche Reichweite gerade dieses Grundrechts nicht jeder Relativierung durch einfaches Gesetz überlassen werden dürfe.[276] Das Gericht kommt damit zu der berühmten Wechselwirkungslehre:

„Die gegenseitige Beziehung zwischen Grundrecht und ‚allgemeinem Gesetz' ist also nicht als einseitige Beschränkung der Geltungskraft des Grundrechts durch die ‚allgemeinen Gesetze' aufzufassen; es findet vielmehr eine Wechselwirkung in dem Sinne statt, daß die ‚allgemeinen Gesetze' zwar dem Wortlaut nach dem Grundrecht Schranken setzen, ihrerseits aber aus der Erkenntnis der wertsetzenden Bedeutung dieses Grundrechts im freiheitlichen demokratischen Staat ausgelegt und so in ihrer das Grundrecht begrenzenden Wirkung selbst wieder eingeschränkt werden müssen."[277]

Die Zusammenfassung der vorher vertretenen Auffassungen zur Interpretation des „allgemeinen Gesetzes" in der Lüth-Entscheidung, insbesondere aber die Formulierung der Wechselwirkungslehre stellte im Jahr 1958 einen Fortschritt in der Rechtswissenschaft dar, und obwohl die Herangehensweise des Bundesverfassungsgerichts zum Teil auf harsche Kritik stieß, gehört der Kern des damals Entwickelten heute zum gesicherten Bestand der Grundrechtsinterpretation. Die Wechselwirkungslehre erweist sich letztlich als eine besondere Ausprägung des Gebotes der Verhältnismäßigkeit. Die Grundrechte lassen sich nicht ohne rechtfertigenden Grund beschränken. Nicht allein die formale Existenz eines Gesetzes reicht zur Beschränkung. Die Verfassung verlangt vom Gesetzgeber einen legitimen Zweck, der auf andere, weniger einschneidende Weise nicht erreicht werden kann und der auch noch im direkten Vergleich mit dem beschränkten Grundrecht bestehen kann. Bei der Rechtsanwendung gilt das Gebot der verfassungskonformen Interpretation: Bietet ein Gesetz mehrere Interpretationsmöglichkeiten – und welches Gesetz täte das nicht? –, so ist diejenige zu wählen, die die Grundrechte am wenigsten einschränkt.

---

[274] Vgl. *von Münch/Kunig–Wendt*, Art. 5 Rn. 70.
[275] BVerfGE 7, S. 198, 208.
[276] BVerfGE 7, S. 198, 208.
[277] BVerfGE 7, S. 198, 208 f.

Die vom Bundesverfassungsgericht in der Lüth-Entscheidung postulier-
te „Vermutung für die Zulässigkeit der freien Rede"[278] läßt sich auf die
anderen Grundrechte übertragen: Grundrechtseinschränkungen, die sich
nicht überzeugend durch einen legitimen Zweck rechtfertigen lassen und
dem Gebot der Verhältnismäßigkeit entsprechen, läßt die Verfassung nicht
zu. Nebenbei bemerkt: Mit der soeben zitierten „Vermutung" hat das Bundesverfassungsgericht – anders, als dies bei manchen Autoren anklingen
mag – keine Vorentscheidung zugunsten des Grundrechts aus Art. 5 I GG
für Fälle getroffen, in denen es um die Abwägung mit konkurrierenden
Rechtsgütern geht, namentlich des Persönlichkeitsrechts.[279] Es hat allerdings den Stellenwert dieses Grundrechts betont und damit gleichzeitig
zu Recht deutlich gemacht, daß auch kein anderes Rechtsgut prinzipiell
vor dem Recht der Meinungsfreiheit Vorrang hat.[280]

Wenn auch das Bundesverfassungsgericht im Jahr 1958 das Erfordernis
der Interpretation von grundrechtsbeschränkenden Gesetzen „im Lichte"
der Bedeutung des eingeschränkten Grundrechts[281] lediglich fallbezogen
für die Interpretation von Art. 5 GG statuierte, so kann aus heutiger Sicht
diese Forderung auch ohne Bezug auf die „allgemeinen Gesetze" im Sinne
des Art. 5 II GG erhoben werden. Damit verliert das Erfordernis der „Allgemeinheit" zwar nicht an Bedeutung in bezug auf die Meinungsfreiheit.
Aus ihm folgen aber keine besonderen Voraussetzungen für grundrechts-
beschränkende Gesetze, die sich wesentlich von denen bei anderen Grundrechten unterschieden. Dies wird von manchen Autoren zwar so nicht zu-
gegeben. So spricht etwa *Wendt* dem Erfordernis der Allgemeinheit eine
„Filterfunktion" zu, die nicht gering geachtet werden dürfe.[282] Die Schranke (genauer gesagt: die Schranken-Schranke) der „allgemeinen Gesetze"
stelle keineswegs eine bloße Leerformel dar, sondern untersage a limi-
ne gezielte Beschränkungen des durch die Meinungsfreiheit geschützten
Rechtsguts als solchem, ohne daß es noch auf weitere Fragen, namentlich
die einer Güterabwägung, ankäme.[283] Gleichzeitig könne es jedoch sein,

---

[278] BVerfGE 7, S. 198, 212.

[279] Vgl. dazu eingehend *Grimm*, NJW 1995, S. 1697, 1701 ff.

[280] Vgl. *von Münch/Kunig–Wendt*, Art. 5 Rn. 76. Vgl. *v. der Decken*, Meinungsäußerungsfreiheit und Ehrenschutz, S. 129 ff., der ausführlich die Frage erörtert, ob nicht aus Gründen
der Rechtssicherheit an Stelle einer letztlich einzelfallbezogenen Rechtsgüterabwägung
eine aus der Verfassung abzuleitende (absolute) Rangordnung der Grundrechte und Verfassungsgüter treten sollte, sich letztlich aber der Wechselwirkungslehre des Bundesverfassungsgerichts mangels überzeugender Alternative anschließt.

[281] BVerfGE 7, S. 198, 208.

[282] *von Münch/Kunig–Wendt*, Art. 5 Rn. 76.

[283] Ebd.

daß die Rechtsgüterabwägung im Einzelfall ausnahmsweise dazu führe, daß auch solche Gesetze verfassungsmäßig seien, die die Grundrechte des Art. 5 I GG einschränkten, ohne den Begriff des „allgemeinen Gesetzes" zu erfüllen. So richteten sich die Vorschriften der §§ 86 I Nr. 4, 86a StGB gegen eine bestimmte Meinung und seien dennoch verfassungsgemäß, weil der Schutz der freiheitlich demokratischen Grundordnung und der Gedanke der Völkerverständigung Vorrang hätten.[284] Wenn solche Ausnahmen aber zugelassen werden, dann ist die Schranken-Schranke eines spezifischen „Allgemeinheits"-Erfordernisses aufgegeben.

Richtig ist sicherlich, daß es bei der Abwägung von besonderer Bedeutung ist, wenn sich ein Gesetz gerade gegen eine bestimmte Meinung richtet. Dann muß, weil der Eingriff in diesem Fall besonders weit geht, der rechtfertigende Grund für die Beschränkung von besonderem Gewicht sein. Das ist aber bei anderen Grundrechten auch nicht anders, und die behauptete Besonderheit der Schranken-Schranke „Allgemeinheit" erweist sich bei genauerer Betrachtung als Wiederholung und Betonung des Grundrechtsprinzips der Verhältnismäßigkeit.[285]

Zu keinem anderen Ergebnis kommt man, wenn man der Ansicht von *Schwark*[286] folgt. Im Anschluß an *Ridder*[287] läßt er – neben Gesetzen, die dem Schutz vorrangiger Verfassungsgüter dienen – nur solche Vorschriften als „allgemeine Gesetze" zu, die sich „nicht ganz oder überwiegend im Freiheitsbereich von Meinungs-, Presse- und Filmfreiheit auswirken."[288] Eben mit der Zulassung von Gesetzen, die dem Schutz anderer Verfassungsgüter dienen, nimmt er jedoch dem Erfordernis der „Allgemeinheit" jede Schärfe. Grundrechtsbeschränkungen sind immer nur zur Erreichung eines legitimen Zwecks erlaubt. Je intensiver in den Freiheitsbereich eingegriffen wird – und dies wäre bei einem Gesetz, das sich ausschließlich im Bereich des durch Art. 5 I GG Geschützten auswirkte, im Hinblick auf dieses Grundrecht in besonderem Maße der Fall –, desto schwerer müssen die Gründe für den Eingriff wiegen. Gründe, die nicht von der Verfassung geboten sind, kommen dann kaum je als Rechtfertigung in Betracht.[289]

---

[284] *von Münch/Kunig–Wendt*, Art. 5 Rn. 78.

[285] Wie hier *Schmidt-Jortzig*, HbStR VI, § 141, Rn. 43; ähnlich *Maunz/Dürig–Herzog*, Art. 5, Abs. I, II, Rn. 275.

[286] *Schwark*, Der Begriff der „Allgemeinen Gesetze", S. 130 ff.

[287] *Ridder*, Meinungsfreiheit, in: Neumann/Nipperdey/Scheuner, Grundrechte II, S. 281 ff.

[288] *Schwark*, Der Begriff der „Allgemeinen Gesetze", S. 131. Darüber hinaus sollen auch noch bloße „Formvorschriften" zulässig sein, die sich allein in diesem Bereich auswirken.

[289] Vgl. auch den Ansatz von *Lücke*, der fordert, das Rechtsgut, zu dessen Schutz das Grundrecht aus Art. 5 I GG eingeschränkt werde, müsse den ausdrücklich genannten Rechtsgütern Schutz der Jugend und Recht der persönlichen Ehre „gleichwertig (ebenbürtig) und

Insofern kann auch nach dieser Ansicht aus dem Erfordernis der „Allgemeinheit" letztlich nicht mehr als die Betonung der Wichtigkeit des Grundrechts der Meinungsfreiheit gefolgert werden; einen praktisch verwendbaren Maßstab zur Beurteilung konkreter Gesetze erhält man dadurch nicht.

Für die Zwecke dieser Untersuchung bedeutet dies: Ein Versendungsverbot für Kryptogramme muß dem Erfordernis der Verhältnismäßigkeit genügen. Es muß geeignet und erforderlich sein, einen legitimen Zweck zu befördern, und die resultierende Grundrechtsbeeinträchtigung darf nicht außer Verhältnis stehen zu der Bedeutung des von der Beschränkung verfolgten Ziels.[290] Bei der Verhältnismäßigkeitsprüfung ist der besondere Stellenwert der Kommunikationsfreiheiten für die persönliche Entfaltung des einzelnen ebenso wie ihre Bedeutung für ein freiheitlich-demokratisches Staatswesen insgesamt zu berücksichtigen.[291]

## 2.   Legitimer Zweck

Ein Verbot, Kryptogramme zu versenden, ist nach dem Grundsatz der Verhältnismäßigkeit nur dann mit der Verfassung vereinbar, wenn es einen von der Verfassung anerkannten Zweck verfolgt.[292] Der Grundsatz knüpft dabei an einen als feststehend gedachten Zweck des Handelnden an.[293] Der Zweck wird dabei als die dem in Frage stehenden Handelnden zugrunde liegende Intention begriffen.[294]

Diese Finalität des Zweckbegriffs wirft zunächst eine Schwierigkeit auf: Wie ist die der objektiven Handlung zugrunde liegende Absicht zu bestimmen? Hier könnte – subjektiv – auf die erklärte Absicht des Handelnden abzustellen sein, etwa in Form einer Gesetzesbegründung. Es könnte

---

als wichtiges Gemeinschaftsanliegen bzw. Individualinteresse gleichartig (ähnlich)" sein. *Lücke*, Die „allgemeinen" Gesetze, S. 29 ff. Ähnliches klingt im Hinblick auf die Pressefreiheit bereits in der Entscheidung BVerfGE 20, S. 162, an: „Der Sinn dieses Urteils (der Lüth-Entscheidung, Anm. d. Verf.) ... liegt also darin, ... (der Pressefreiheit) den angemessenen Raum zu sichern und jede Einengung der Pressefreiheit zu verhindern, die nicht von der Rücksicht auf mindestens gleichwertige Rechtsgüter unbedingt geboten ist." (S. 177). Zu beachten ist allerdings, daß hier die Gleichwertigkeit nicht im Verhältnis zu den Rechtsgütern Jugend- und Ehrenschutz, sondern zum eingeschränkten Grundrecht selbst bestehen muß. Wie diese Wertigkeit zu bestimmen ist, lassen beide Ansätze offen.

[290] Im Ergebnis wie hier *Gentz*, NJW 1968, S. 1600, 1605.

[291] Vgl. *Ossenbühl*, Abwägung im Verfassungsrecht, in: FS Hoppe, S. 25, 30.

[292] Vgl. statt vieler *Dechsling*, Verhältnismäßigkeitsgebot, S. 5; *Gentz*, NJW 1968, S. 1600, 1601 ff.

[293] Vgl. *Hirschberg*, Grundsatz der Verhältnismäßigkeit, S. 43.

[294] Vgl. *Jakobs*, Grundsatz der Verhältnismäßigkeit, S. 16.

aber auch, schon, um Täuschungen und Umgehungen zu vermeiden, auf einen gewissermaßen objektivierten Zweck abzustellen sein, der sich aus der Maßnahme selbst ermitteln lassen müßte. Damit stellte sich zugleich die Frage, wer denn legitimiert ist, diesen „objektiven" Zweck zu ermitteln bzw. festzulegen.

Aus dieser Schwierigkeit zieht *Jakobs* die Schlußfolgerung, es sollte bei der Verhältnismäßigkeitskeitsprüfung ganz auf den Begriff des „Zwecks" verzichtet werden. Statt dessen sollten die Auswirkungen einer bestimmten Maßnahme auf alle betroffenen Rechtsgüter ermittelt und diese zueinander in ein Verhältnis gesetzt werden.[295]

Diese Bedenken hinsichtlich der Bestimmung des der Prüfung zugrundezulegenden Zwecks mögen für sich genommen nicht von der Hand zu weisen sein. In Fällen, in denen die Zwecke jedoch vom Handelnden eindeutig benannt werden und keine Anhaltspunkte ersichtlich sind, daß in Wirklichkeit andere Zwecke verfolgt werden sollen, erscheint es jedoch unproblematisch, ja sogar geboten, diese dann auch der Prüfung zugrunde zu legen. Es steht grundsätzlich zunächst im Ermessen des Gesetzgebers, zu welchen Zwecken er in welcher Weise tätig werden möchte. Damit hat er es zunächst in der Hand, den Prüfungsmaßstab, an dem er sein Handeln messen lassen möchte, insoweit selbst zu bestimmen. Wenn sich danach herausstellt, daß der von ihm erklärtermaßen verfolgte Zweck nicht mit der Verfassung vereinbar ist, dann können die zu seiner Erreichung ergriffenen Maßnahmen nicht rechtens sei. Diese Maßnahmen können dann auch nicht durch einen anderen, vom Gesetzgeber gar nicht verfolgten Zweck gerechtfertigt werden. Denn die Entscheidung, daß überhaupt in den Freiheitsbereich eines Grundrechts oder mehrerer Grundrechte eingegriffen werden soll, um ein bestimmtes Ziel zu erreichen, kann nicht unabhängig von diesem Ziel betrachtet werden. Erkennt der Gesetzgeber, daß er mit derselben Maßnahme ein anderes Ziel erreichen kann und dies auch vor der Verfassung Bestand hätte, so muß ihm die Entscheidung überlassen bleiben, ob er nunmehr dieses Ziel erreichen möchte. Daher gilt in den Fällen, in denen der Zweck einer Maßnahme unschwer und unzweifelhaft zu bestimmen ist, daß dieser zur Grundlage der Verhältnismäßigkeitsprüfung gemacht werden muß.

Dieses Ergebnis findet im wesentlichen seine Bestätigung in der Rechtsprechung des Bundesverfassungsgerichts. In der *Mitfahrerzentralen*-Entscheidung[296] verneinte das Gericht die Tauglichkeit einer Regelung zu

---

[295] Vgl. *Jakobs*, Grundsatz der Verhältnismäßigkeit, S. 18 ff.
[296] BVerfGE 17, S. 306 ff.

dem von der Bundesregierung im Vorlageverfahren angegebenen Zweck. Nach Ansicht des Gerichts (und des vorlegenden Bundesgerichtshofs) hatten Regierung und Parlamentsmehrheit zu Unrecht angenommen, eine bestimmte Vorschrift des Personenbeförderungsgesetzes mache die Mitnahme von Mitfahrern in Kraftfahrzeugen gegen Kostenerstattung lediglich von einer Genehmigung abhängig. Tatsächlich aber – so ergab die Interpretation des Gesetzes durch die Gerichte – wurde sie ganz verboten und damit die Tätigkeit von Vermittlern, also den Mitfahrerzentralen, illegalisiert.[297] Als Zweck der Regelung hatte die Bundesregierung angegeben, das Genehmigungserfordernis führe zu einer erhöhten Sicherheit des Straßenverkehrs und erhöhten Schutz des einzelnen Mitfahrers.[298] Dieser Zweck könne weder durch die vorgestellte, noch durch die tatsächlich erfolgte Regelung gefördert werden. Bei der Prüfung legte das Gericht zunächst den ausdrücklich erklärten Zweck zugrunde: „Das Verbot der öffentlichen Mitnahmefahrten stellt somit ein objektiv ungeeignetes Mittel zur Erreichung jedenfalls des von der Bundesregierung bisher angegebenen Zwecks der Regelung dar ..."[299] Sodann beschäftigt es sich mit der vom Bundesgerichtshof und anderen geäußerten Vermutung, ersichtlich sei es dem Gesetzgeber tatsächlich darauf angekommen, die Tätigkeit der Mitfahrerzentralen lahmzulegen. Es liege „die Annahme nahe, daß das Verbot überhaupt nicht aus den angegebenen Gründen, sondern zum Schutze der öffentlichen Verkehrsträger, namentlich der Deutschen Bundesbahn, erlassen worden ist."[300] Die Prüfung, ob dieser Zweck die Regelung rechtfertigen könnte, lehnt das Gericht ab: „Es mag beachtliche Gründe geben, die den Gesetzgeber veranlassen könnten, die Tätigkeit der Mitfahrerzentralen näher zu regeln, unter Umständen auch zu beschränken. Darüber ist hier nicht zu entscheiden."[301] Allerdings stellt das Bundesverfassungsgericht in der weiteren Begründung vor allem auf die Art und Weise der Regelung ab, bei der das ungenehmigte Mitnehmen unter Strafe gestellt und in der Folge die Vermittler als Gehilfen kriminalisiert würden. In der Praxis würden jedoch die Kraftfahrer, die nach dieser Regelung die Täter seien, nicht zur Verantwortung gezogen, während die Vermittler, die nach der Regelung lediglich als Gehilfen anzusehen seien, ins Visier der Behörden gerieten. Eine solche „der Sachlage zuwiderlaufende Gesetzesgestaltung, die die wahren Absichten des Gesetzgebers ver-

---

[297] Vgl. BVerfGE 17, S. 306, 312 f.

[298] BVerfGE 17, S. 306, 315.

[299] BVerfGE 17, S. 306, 317.

[300] BVerfGE 17, S. 306, 317.

[301] BVerfGE 17, S. 306, 317 f.

schleiert," verstoße gegen das Rechtsstaatsprinzip.[302] Damit erscheint es letztlich als wenig wahrscheinlich, wenn auch nicht völlig ausgeschlossen, daß der Verhältnismäßigkeitsprüfung ein Zweck zugrundegelegt werden kann, der sich nur aus der Analyse der Maßnahme selbst ergibt und von dem ausdrücklich erklärten Zweck abweicht.

Im vorliegenden Fall der Untersuchung einer hypothetischen Gesetzgebung kann jedoch auf die oben geschilderte technische Ausgangslage[303] und die Interessenlage[304] abgestellt werden. Andere als die dort beschriebenen Zwecke würden ersichtlich nicht verfolgt und erscheinen auch nicht aus anderen Gründen naheliegend. Zweck des untersuchten Verbots ist demnach, sicherzustellen, daß abgehörte bzw. abgefangene Nachrichten, die auf elektronischem Weg verschickt wurden, nicht nur gelesen, sondern auch entziffert (und im besten Fall verstanden) werden können. Mit anderen Worten: Es soll die technische Möglichkeit erhalten bleiben, die Vertraulichkeit elektronischer Datenkommunikation zu durchbrechen.

Der Zusammenhang zwischen der Beschränkung des Einsatzes von Kryptographie und dem damit verfolgten Ziel liegt auf der Hand. Die Beschränkung kann nur zu denselben Zwecken zulässig sein, zu denen auch die (dadurch ermöglichte) Durchbrechung der Vertraulichkeit erlaubt ist.[305]

Gründe, um im freiheitlich-demokratisch verfaßten Rechtsstaat den staatlichen Bruch der Vertraulichkeit von Telekommunikation zu rechtfertigen, lassen sich in zwei Gruppen zusammenfassen. Zum einen geht es darum, die Verfolgung besonders schwerer Straftaten zu erleichtern. Dieses hohe Gewicht der Strafverfolgung hat zwei Komponenten. Repressiv geht es darum, den staatlichen Strafanspruch in diesen Fällen durchzusetzen und damit den Rechtsfrieden wieder herzustellen. Gerade im Bereich der Schwerstkriminalität soll darüber hinaus auch mit einer Verfolgung, bei der Grundrechte des einzelnen zurückgestellt werden, eine erhöhte Abschreckungswirkung erzielt werden. Damit weist diese Art der Verfolgung bereits einen präventiven Aspekt auf. De lege lata finden sich entsprechende Befugnisse in Deutschland in § 100a StPO.[306] Eindeutig der Kriminalprävention soll die Befugnis des § 39 Außenwirtschaftsgesetz (AWG) dienen, aufgrund derer das Zollkriminalamt mit richterlicher Ermächtigung das Fernmeldegeheimnis verletzen darf, um Straftaten von erhebli-

---

[302] BVerfGE 17, S. 306, 318.
[303] Vgl. oben, S. 14 ff.
[304] Vgl. oben, S. 31 ff.
[305] Vgl. dazu oben die Darstellung der Interessenlage, S. 34 ff.
[306] Vgl. oben, S. 34.

cher Bedeutung gemäß § 34 AWG im Bereich der Rüstungsexporte zu verhindern.[307]
Der zweite Zweck für die Beschränkung des Telekommunikationsgeheimnisses ist die Gewährleistung der Sicherheit und des Bestandes der Bundesrepublik Deutschland und der freiheitlichen demokratischen Grundordnung. Für den Geltungsbereich des Fernmeldegeheimnisses gemäß Art. 10 GG ist diese Beschränkungsmöglichkeit ausdrücklich in Art. 10 II 2 GG vorgesehen. Der Gesetzgeber hat mit dem G 10[308] von dieser Befugnis Gebrauch gemacht.[309]

Die von einem Versendungsverbot verfolgten Zwecke lassen sich also folgendermaßen zusammenfassen: Mit der Maßnahme soll erreicht werden, daß zur Verfolgung schwerer Straftaten und zum Schutz der inneren und äußeren Sicherheit der Bundesrepublik Deutschland Telekommunikation erfolgreich überwacht werden kann. Erfolgreich bedeutet dabei, daß verhindert wird, daß die übermittelten (und abgehörten bzw. aufgezeichneten) Kommunikationsinhalte mit kryptographischen Verfahren derart verschlüsselt wurden, daß den berechtigten Behörden eine Kenntnisnahme des dieser Verschlüsselung zugrunde liegenden Ausgangsinhalts nicht möglich ist.

Diese Zwecke an sich begegnen keinen verfassungsrechtlichen Bedenken. Bei der Wahl seiner Zwecke ist der Gesetzgeber grundsätzlich frei; Grenzen sind ihm allein in der Weise gezogen, daß die Zweckerreichung nicht schon selbst der Verfassung zuwider laufen darf. In unserem Fall ist davon nicht auszugehen. Die Verfassung selbst sieht Beschränkungen des Brief-, Post- und Fernmeldegeheimnisses zum Schutz anderer, insoweit höherrangiger Rechtsgüter vor. Dann kann es nicht per se verfassungswidrig sein, wenn dafür Sorge getragen wird, daß die zuständigen Behörden – beim Vorliegen aller weiteren Voraussetzungen – die aus dieser Überwachung gewonnenen Daten auch zur Kenntnis nehmen können. Mit dem

---

[307] Vgl. *von Münch/Kunig–Löwer*, Art. 10 Rn. 42.

[308] Gesetz zur Beschränkung des Brief-, Post- und Fermeldegeheimnisses (Artikel 10-Gesetz, G 10) in der Fassung durch das Gesetz zur Neuregelung von Beschränkungen des Brief-, Post- und Fernmeldegeheimnisses vom 26. Juni 2001, BGBl. I, S. 1254.

[309] Allerdings gehen die in diesem Gesetz geregelten Befugnisse über die reine Sicherung des Bestandes der Bundesrepublik gegen bewaffnete Angriffe von außen oder Umsturzbestrebungen im Inneren deutlich hinaus. Nach § 3 I Nr. 6 G 10 darf der Bundesnachrichtendienst (BND) auch Telekommunikation überwachen, wenn der Verdacht besteht, daß jemand bestimmte schwere Straftaten „plant, begeht oder begangen hat", etwa Mord oder Geiselnahme. Diese Erkenntnisse darf der BND dann an die zuständigen Ermittlungsbehörden übermitteln. Nach Ansicht mancher Kritiker werden damit die Grenzen zwischen Strafverfolgungsbehörden und Geheimdiensten in unzulässiger Weise verwischt.

Verbot soll überdies nur die Möglichkeit der Kenntnisnahme erhalten bleiben. Ob und wie weit die Behörden davon Gebrauch machen, bleibt offen
und anderen Regelungen überlassen.

Problematisch könnte erscheinen, daß – wie gezeigt – die Möglichkeit der Kenntnisnahme dann nicht nur für berechtigte Behörden, sondern auch für entsprechend technisch ausgestattete Dritte offengehalten
wird.[310] Dabei handelt es sich jedoch nicht um den Zweck der Maßnahme, sondern um einen untrennbar verbundenen Nebeneffekt, der um der
Zweckerreichung willen in Kauf genommen wird. Der Zweck wird aber
im Rahmen der Verhältnismäßigkeitsprüfung verstanden als die dem Handeln des Gesetzgebers zugrunde liegende Absicht oder Intention, hat also
eine finale Komponente.[311] Die Unsicherheit der Telekommunikation, die
mit einem Versendungsverbot für Kryptogramme untrennbar einhergeht,
ist aber – davon ist auszugehen – gerade nicht beabsichtigt. Sie ist daher
nicht auf der Ebene der Zweckbestimmung, sondern erst – und dort mit
besonderem Gewicht! – im Rahmen der weiteren Prüfung der Angemessenheit (Verhältnismäßigkeit im engeren Sinne) zu berücksichtigen.

3.  Ungeeignete Gesetze als verfassungsmäßige Schranke von
    Art. 5 I GG?

Die Verfassung gestattet nur solche Grundrechtsbeschränkungen, die zur
Erreichung eines legitimen Zwecks auch geeignet sind.[312] Zwar ist der
richtige verfassungsrechtliche Anknüpfungspunkt für dieses Gebot nicht
unumstritten. Letztlich bestehen an seiner Geltung aber keine Zweifel.
Nach Ansicht des Bundesverfassungsgerichts fordert „der Grundsatz der
Rechtsstaatlichkeit ..., daß der einzelne vor unnötigen Eingriffen der öffentlichen Gewalt bewahrt bleibt. Dies bedeutet auch, daß die Mittel des
Eingriffs zur Erreichung des gesetzgeberischen Ziels geeignet sein müssen."[313]

Nach Ansicht des Bundesverfassungsgerichts ist ein Mittel geeignet,
wenn „mit seiner Hilfe der gewünschte Erfolg gefördert werden kann".[314]
Es reicht dabei aus, wenn der Erfolg nur teilweise erreicht werden kann.[315]
Eine Differenzierung zwischen „bloßer Teileignung und Volleignung oder

---

[310] Vgl. oben, S. 27 ff.
[311] Vgl. *Jakobs*, Grundsatz der Verhältnismäßigkeit, S. 18 f.
[312] Vgl. *Bleckmann*, Staatsrecht II, § 12, Rn. 125.
[313] BVerfGE 30, S. 250, 263.
[314] BVerfGE 30, S. 292, 316; BVerfGE 33, S. 171, 187.
[315] BVerfGE 16, S. 147, 183.

– noch genereller – zwischen verschiedenen Graden von Geeignetheit"[316] ist juristisch nicht erforderlich und wird auch vom Bundesverfassungsgericht nicht vorgenommen.[317] Dieses Kriterium dient primär dazu, Maßnahmen auszuschließen, die zur Erreichung des Zwecks nichts beitragen können. *Jakobs* begründet dies zutreffend damit, daß zum einen „verfassungslegitime Zwecke denkbar (sind), zu deren vollständiger Erreichung den staatlichen Organen überhaupt keine geeigneten Mittel zur Verfügung stehen."[318] Zum anderen sei regelmäßig derjenige, der einen bestimmten Erfolg zu verfolgen berechtigt sei, auch berechtigt, ein Weniger anzustreben.[319] Ausschlaggebend dürfte sein, daß der Gesetzgeber eben nur im Ausnahmefall von Verfassungs wegen verpflichtet ist, bestimmte Ziele in optimaler Weise zu verwirklichen.[320]

Die Frage, ob ein Mittel den gewünschten Erfolg haben wird, ist dabei zunächst aus der Sicht des Gesetzgebers zu beurteilen. Die Prognoseentscheidung ist von ihm zu treffen. Ihm verbleibt in dieser Hinsicht ein Beurteilungsspielraum: „Verfassungswidrig ist nur eine Maßnahme, die auch unter Berücksichtigung dieses Beurteilungsspielraums des Gesetzgebers von vornherein ungeeignet ist, den festgesetzten Zweck zu erreichen."[321] Die Frage des Beurteilungs- oder Einschätzungsspielraums spielte in vielen Entscheidungen des Bundesverfassungsgerichts eine Rolle.[322] Dabei wird deutlich, daß es sich hier um eine für die Bestimmung des Verhältnisses von Verfassungsgericht und Gesetzgeber (und damit für das Verhältnis von Grundrechtsschutz und Mehrheitsprinzip) wesentliche Frage handelt.

In der *Mitbestimmmungs*-Entscheidung hat das Bundesverfassungsgericht den Maßstab für die Prüfung der Geeignetheit eines Gesetzes, dessen Auswirkungen ungewiß sind, folgendermaßen beschrieben:

---

[316] Vgl. *Jakobs*, Grundsatz der Verhältnismäßigkeit, S. 61.

[317] Vgl. *Jakobs*, Grundsatz der Verhältnismäßigkeit, S. 61.

[318] *Jakobs*, Grundsatz der Verhältnismäßigkeit, S. 62.

[319] Vgl. *Jakobs*, Grundsatz der Verhältnismäßigkeit, S. 62, im Anschluß an *Hirschberg*, Grundsatz der Verhältnismäßigkeit, S. 51.

[320] Eine solche Ausnahme kann möglicherweise bei der Verpflichtung zu sehen sein, zum Schutz ungeborenen Lebens auch mit den Mitteln des Strafrechts zu versuchen, Abtreibungen zu verhindern und als Unrecht zu kennzeichnen; doch auch hier verbleibt dem Gesetzgeber ein Gestaltungsspielraum, auch wenn dessen Grenzen durch das Bundesverfassungsgericht eng gezogen worden sind, vgl. die erste Entscheidung zum § 218 StGB. In BVerfGE 39, S. 1 ff., insbesondere S. 44 ff., verlangt das Gericht „ausreichende Anhaltspunkte dafür, daß die Zahl der Schwangerschaftsabbrüche in Zukunft erheblich geringer sein werde als bei der bisherigen gesetzlichen Regelung" (S. 59).

[321] *Grabitz*, AöR 98 [1973], S. 568, 572.

[322] Vgl. die umfassenden Nachweise bei *Raabe*, Grundrechte und Erkenntnis, S. 25.

„Ungewißheit über die Auswirkungen eines Gesetzes in einer un-
gewissen Zukunft kann nicht die Befugnis des Gesetzgebers ausschließen, ein Gesetz zu erlassen, auch wenn dieses von großer
Tragweite ist. Umgekehrt kann Ungewißheit nicht schon als solche ausreichen, einen verfassungsgerichtlicher Kontrolle nicht
zugänglichen Prognosespielraum des Gesetzgebers zu begründen. Prognosen enthalten stets ein Wahrscheinlichkeitsurteil, dessen Grundlagen ausgewiesen werden können und müssen; diese sind einer Beurteilung nicht entzogen. Im einzelnen hängt die
Einschätzungsprärogative des Gesetzgebers von Faktoren ver-
schiedener Art ab, im besonderen von der Eigenart des in Rede
stehenden Sachbereichs, den Möglichkeiten, sich ein hinreichend
sicheres Urteil zu bilden, und der Bedeutung der auf dem Spiele
stehenden Rechtsgüter. Demgemäß hat die Rechtsprechung des
Bundesverfassungsgerichts, wenn auch im Zusammenhang anderer Fragestellungen, bei der Beurteilung von Prognosen des Gesetzgebers differenzierte Maßstäbe zugrunde gelegt, die von einer Evidenzkontrolle ... über eine Vertretbarkeitskontrolle ... bis
hin zu einer intensivierten inhaltlichen Kontrolle reichen ... "[323]

Einen allgemein anwendbaren Maßstab gibt es nach Auffassung des Gerichts also nicht. Es muß je nach den Umständen der Materie entschieden
werden, wie weit der Beurteilungsspielraum des Gesetzgebers reicht. Dabei scheinen diesem um so engere Grenzen gesetzt zu sein, je klarer die
Folgen absehbar sind und je intensiver die in Rede stehenden Grundrecht-
seingriffe sind.[324]
     In der soeben zitierten Entscheidung hat das Bundesverfassungsgericht
seinen judicial self-restraint noch weiter ausgedehnt und ihn scheinbar in
eine Verfahrenskontrolle münden lassen:

„(Die Prognose des Gesetzgebers ist vertretbar, wenn) der Gesetzgeber sich an einer sachgerechten und vertretbaren Beurteilung des erreichbaren Materials orientiert hat. Er muß die ihm
zugänglichen Erkenntnisquellen ausgeschöpft haben, um die vor-
aussichtlichen Auswirkungen seiner Regelung so zuverlässig wie
möglich abschätzen zu können und einen Verstoß gegen Verfassungsrecht zu vermeiden. Es handelt sich also eher um Anforderungen des Verfahrens. Wird diesen Genüge getan, so erfüllen sie

---

[323] BVerfGE 50, S. 290, 332 f.
[324] Vgl. *Raabe*, Grundrechte und Erkenntnis, S. 24.

jedoch die Voraussetzung inhaltlicher Vertretbarkeit; sie konsti-
tuieren insoweit die Einschätzungsprärogative des Gesetzgebers,
die das Bundesverfassungsgericht bei seiner Prüfung zu beachten
hat."[325]

Dies erscheint vor allem deshalb so beachtlich, weil die Verfahrensvor-
schriften für die Gesetzgebung, die sich aus der Verfassung unmittelbar
ergeben, rein formal sind. Die Vorschriften zum Gesetzgebungsverfahren
(Art. 76 ff. GG) beginnen mit der Einbringung von Gesetzesvorlagen beim
Bundestag. Über deren Vorbereitung trifft das Grundgesetz ebenso wenig Aussagen wie über inhaltliche Anforderungen an die Vorlage selbst.[326]
Letztlich vermag die Aussage des Gerichts, es handele „sich also eher um
Anforderungen des Verfahrens", nicht zu überzeugen. Der Schwerpunkt
der Prüfung dürfte bei der „sachgerechten und vertretbaren Beurteilung"
des erreichbaren Materials liegen – einer Prüfung, die das Gericht sich
selbst auch vorzunehmen in der Lage sieht[327] und die deshalb eben doch
eine Inhaltskontrolle in der Weise darstellt, daß die Eignung der Maßnahme aufgrund objektiver Umstände überprüft werden kann und das Gericht sich nicht mit der Feststellung begnügen kann oder muß, der Gesetzgeber habe die Eignung der Maßnahme bereits geprüft und bejaht.[328] In
diese Richtung geht auch *Gusy*:

„Der Gesetzgeber ist durch keine Verfassungsnorm ausdrücklich
zur Erforschung der Zukunft im allgemeinen oder der Erstellung
bestimmter Prognosen im besonderen verpflichtet. Das ändert jedoch nichts daran, daß die Gesetze selbst auf einer jeweils eigenen
Sicht der Zukunft und damit bestimmten Erwartungen und Vor-
hersagen basieren. ... Nicht die Vorhersage im Gesetzgebungs-

---

[325] BVerfGE 50, S. 290, 333 f.

[326] Vgl. dazu eingehend *Bernd*, Legislative Prognosen und Nachbesserungspflichten, S. 18 ff.
m. w. N. Vgl. auch den Hinweis von *Gusy*, Parlamentarischer Gesetzgeber und Bundesverfassungsgericht, S. 169 f., das Parlament sei weder in der Lage noch verpflichtet, im
Gesetzgebungsverfahren bestimmte oder gar umfassende Informationen zu erheben.

[327] Vgl. BVerfGE 7, S. 377, 410: „Dem Gericht ist der Schutz der Grundrechte gegenüber dem
Gesetzgeber übertragen. Wenn sich aus der Auslegung eines Grundrechts Grenzen für
den Gesetzgeber ergeben, muß das Gericht ihre Einhaltung überwachen können; es darf
sich dieser Aufgabe nicht entziehen, wenn anders es nicht die Grundrechte praktisch
zum guten Teil entwerten und seiner ihm vom Grundgesetz zugewiesenen Funktion ihren eigentlichen Sinn nehmen will."

[328] Vgl. auch den Wortlaut von § 26 I S. 1 BVerfGG: „Das Bundesverfassungsgericht erhebt
den zur Erforschung der Wahrheit erforderlichen Beweis." Ausführlich hierzu auch *Raabe*, Grundrechte und Erkenntnis, S. 28 ff.

verfahren, wohl aber diejenige des Gesetzes kann grundgesetzlichen Anforderungen unterliegen."[329]

Die Eignung eines Gesetzes ist daher anhand der Prognose zu prüfen, die dem Gesetz selbst zugrundeliegt. Das ist diejenige Aussage über den Zusammenhang von Mittel und Zweck, die sich aus dem vom Gesetz verfolgten Zweck und dem in ihm vorgesehenen Mittel ermitteln läßt.

Damit ist aber noch nicht klar, wie stark Zweifel an der Eignung eines Gesetzes sein müssen, um dessen Verfassungswidrigkeit zu begründen. Sicherlich nicht verfassungsgemäß sind Einschränkungen, die dem beabsichtigten Zweck zuwiderlaufen oder gar nichts zu seiner Förderung beitragen können.[330] Aus der Rechtsprechung des Bundesverfassungsgerichts ist jedoch nicht mit Sicherheit zu entnehmen, ob es darüber hinaus Anforderungen an die Geeignetheit stellt. Es finden sich Formulierungen, die nahelegen, daß eine Maßnahme auch dann verfassungswidrig sein kann, wenn sie „in der Regel" erfolglos bleibt oder „nicht nennenswert" das Ziel fördert.[331] In anderem Zusammenhang stellt das Gericht demgegenüber auf die prinzipielle Eignung der Maßnahme ab[332] oder darauf, ob die gesetzliche Regelung „der Abwehr dieser Gefahr überhaupt dienen kann"[333].

Überdies weist *Hirschberg* überzeugend darauf hin, daß in den Fällen, in denen das Bundesverfassungsgericht Rechtsnormen für nichtig erklärt hat, weil sie ungeeignet seien, andere Aspekte in der Sache mindestens eine ebenso große Rolle gespielt haben dürften.[334] Er kommt danach zu dem Schluß, daß es „nur wenige Fälle geben wird, in denen ein Verstoß gegen den Grundsatz der Geeignetheit vorliegt. Denn daß ein Handelnder in der Verfolgung eigener oder auch ihm anvertrauter Interessen nach den vorher dargelegten weiten Maßstäben völlig danebengreift, ist nach der Lebenserfahrung wenig wahrscheinlich, wenn auch nicht für alle Fälle auszuschließen."[335]

Nach alledem bleibt als Maßstab für die Geeignetheitsprüfung wohl nur, ob die (geplante) Maßnahme nichts oder doch fast nichts zur Zweckerreichung beitragen kann. Nur dann kann sie wegen fehlender Eignung als verfassungswidrig angesehen werden. Alle weiteren Ergebnisse einer em-

---

[329] *Gusy*, Parlamentarischer Gesetzgeber und Bundesverfassungsgericht, S. 174 u. 179.
[330] Vgl. *Jakobs*, Grundsatz der Verhältnismäßigkeit, S. 59 f.
[331] BVerfGE 17, S. 306, 316.
[332] BVerfGE 13, S. 97, 116; BVerfGE 29, S. 402, 411.
[333] BVerfGE 7, S. 377, 409.
[334] Vgl. *Hirschberg*, Grundsatz der Verhältnismäßigkeit, S. 54 ff.
[335] Vgl. *Hirschberg*, Grundsatz der Verhältnismäßigkeit, S. 55 f.

pirischen Folgenabschätzung spielen demgegenüber erst im Rahmen der Prüfung der Angemessenheit (Verhältnismäßigkeit im engeren Sinne) eine Rolle.

Dies wird indes nicht von allen Autoren so gesehen. *Bernd* fordert, daß der Eingriff in „hochrangige Grundrechte" unterbleiben müsse, wenn bezüglich der Geeignetheit eine geringe Wahrscheinlichkeit bestehe, „da sonst hohe Rechtsgüter umsonst geopfert würden."[336] Bei dieser Ansicht wird jedoch erstens nicht deutlich, ob dies schon die Geeignetheit der Maßnahme entfallen läßt oder lediglich ein bei der Abwägung im Sinne der Angemessenheit zu berücksichtigender Aspekt ist. Und zweitens wird nicht ganz klar, wer über den Grad der Wahrscheinlichkeit zu bestimmen hat. Während *Bernd* an einer Stelle die Wahrscheinlichkeitsprognose objektiv formuliert,[337] nennt er an anderer Stelle als Maßstab, von welchem Wahrscheinlichkeitsgrad der Gesetzgeber ausgeht.[338] Das ist aber ein fundamentaler Unterschied. Während es im ersten Fall darum geht, ob der Rechtsanwender, im Zweifel also das Bundesverfassungsgericht, die Prognose des Gesetzgebers teilt, kommt es im zweiten Fall nur darauf an, ob der Gesetzgeber von einem hinreichenden Maß an Geeignetheit überzeugt ist. Danach wäre ein Gesetz also nur dann als ungeeignet angesehen, wenn das Parlament ein Gesetz erläßt und gleichzeitig dokumentiert, daß es nicht davon ausgeht, daß das Gesetz in nennenswertem oder erforderlichem Umfang sein Ziel erreichen wird. Dieser Fall dürfte in der Praxis kaum vorkommen, ist doch der Gesetzgeber im normalen politischen Prozeß auf Zustimmung auch über das Parlament hinaus angewiesen. Daß diese sich erreichen läßt, wenn die Befürworter des Gesetzes dessen Wirksamkeit gleichzeitig nachdrücklich in Abrede stellen, erscheint kaum vorstellbar.

Auf die Stärke des Grundrechtseingriffs hatte schon in einem früheren Aufsatz *Seetzen* abgestellt.[339] Im Bereich wirtschaftspolitischer Gesetze, in dem regelmäßig keine „schwerwiegenden Beschränkungen" von Grundrechten zu erwarten seien, sei ein sehr weiter Beurteilungsspielraum des Gesetzgebers eher vertretbar und dem Individualrechtsschutz der Grundrechte durch verfassungsmäßig gebotene Härtefallklauseln Rechnung zu

---

[336] *Bernd*, Legislative Prognosen und Nachbesserungspflichten, S. 53.

[337] Vgl. *Bernd*, Legislative Prognosen und Nachbesserungspflichten, S. 53 f.: „Die Verfassungsmäßigkeit der Norm hängt somit auch vom Wahrscheinlichkeitsgrad bzgl. der Eignung einer legislativen Maßnahme zur Zweckerreichung ab."

[338] Vgl. *Bernd*, Legislative Prognosen und Nachbesserungspflichten, S. 56: „Je nachdem, welchen Wahrscheinlichkeitsgrad der Gesetzgeber annimmt, kann eine Norm verfassungsmäßig oder verfassungswidrig sein."

[339] *Seetzen*, NJW 1975, S. 429.

tragen.[340] Bei stärkeren Grundrechtseingriffen, die unmittelbar durch Gesetz erfolgten, könne der Gesetzgeber hingegen nicht mehr das Recht zu einer mehr oder weniger experimentellen Maßnahme haben. Er müsse ein Mittel einsetzen, dessen Eignung wenigstens nicht unwahrscheinlich sei. Die Gründe für die Tauglichkeit müßten mindestens ebenso stark sein wie die dagegen sprechenden.[341]

Soweit beide Ansichten einem Gesetz auf der Grundlage einer unsicheren Prognose die Geeignetheit absprechen, kann dem nicht gefolgt werden. Wenn Seetzen und Bernd auf die Schwere des Grundrechtseingriffs abstellen, so stellt dies bereits eine wertende Betrachtung dar, die gerade Gegenstand der Abwägung zwischen Zweck und Mittel bzw. zwischen erreichtem Rechtsgüterschutz und dafür in Kauf zu nehmender Beeinträchtigung im Rahmen der Angemessenheitsprüfung ist. Auf der Stufe der Geeignetheit geht es darum, festzustellen, ob ein Mittel den beabsichtigten Zweck fördert oder fördern kann. Dabei handelt es sich gewissermaßen um eine naturwissenschaftliche Betrachtung. Wie hingegen mit Unsicherheiten umzugehen ist, welche Risiken in Kauf genommen werden dürfen und welche nicht, kann nur in wertender Betrachtung ermittelt werden. Für eine solche ist aber nach dem hier vertretenen Verständnis bei der Geeignetheitsprüfung kein Raum.

Es ist also nun eine Prognoseentscheidung zu treffen: Würde ein Versendungsverbot für Kryptogramme den Zweck fördern, die Kenntnisnahme von zulässigerweise abgefangenen elektronischen Mitteilungen zu erleichtern? Es ist ohne weiteres davon auszugehen, daß elektronische Mitteilungen leichter entziffert und möglicherweise verstanden werden können, wenn sie nicht mit starken kryptographischen Verfahren verschlüsselt wurden. Anders formuliert: Mitteilungen, die mit starken kryptographischen Methoden verschlüsselt wurden, stellen jedenfalls die Behörden vor große Schwierigkeiten, den Ausgangstext zu rekonstruieren (also die Verschlüsselung zu brechen).[342] Ob die Behörden den Ausgangstext (den sogenannten Klartext) verstehen können, bleibt dabei offen. Da der Zweck der Maßnahme aber – angesichts dieser Schwierigkeit – so gefaßt wurde, daß im wesentlichen die heute bestehenden Abhörmöglichkeiten erhalten

---

[340] *Seetzen*, NJW 1975, S. 429, 430 u. 432.

[341] *Seetzen*, NJW 1975, S. 429, 432. Eher appellativ in diese Richtung *Schneider*, Gesetzgebung, Rn. 64 f., der auch eine Anordnung als untauglich ansieht, die „aller Voraussicht nach von der Masse des Publikums mißachtet werden wird", ohne daß deutlich würde, ob dies schon die Verfassungswidrigkeit begründete: „Die Pflicht zum Maßhalten geht weiter als die mögliche spätere verfassungsgerichtliche Kontrolle."

[342] Vgl. oben, S. 22 ff.

werden sollen und die Schwierigkeit des Verstehens abgefangener Nachrichten eben auch schon heute besteht, kann dies außer Betracht bleiben. Der Prüfungsmaßstab läßt sich also folgendermaßen umformulieren: Würde ein Versendungsverbot von Kryptogrammen die Verwendung starker Kryptographie für solche Mitteilungen, die Gegenstand einer zulässigen staatlichen Telekommunikationsüberwachung sein können, mehr als nur unerheblich verringern?

Eine zuverlässige empirische Grundlage, auf der diese Prognoseentscheidung basieren könnte, ist schlechterdings nicht ersichtlich. Bereits zuvor[343] sind Überlegungen skizziert worden, die für und gegen die Wirksamkeit eines Versendungsverbots sprechen. Sie lassen sich folgendermaßen zusammenfassen: Das Versendungsverbot zielt auf die Täter schwerer und schwerster Straftaten einschließlich von Terroristen; nur bei diesen ist eine Telekommunikationsüberwachung überhaupt zulässig. Es setzt voraus, daß diese die Gefährdung der Vertraulichkeit ihrer elektronisch versandten Mitteilungen erkennen und sich dagegen mit Hilfe von Verschlüsselung schützen. Gleichzeitig sollen sich diese Täter aber durch ein gesetzliches Verbot davon abhalten lassen, starke Verschlüsselung zu benutzen. Das schließt ein, daß sie andere, zugelassene Systeme, bei denen die Möglichkeit der Kenntnisnahme durch Dritte[344] offengehalten wird, nicht durch eine doppelte Verschlüsselung umgehen.[345]

Ist diese Annahme realistisch? Anders gefragt: Wie viele Schwerverbrecher und Terroristen gibt es, die gleichzeitig clever genug sind, zu verschlüsseln, und dumm genug, dabei ein unsicheres System zu verwenden? Und wie viele, die von der Unsicherheit eines Systems wissen, lassen sich dann durch ein Verbot anderer Systeme von deren Nutzung abhalten? Die Erfahrung zeigt, daß auch die intelligentesten Kriminellen zuweilen haarsträubende Dummheiten begehen. Bankräuber lassen sich von Sicherheitskameras filmen. Erpresser telefonieren von ihrem privaten Anschluß aus. Entführer lassen sich bei der Geldübergabe fangen. Davon ausgehend ist durchaus ein Szenario denkbar, in dem ein Verbot der Versendung von Kryptogrammen, die mit Hilfe starker Verschlüsselung hergestellt wurden, Wirkung zeigen könnte. Dabei wäre davon auszugehen, daß mittel- oder langfristig der größere Teil der E-Mail-Kommunikation verschlüsselt erfolgen wird, wobei die Verschlüsselungsmöglichkeit als Dienstleistung

---

[343] Vgl. das Kapitel zur Interessenlage, S. 31 ff., insbesondere S. 34 ff.
[344] Es wurde bereits ausgeführt, daß sich diese Kenntnisnahme prinzipiell nicht zuverlässig auf staatliche Behörden beschränken läßt, vgl. oben, S. 35 ff.
[345] Vgl. oben, S. 47 ff.

von bestimmten Anbietern bereitgestellt wird.[346] Daß diese Anbieter nur
solche Technologien anbieten, die gesetzlich zugelassen sind, ist zu unterstellen.

Der gesuchte Verbrecher müßte nun also zum einen Kunde eines solchen Internet-Dienstleisters sein und darüber hinaus dessen Verschlüsse-
lungsdienstleistung unkritisch in Anspruch nehmen, um damit Nachrichten mit Bezug zu seiner kriminellen Tätigkeit auszutauschen. Es spricht
nicht viel dafür, daß ein intelligenter Verbrecher dies tun würde. Genau
so gut könnte er einen Internet-Zugang im Call-by-Call-Verfahren oder ein
öffentliches Internet-Terminal, bei dem er sich gegenüber dem Provider
nicht identifizieren müßte, und ein frei erhältliches Verschlüsselungsprogramm wie PGP benutzen. Doch gehen kriminelle Energie und Intelligenz
nicht notwendig miteinander einher, und es läßt sich jedenfalls nicht ausschließen, daß ein dummer Verbrecher ein solches (oder ein anderes unsicheres) System benutzen würde. Reicht diese Möglichkeit für die Eignung
der Maßnahme aus?

Das Bundesverfassungsgericht hat sich, soweit ersichtlich, erst ein Mal
explizit mit dem Problem der Verschlüsselung bei der Telekommunikationsüberwachung auseinandergesetzt. In einer Entscheidung zum G 10 aus
dem Jahr 1999[347] beschäftigte sich das Gericht damit, ob die Eignung der
durch dieses Gesetz eingeräumten Überwachungsmöglichkeit durch die
Möglichkeit in Frage gestellt werde, Nachrichten zu verschlüsseln. Das Gericht ging dabei nach einem Sachverständigengutachten davon aus, daß
„mittlerweile ... preiswerte Verschlüsselungstechniken erworben werden
(können), die den Kommunikationsinhalt wirksam gegen jede Kenntnisnahme durch Dritte abschotten und bei der Verwendung steganographi-
scher Methoden nicht einmal erkennen lassen, dass es sich um verschlüsselte Mitteilungen handelt."[348] Es sei zwar nicht davon auszugehen, daß
dies bei allen überwachten Kommunikationen der Fall sei. Jedoch sei es „in
einigen der aufgezählten Gefahrenbereiche"[349] naheliegend, daß sich „gerade die Zielpersonen oder -organisationen aufgrund ihres hohen Organi-
sationsgrads und der Nutzung moderner Infrastrukturen der Fernmelde-

---

[346] Der Freemail-Service web.de bietet eine solche Dienstleistung seit dem Jahr 2000 kostenlos an.
[347] BVerfG NJW 2000, S. 55.
[348] BVerfG NJW 2000, S. 55, 61. Zur Steganographie – dem Verbergen von Nachrichten – vgl.
oben, S. 21 f.
[349] BVerfG NJW 2000, S. 55, 61. Gemeint sind die Gefahrenbereiche, in denen das G 10 eine
Telekommunikationsüberwachung zuläßt, also im Bereich des Staatsschutzes, aber auch
im Bereich der schweren Kriminalität.

überwachung zu entziehen vermögen".[350] Die Frage, ob die Überwachung an der Inanspruchnahme von Verschlüsselungstechniken scheitere, sei damit „nach derzeitigem Wissensstand nicht bereits abstrakt, sondern erst anhand praktischer Erfahrungen zu beurteilen."[351] Damit seien die zugelassenen Maßnahmen „auf gesetzlicher Ebene nicht von vornherein untauglich."[352]

Die Entscheidung hilft aus zwei Gründen bei der Beantwortung der vorliegenden Frage nicht recht weiter.

Zum einen läßt sich der Gegenstand des Verfahrens nicht ohne weiteres mit dem Gegenstand dieser Untersuchung vergleichen. Die Verfassungsbeschwerden, über die das Gericht zu entscheiden hatte, betrafen eine gesetzliche Regelung, die die Behörden zur Überwachung der Telekommunikation ermächtigt. Das Gericht prüfte, ob diese gesetzliche Ermächtigung eine „geeignete" Maßnahme war, und dies auch dann, wenn die Ermächtigung auf Grund der Möglichkeit von Verschlüsselung und Steganographie nutzlos sein könnte.[353] In der vorliegenden Arbeit wird hingegen die Eignung eines gesetzlichen Verbots untersucht, bei dem es zweifelhaft erscheint, daß es von Schwerverbrechern und Terroristen beachtet werden wird. Der Unterschied liegt zunächst im Adressaten des Gesetzes: Im einen Fall wird dem Staat etwas erlaubt, im anderen Fall dem Verbrecher etwas verboten. Daneben unterscheidet sich auch jeweils der Geeignetheitsmaßstab: Eine Ermächtigung kann schlechterdings kaum ungeeignet sein, sondern allenfalls nutzlos. Ist die Ermächtigung an sich mit der Verfassung vereinbar, es also zu rechtfertigen, unter bestimmten Umständen die Telekommunikation abzuhören, dann kann die Möglichkeit, daß sie keinen Nutzen bringt (oder mangels Kapazität nicht zu nutzen ist), sie nicht verfassungswidrig machen. Anders ist es beim Verbot: Es stellt a priori eine Freiheitseinschränkung dar, die der Rechtfertigung bedarf. Wenn eine Einschränkung aber nicht geeignet ist, einen legitimen Zweck zu erreichen oder zu befördern, kann sie nicht gerechtfertigt werden.

---

[350] BVerfG NJW 2000, S. 55, 61.

[351] BVerfG ebd.

[352] BVerfG ebd.

[353] Diese Situation existiert in vergleichbarer Weise im Bereich der herkömmlichen Telekommunikationsüberwachung auch: Auch hier können Überwachungsmaßnahmen durch den Gebrauch von Codewörtern etc. bereits wirksam unterlaufen werden. Im Verfassungsbeschwerdeverfahren, das der besprochenen Entscheidung zugrunde lag, hatte der Bundesnachrichtendienst darauf hingewiesen, daß sich „der geringe Ertrag (der Fernmeldeüberwachung, Anm. d. Verf.) in den Feldern des internationalen Terrorismus und des Drogenhandels unter anderem mit der Verwendung von Codewörtern erklären lasse." Vgl. BVerfG ebd.

Zum anderen leidet die Entscheidung auch an einem schwer verständlichen Mangel in der Argumentation, der den Anschein erweckt, auf un-
zureichendes technisches Verständnis zurückzuführen zu sein. Einerseits
geht das Gericht scheinbar davon aus, daß durch Verschlüsselung der
„Kommunikationsinhalt *wirksam* gegen jede Kenntnisnahme durch Dritte"
abgeschottet werden kann.[354] Andererseits postuliert es, „auf der Anwendungsebene" hätten „der Bundesnachrichtendienst und die über die ver-
fahrensrechtlichen Vorkehrungen eingeschalteten Kontrollinstanzen darauf zu achten, dass trotz der Verschlüsselungsmöglichkeit in den einzelnen
Gefahrenbereichen, die Gegenstand einer Anordnung sind, die Eignung
der Maßnahmen gewahrt bleibt."[355] Das Gericht erläutert diese Anforderung nicht näher. Wie aber soll die „Eignung der Maßnahme" gewahrt bleiben, wenn die Kommunikationsinhalte durch Verschlüsselung und Steganographie „wirksam abgeschottet" werden können? Entweder ist die Abschottung wirksam, dann gibt es auch auf der „Anwendungsebene" keine
Maßnahmen, die diese Abschottung durchbrechen können. Oder sie ist es
nicht, dann kann mit der Verschlüsselung auch die Überwachung nicht
unterlaufen werden. Wenn aber das erste stimmt – und das Gericht ist insoweit nach eigenem Bekunden dem Sachverständigen gefolgt, der genau
davon ausgeht –, kann die Anforderung an die Praxis rechtlich nicht relevant sein, weil sie unerfüllbar ist.

Mit diesem Widerspruch läßt das Gericht den potentiellen Rechtsanwender allein. Offen bleibt insbesondere, ob das Gesetz auch dann noch
als „geeignet" angesehen werden kann, wenn die Durchsetzung „auf der
Anwendungsebene" tatsächlich eben nicht gesichert werden kann. Sollte
das Gericht hier der Maxime gefolgt sein, was rechtlich geboten sei, müsse
auch technisch machbar sein? Dies wäre eine erhebliche Schwäche der Entscheidungen. Denn daß diese Maxime jedenfalls auf den Bereich der Verschlüsselung nicht zutrifft, ist offensichtlich.[356] Aus diesem Grund kann
die Argumentation des Gerichts auf den vorliegenden Fall nicht übertragen werden. Die Unterscheidung in eine abstrakte Gesetzesebene und eine praktische Anwendungsebene führt zu keinem überzeugenden Ergebnis. Die Tauglichkeit der abstrakten gesetzlichen Regelung – genauer: die
Nicht-Feststellbarkeit der Untauglichkeit – wird mit mangelnden praktischen Erfahrungen begründet. Welche Ergebnisse der praktischen Anwendung indes zur Beurteilung als tauglich oder untauglich führen würden,
läßt das Gericht offen und flüchtet sich in die Hoffnung, in der Praxis wür-

---

[354] BVerfG ebd., Hervorhebung d. Verf.
[355] BVerfG ebd.
[356] Vgl. auch die Ausführungen eingangs des Technik-Kapitels, S. 7 ff.

den die zuvor als „nahe liegend" festgestellten Probleme schon nicht auftreten oder sich lösen lassen.

An dieser Beurteilung ändert sich auch nichts, wenn man den vom Gericht selbst aufgestellten Maßstab für die Geeignetheitsprüfung zugrunde
legt: „Auf Gesetzesebene genügt es, wenn die abstrakte Möglichkeit der
Zweckerreichung besteht, die zugelassenen Maßnahmen also nicht von
vornherein untauglich sind, sondern dem gewünschten Erfolg förderlich
sein können."[357] Doch wie kann beurteilt werden, ob die zugelassene Maßnahme für irgendeinen Zweck förderlich sein kann? Ist die Maßnahme nur
dann untauglich, wenn mit Sicherheit ausgeschlossen werden kann, daß
sie irgendeinen positiven Effekt in bezug auf das Ziel hat? Oder muß – weil
es um die Einschränkung von Grundrechten geht, die der Rechtfertigung
bedarf – umgekehrt ausgeschlossen werden, daß die Maßnahme gar keinen Effekt haben wird? Dieses letztere kann das Gericht ausdrücklich nicht
leisten, weil es ja die Möglichkeit in Betracht zieht und in Kauf nimmt, daß
Überwachungsmaßnahmen gerade von den Zielpersonen wirksam unterlaufen werden. Das heißt, es ist schon aus einer ex ante-Sicht (und nicht
erst bei nachträglicher Betrachtung) sehr wohl möglich, daß die Maßnahme gar keinen Effekt haben wird, die Zielerreichung also nicht gefördert
wird. Welches der Maßstab in einem solchen Fall sein soll, in dem über die
Eignung der Maßnahme keine relevante Aussage getroffen wird, bleibt offen. Dies erscheint vor allem deshalb schon als unbefriedigend, weil der
Eingriff gerade in die Grundrechte der Unbescholtenen und Rechtstreu-
en, die von den Überwachungsmaßnahmen notwendigerweise mit erfaßt
werden, ohne für eine solche Überwachung selbst Anlaß zu geben, mit
der Eignung der Maßnahme zu den vom Gesetzgeber verfolgten Zielen
gerechtfertigt werden soll. Das Gericht scheint sich mit diesem Maßstab
auch letztlich nicht zufrieden zu geben, denn sonst würde die Forderung
keinen Sinn machen, daß die Behörden bei der Anwendung darauf zu achten hätten, daß die Eignung der Maßnahme gewahrt bleibt.

So bleiben letztlich nur drei Möglichkeiten. Die erste: Das Gericht gibt
sich tatsächlich damit zufrieden, daß die potentielle Eignung der Maßnahme nicht mit Sicherheit ausgeschlossen werden kann. Dann wären die
übrigen Ausführungen, insbesondere die zur Anwendungsebene, als eine Art obiter dictum zu betrachten, da nicht von Relevanz. Die zweite:
Das Gericht fordert eigentlich mehr als nur den Nicht-Nachweis der Nicht-
Eignung und hält es für erforderlich, daß die praktischen Maßnahmen den
Zweck tatsächlich fördern. Es gibt sich aber im Hinblick auf die zu erwar-

---

[357] BVerfG ebd.

tenden praktischen Ergebnisse mit einer Hoffnung zufrieden, die weder durch Theorie noch Empirie bestätigt zu werden braucht und auch den eigenen Feststellungen widerspricht. Die dritte: Das Gericht fordert zwar einen zu erwartenden positiven Beitrag zur Zielerreichung durch die Maßnahmen, hat aber im vorliegenden Fall die Bedeutung der eigenen Sachverhaltsfeststellung (Möglichkeit der wirksamen Abschottung) verkannt und ist deshalb zu fehlerhaften Schlüssen gekommen. Welche dieser drei Möglichkeiten zutrifft, ist aus der vorliegenden Entscheidung nicht mit Sicherheit zu ermitteln. Sollte die zweite oder die dritte zutreffen, so ließen sich daraus für den Gegenstand dieser Arbeit keine weiterführenden Schlüsse ableiten; die Richtigkeit der Entscheidung erschiene indes recht zweifelhaft. Sollte die erste zutreffen, so stellte sie die Eignung des Versendungsverbots nicht in Frage, denn mit Sicherheit ausschließen läßt sich ein positiver Effekt nicht. Das „Eignungs"-Kriterium hätte dann jedoch als Schranken-Schranke für die Rechtfertigung von Grundrechtseingriffen kaum noch eine praktische Bedeutung.[358]

In unserem Fall erscheint die Eignung der Maßnahme noch deutlich zweifelhafter als in der soeben diskutierten Entscheidung des Bundesverfassungsgerichts. Während es dort um die Eignung einer Überwachungsermächtigung ging, geht es hier um die Eignung eines allgemeinen Verbots verschlüsselter Kommunikation. Dieses Verbot soll vor allem Schwerstkriminelle und Terroristen vom Gebrauch starker Verschlüsselung abhalten. Nach aller Erfahrung liegt es hier mehr als nur nahe, daß eine Strafdrohung die in Aussicht genommenen Zielpersonen kaum vom Verschlüsseln abhalten würde. Dieses Problem stellt sich allerdings bei jeder Strafnorm, die ja Unrecht nicht nur kennzeichnen, sondern auch von der Begehung von Straftaten abhalten soll. Die Erfahrung lehrt, daß dieses Konzept nur teilweise erfolgreich ist und daß seine Eignung nicht mit empirischer Sicherheit überprüft werden kann. Wie soll man feststellen, wie viele Morde oder Raubüberfälle nicht begangen wurden, weil die Taten mit Strafe bedroht sind? Trotzdem zweifelt niemand ernsthaft daran, daß Strafnormen geeignet sind, das generelle Ziel des Rechtsgüterschutzes und des friedlichen Zusammenlebens zu fördern, wenn auch nicht zu gewährleisten. Es besteht eine allgemein geteilte starke Vermutung dafür, daß (strafrechtliche) Verbote abschreckende Wirkung haben. Dies ist auch insoweit unproblematisch, als dort Verhaltensweisen unter Strafe gestellt werden, die Rechtsgüter Dritter oder der Allgemeinheit beeinträchtigen, und dabei an

---

[358] Dies entspricht wohl auch der Ansicht von Hirschberg, der die Prüfung der Geeignetheit im wesentlichen in der der Erforderlichkeit aufgehen sieht. Vgl. *Hirschberg*, Grundsatz der Verhältnismäßigkeit, S. 56.

die individuelle Schuld angeknüpft wird.

Etwas anderes ergibt sich auch nicht daraus, daß im Falle des Versendungsverbots gerade ein Verhalten unterbunden werden soll (das verschlüsselte Kommunizieren), das in praktisch allen Fällen nicht gemeinschädlich ist, sondern entweder in bezug auf das Gemeinwohl neutral ist oder sich sogar als praktischer Beitrag zur Verhinderung von Straftaten (etwa der Wirtschaftsspionage oder bestimmter Formen der Computerkriminalität) erweist. Nach der wohl herrschenden und auch hier vertretenen Konzeption betrifft die Geeignetheit jedoch allein eine Prognose über den Beitrag eines bestimmten Mittels zu einem bestimmten Zweck. Für die Beurteilung dieser hypothetischen Kausalität kommt es nur darauf an, ob das eingesetzte Mittel und die Förderung des Zwecks „in einem durch bewährte Hypothesen über die Wirklichkeit vermittelten Zusammenhang stehen"[359], nicht aber auf die betroffenen Rechtsgüter und die Art des Eingriffs.

Trotz aller Bedenken: Daß ein Verschlüsselungsverbot zur Verhinderung oder Aufklärung schwerer Straftaten und terroristischer Akte „schlechthin" nichts beitragen kann, wird man nicht mit genügender Sicherheit sagen können. Der Gesetzgeber würde sich hier wohl noch innerhalb des ihm zustehenden Beurteilungsspielraums bewegen; die Schwelle der Verfassungswidrigkeit würde insofern noch nicht überschritten.

## 4. Erforderlichkeit

Der Grundsatz der Verhältnismäßigkeit fordert nicht nur, daß die Maßnahme geeignet sein muß. Sie muß auch erforderlich sein, das heißt, es darf auch kein gleichermaßen geeignetes Mittel geben, das weniger stark in Grundrechte eingreift.[360] Gleich geeignet ist ein Mittel nur dann, wenn tatsächlich derselbe Erfolg bewirkt werden kann.[361]

Diese Prüfung gestaltet sich im vorliegenden Fall kurz und unproblematisch: Ein anderes Mittel, das zur Verhinderung von verschlüsselter Kommunikation beitragen könnte, ist schlicht nicht ersichtlich. Deswegen gibt es auch keine weniger einschneidende Alternative. Das Erforderlichkeitsgebot verletzt der Gesetzgeber nur, wenn er gleich wirksame, aber

---

[359] *Pieroth/Schlink*, Staatsrecht II, Rn. 283; zuvor schon *Schlink*, Abwägung im Verfassungsrecht, S. 193.

[360] Vgl. BVerfGE 30, S. 292, 316: „(Ein vom Gesetzgeber eingesetztes Mittel) ist erforderlich, wenn der Gesetzgeber nicht ein anderes, gleich wirksames aber das Grundrecht nicht oder doch weniger fühlbar einschränkendes Mittel hätte wählen können."

[361] Vgl. *Gentz*, NJW 1968, S. 1600, 1604.

weniger belastende Maßnahmen ignoriert. Obwohl die Wirksamkeit der Maßnahme zweifelhaft erscheint, ist ein Mittel, das in der gleichen Weise wirken würde, nicht zu erkennen. Daß es nicht möglich ist, das Verbot auf Verbrecher und Terroristen zu beschränken (etwa im Wege eines Mißbrauchsverbots), wurde bereits oben gezeigt.[362] Damit kann der Gesetzgeber in verfassungsrechtlich nicht zu beanstandender Weise von der Erforderlichkeit der Maßnahme ausgehen.

## 5. Angemessenheit (Verhältnismäßigkeit i. e. S.)

Letztlich läuft also die Beurteilung der Verfassungsmäßigkeit eines Versendungsverbots auf die Frage hinaus, ob der Eingriff in den Schutzbereich der Kommunikationsfreiheit nicht außer Verhältnis steht zu dem mit ihm verfolgten Zweck.

### a)   Angemessenheit als Prüfung der Mittel-Zweck-Relation

Das Bundesverfassungsgericht hat diese Anforderung in einer Entscheidung zu verschiedenen Vorschriften des Betäubungsmittelgesetzes, die auch auf Cannabis-Produkte anwendbar sind, so formuliert:

„Die dritte Stufe der Verhältnismäßigkeitsprüfung (nach Prüfung der Geeignetheit und Erforderlichkeit, Anm. d. Verf.) hat ... den Sinn, die als geeignet und erforderlich erkannten Maßnahmen einer gegenläufigen Kontrolle im Blick darauf zu unterwerfen, ob die eingesetzten Mittel unter Berücksichtigung der davon ausgehenden Grundrechtsbeschränkungen für den Betroffenen noch in einem angemessene Verhältnis zu dem dadurch erreichbaren Rechtsgüterschutz stehen. Die Prüfung am Maßstab des Übermaßverbots kann demgemäß dazu führen, daß ein an sich geeignetes und erforderliches Mittel des Rechtsgüterschutzes nicht angewandt werden darf, weil die davon ausgehenden Beeinträchtigungen der Grundrechte des Betroffenen den Zuwachs an Rechtsgüterschutz deutlich überwiegen, so daß der Einsatz des Schutzmittels als unangemessen erscheint. Daraus folgt, daß unter Umständen der an sich in legitimer Weise angestrebte Schutz zurückstehen muß, wenn das eingesetzte Mittel zu einer unangemes-

---

[362] S. oben, S. 45 ff.

senen Beeinträchtigung der Rechte des Betroffenen führen würde."[363]

Maßstab für die Verhältnismäßigkeit ist dabei nicht, ob nach Ansicht
des Bundesverfassungsgerichts (oder eines anderen Rechtsanwenders) das
„richtige" Verhältnis von Mittel und Zweck gefunden worden ist. Es
kommt nur darauf an, ob der Spielraum, innerhalb dessen mehrere Maßnahmen gleichermaßen verfassungsgemäß sein können, eingehalten wird,
ob die angegriffene Maßnahme nicht „offensichtlich außer Verhältnis"[364]
zum Zweck steht.

Ein Mittel steht zu dem von ihm verfolgten Zweck außer Verhältnis,
wenn die von dem Mittel ausgehenden „Beeinträchtigungen der Grundrechte des Betroffenen den Zuwachs an Rechtsgüterschutz deutlich überwiegen."[365] Es sind also die Beeinträchtigungen einerseits und die Förderung der angestrebten Zwecke andererseits gegeneinander abzuwägen.

Der Prozeß der Abwägung steht allgemein unter „Irrationalismusver-
dacht"[366]. Dieser Verdacht wird durch zwei Aspekte des Abwägungsvor-
gangs genährt. Zum einen gestaltet sich der Vorgang selbst häufig intrans-
parent. Dies kann beispielsweise aus der Komplexität der in die Abwägung einfließenden Aspekte resultieren, aber auch daraus, daß die bei der
Abwägung angewandten Kriterien und Maximen nicht offengelegt werden. Zum anderen besteht die Gefahr, daß an die Stelle der eigentlich ge-
forderten rational begründeten Rechtsfindung[367] eine nicht begründbare
oder nur scheinbar begründete Dezision des Abwägenden tritt.[368]

---

[363] BVerfGE 90, S. 145, 185. Das Gericht hat die Verbote von Cannabis und Haschisch letztlich nicht als unverhältnismäßig eingestuft, da die gesetzliche Regelung im Einzelfall ein
Absehen von Strafe bzw. Strafverfolgung zuläßt (vgl. S. 189 der Entscheidung). Es hat
allerdings deutlich gemacht, daß der Grundsatz der Verhältnismäßigkeit unter bestimmten Voraussetzungen (geringe Mengen zum Eigenverbrauch) einer Strafverfolgung im
Einzelfall von Verfassungs wegen entgegensteht.

[364] Vgl. *Gentz*, NJW 1968, S. 1600, 1604: „Nur evident unangemessene, grob unverhältnismä-
ßige Maßnahmen sind übermäßig."

[365] BVerfGE 90, S. 145, 185.

[366] *Koch*, Die normtheoretische Basis der Abwägung, in: FS Hoppe, S. 9, 20.

[367] Vgl. *Ossenbühl*, Abwägung im Verfassungsrecht, in: FS Hoppe, S. 25: „Die Abwägung
erscheint (im Verfassungsrecht, Anm. d. Verf.) ... als Methode im Prozeß der Rechtsge-
winnung."

[368] Vgl. *Alexy*, Theorie der juristischen Argumentation, S. 24. Zu diesem Phänomen im Rahmen der internationalen Debatte um Beschränkungen von Kryptographie vgl. auch *Koops*, The crypto controversy, S. 117: „Most statements, standpoints, and reports hardly
give insight in the process of reaching a balance. ... Their procedure is like conjuring a
rabbit out of a hat, leaving the public with the feeling that a trick is being played."

Dieser Gefahr kann letztlich nur dadurch begegnet werden, daß der Abwägungsprozeß so weit wie möglich rationalisiert und transparent gemacht wird. Dazu ist es erforderlich, den Abwägungsvorgang selbst zu explizieren und die bei dem Vorgang verwandten Argumente auf eine rationale Begründung bzw. Begründbarkeit hin zu untersuchen.[369]

### b) Abwägung als Anwendung einer (abstrakten) Wertrangordnung

Das Bundesverfassungsgericht hat die Notwendigkeit einer Abwägung bereits in der Lüth-Entscheidung betont. Das Gericht ging davon aus, die Grundrechte stellten eine Wertordnung dar, an der sich die Maßnahmen des Gesetzgebers messen lassen müßten. Weiter führte es aus: „Innerhalb dieser Wertordnung, die zugleich eine Wertrangordnung ist, muß ... (eine) Abwägung ... vorgenommen werden."[370] Dieser Verweis auf eine (abstrakte oder objektive) Wertrangordnung ist auf reichlich Kritik gestoßen.[371] Es könne „keine Rede davon sein", daß sich aus dem Grundgesetz eine plausible Wertordnung entnehmen lasse.[372] Tatsächlich hat auch das Bundesverfassungsgericht selbst in dieser Entscheidung nicht etwa abstrakt eine Rangordnung zwischen Art. 5 und Art. 14 GG aufgestellt, sondern in diesem Einzelfall eine Gewichtung vorgenommen. Es erscheint auch in der Tat problematisch, etwa allgemein der Meinungsfreiheit den Vorrang vor dem Schutz des allgemeinen Persönlichkeitsrechts oder umgekehrt einzuräumen. Dies würde den vielfältigen Fallgestaltungen und den dabei vorkommenden unterschiedlichen Eingriffsintensitäten mal auf der einen, mal auf der anderen Seite nicht gerecht. Damit kann eine abstrakte Wertrangordnung der Grundrechte nicht als Maßstab herangezogen werden.

Nicht zu beanstanden hingegen ist, wenn das Bundesverfassungsgericht in seinen Entscheidungen die besondere Wichtigkeit einzelner Verfassungsgüter oder Grundrechte hervorhebt. So hat es insbesondere der Meinungs- und der Glaubens- und Gewissensfreiheit einen besonderen

---

[369] In den Worten von *Koops*, The crypto controversy, S. 118: „This, essentially, amounts to showing the rabbit before the conjuring starts, and to be open in the way I conjure with it, instead of conjuring up the rabbit at the final conclusion to the public's surprise. The framework I choose will make it clear which assumptions I make and which procedure I follow. Other people favoring different assumptions ... can use different rabbits. It is really the conjuring that matters, not the rabbit."

[370] BVerfGE 7, S. 198, 215.

[371] Ablehnend zum Konzept einer geschlossenen Wertrangordnung statt vieler *Alexy*, Theorie der Grundrechte, S. 138 ff.

[372] Vgl. *Ossenbühl*, Abwägung im Verfassungsrecht, in: FS Hoppe, S. 25, 30.

Stellenwert eingeräumt.[373] Damit wird aber die Entscheidung im Einzelfall nicht präjudiziert. Auch diesen Grundrechten wird damit kein genereller Vorrang vor anderen (Grund-) Rechten eingeräumt. Es wird vielmehr die Aufmerksamkeit des Rechtsanwenders geschärft, der bei dem nach wie vor notwendigen Abwägungsvorgang den Stellenwert dieser Grundrechte nicht verkennen darf. Ihre besondere Betonung verdanken sie der engen Beziehung einerseits zur geistigen Selbstverwirklichung des Menschen; in ihnen konkretisiert sich das Menschenwürdegebot in besonderer Weise. Zum anderen sind diese Grundrechte für eine freiheitliche Demokratie geradezu kennzeichnend.[374] Ein für die Abwägung handhabbarer Maßstab ist mit dieser Erkenntnis aber noch nicht gewonnen.

## c)   Alexys Kollisiongesetz

In Ermangelung eines absoluten Maßstabs für die Abwägung widerstreitender Verfassungsgüter hat *Alexy* ein Verfahren vorgeschlagen, daß dem Ziel der Rationalisierung Rechnung trägt und gleichzeitig so offen ist, daß das Ergebnis der Abwägung nicht durch a priori getroffene Annahmen vorweggenommen wird.[375] *Koch* hat diesen Ansatz so zusammengefaßt:

> „Die Bildung ... partieller Vorrangregeln, die ihrerseits begründungsbedürftig sind, macht das ,Wesen' der Abwägung im Verfassungsrecht aus. Insofern ist für die Grundrechtsnormen charakteristisch, daß für sie im Kollisionsfall nicht das Alles-oder-nichts-Prinzip gilt."[376]

Zum besseren Verständnis soll Alexys Ansatz kurz referiert werden. Er unterscheidet zwei Klassen von Normen (Sollens-Sätzen): Prinzipien und Regeln. Prinzipien sind Normen, die

> „gebieten, daß etwas in einem relativ auf die rechtlichen und tatsächlichen Möglichkeiten möglichst hohen Maße realisiert wird. Prinzipien sind demnach Optimierungsgebote, die dadurch charakterisiert sind, daß sie in unterschiedlichen Graden erfüllt werden können und daß das gebotene Maß ihrer Erfüllung nicht nur von den tatsächlichen, sondern auch von den rechtlichen Möglichkeiten abhängt. Der Bereich der rechtlichen Möglichkeiten

---

[373] Vgl. *Ossenbühl*, Abwägung im Verfassungsrecht, in: FS Hoppe, S. 25, 30.

[374] BVerfGE 7, S. 198, 208 zur Bedeutung von Art. 5 I GG: „schlechthin konstituierend".

[375] Dies entspricht dem Charakter der Alexyschen Grundrechtstheorie als Strukturtheorie, die auf die Normstrukturen der Grundrechte abstellt, nicht auf ihren materiellen Inhalt.

[376] *Koch*, Die normtheoretische Basis der Abwägung, in: FS Hoppe, S. 9, 11.

wird durch gegenläufige Prinzipien und Regeln bestimmt. Demgegenüber sind Regeln Normen, die stets nur entweder erfüllt
oder nicht erfüllt werden können."[377]

Der jeweils unterschiedliche Charakter von Regeln und Prinzipien
zeigt sich im Konflikts- bzw. Kollisionsfall: Bei einem Regelkonflikt kann
nur eine von beiden Regeln gelten. Er kann nur gelöst werden, indem eine
der Regeln für ungültig erklärt oder in sie eine Ausnahmeklausel aufgenommen wird.[378] Anders ist es bei Prinzipienkollisionen: Wenn nach dem
einen Prinzip etwas erlaubt ist, was nach dem anderen verboten ist, muß
zwar das eine Prinzip zurücktreten. Das andere geht ihm aber nur unter
bestimmten Umständen vor, nicht immer. Daher muß das Prinzip, daß unter diesen Umständen zurücktritt, nicht für ungültig erklärt werden: „Re-
gelkonflikte spielen sich in der Dimension der Geltung ab, Prinzipienkollisionen finden, da nur geltende Prinzipien kollidieren können, jenseits der
Dimension der Geltung in der Dimension des Gewichts statt."[379] Kollisio-
nen von abstrakt gleichrangigen Prinzipien werden gelöst, indem

„im Blick auf die Umstände des Falls eine bedingte Vorrangrelation zwischen den Prinzipien festgesetzt wird. Die Festsetzung
der bedingten Vorrangrelation besteht darin, daß unter Bezug auf
den Fall Bedingungen angegeben werden, unter denen das eine
Prinzip dem anderen vorgeht."[380]

Die Abwägung besteht darin, die Vorrangbedingungen (Präferenzsätze) zu
nennen und damit die These zu begründen, daß das eine Prinzip dem anderen vorgeht.[381] Aus dieser Vorrangrelation läßt sich eine Regel ableiten:
Wenn *erstens* unter einer Bedingung C das Prinzip $P_1$ dem Prinzip $P_2$ vorgeht und *zweitens* sich aus dem Prinzip $P_1$ die Rechtsfolge $R_1$ ergibt, dann
folgt daraus eine Regel mit dem Tatbestand C und der Rechtsfolge $R_1$. Als
Formel:[382]

$$(P_1 \ \mathbf{P} \ P_2)C \land P_1 \ \rightarrow \ R_1$$
$$C \ \rightarrow \ R_1$$

---

[377] *Alexy*, Theorie der Grundrechte, S. 75 f.

[378] Vgl. *Alexy*, Theorie der Grundrechte, S. 77.

[379] *Alexy*, Theorie der Grundrechte, S. 79. Zur Verdeutlichung: Alexys Begriff der Prinzipien-
kollision setzt die Geltung der Prinzipien voraus, sein Lösungsvorschlag bezieht sich nur
auf Prinzipienwidersprüche innerhalb der geltenden Rechtsordnung. Vgl. ebd., S. 94.

[380] *Alexy*, Theorie der Grundrechte, S. 81.

[381] Vgl. *Alexy*, Theorie der Grundrechte, S. 82.

[382] Vgl. *Alexy*, Theorie der Grundrechte, S. 83 f. Das Symbol P bedeutet „geht vor".

Diesen Zusammenhang, daß die Bedingungen, unter denen ein Prinzip einem anderen vorgeht, den Tatbestand einer Regel bilden, die die Rechtsfolge des vorgehenden Prinzips ausspricht, bezeichnet Alexy als Kollisionsgesetz.[383] Das Kollisionsgesetz trägt dazu bei, im Prozeß der Abwägung zu rationalen Ergebnissen zu kommen. Das Ergebnis hängt wesentlich von den angewandten Vorrangbedingungen (Präferenzsätzen) ab. Das Ergebnis der Abwägung ist nur dann rational, wenn der jeweils angewandte Präferenzsatz rational begründet bzw. begründbar ist.[384] Zur Begründung können alle Formen der juristischen Argumentation herangezogen werden.[385] Alexy schlägt überdies eine „abwägungsspezifische Begründung" vor, die er als „Abwägungsgesetz" bezeichnet:

„Je höher der Grad der Nichterfüllung oder Beeinträchtigung des einen Prinzips ist, um so größer muß die Wichtigkeit der Erfüllung des anderen sein."[386]

Auch dieses Gesetz liefert keine definitiven Ergebnisse. Insbesondere läßt sich die „Wichtigkeit" der Erfüllung eines Prinzips nicht mit letzter Sicherheit angeben. Trotzdem ist das Abwägungsgesetz geeignet, „die Abwägung mit Gewinn an Rationalität zu strukturieren."[387] Der Abwägende ist nämlich in der Pflicht, die von ihm angenommene (größere) Wichtigkeit eines Prinzips zu begründen. Diese Begründung ist der rationalen Argumentation zugänglich.[388]

Mit dieser Ausgangslage ist der Weg der Abwägung vorgezeichnet. Es sind zunächst die Prinzipien zu identifizieren, die bei der Abwägung von Belang sein können. Sodann gilt es, Bedingungen zu formulieren, unter denen eines oder mehrere dieser Prinzipien dem oder den anderen vorgehen. Diese Vorrangrelation bedarf einer überzeugenden grundrechtlichen Begründung. Gelingt diese, so kann die sich aus den Bedingungen und der

---

[383] Vgl. *Alexy*, Theorie der Grundrechte, S. 84. Der Begriff der Regel ist dabei im technischen, oben erläuterten Sinne zu verstehen. Aus der Kollision von Prinzipien entsteht dabei unter gegebenen Voraussetzungen eine Regel, also eine Norm anderer Qualität, die bei Vorliegen der Voraussetzungen eine definitive Sollens-Aussage enthält.

[384] Vgl. *Alexy*, Theorie der Grundrechte, S. 144 ff.

[385] Vgl. *Alexy*, Theorie der Grundrechte, S. 145. A. A. *Schlink*, Abwägung im Verfassungsrecht, S. 141 et passim, der allein auf die Folgen abstellen will.

[386] *Alexy*, Theorie der Grundrechte, S. 146.

[387] *Koch*, Die normtheoretische Basis der Abwägung, in: FS Hoppe, S. 9, S. 20.

[388] Vgl. auch den Hinweis Alexys auf die Methoden grundrechtlicher Argumentation, namentlich die Bindung an Gesetz (Wortlaut), Präjudiz und Dogmatik. *Alexy*, Theorie der Grundrechte, S. 498 ff.

Vorrangrelation ergebende Rechtsregel auf den Gegenstand unserer Untersuchung angewandt werden.[389]

### d) Grundrechtsbestimmungen, Verfassung und Prinzipien

Welche Normen sind in diesem Sinne zu berücksichtigende Prinzipien? Nach Ansicht von *Alexy* ergeben sich solche Prinzipien zunächst aus den Grundrechten, oder genauer: aus Grundrechtsbestimmungen. „Immer dann, wenn eine Grundrechtsbestimmung[390] ein subjektives Recht gewährt, ist ihr mindestens ein derartiges Prinzip zuzuordnen."[391] Schwierig wird es bei der Bestimmung von Prinzipien, die auf kollektive Güter bezogen sind. Jedenfalls ist hier eine verfassungsrechtliche Anknüpfung erforderlich. Die Prinzipien können sich aus der Interpretation von Grundrechtstatbeständen, aber auch aus Ermächtigungen des Gesetzgebers ergeben, in Grundrechte einzugreifen. Die problematische Frage, ob darüber hinaus schon eine bloße Kompetenzvorschrift ein entsprechendes Prinzip vermitteln kann, kann hier offen bleiben.

### e) Recht auf Individualkommunikation und staatliche Sicherheitsgewährleistung

Für unsere Untersuchung erscheinen auf den ersten Blick zwei gegenläufige Prinzipien von Belang. Zum einen handelt es sich um die Grundrechts-

---

[389] Im Ergebnis ähnlich, wenn auch weniger präzise *Ossenbühl*, Abwägung im Verfassungsrecht, in: FS Hoppe, S. 25, 33. Nach *Ossenbühl* setzt eine nachvollziehbare Abwägung zweierlei voraus: „*Erstens* eine Gewichtung der konfligierenden Rechtsgüter. Diese Gewichtung kann zunächst abstrakt geschehen. Sie führt jedoch nur zum Ziel, wenn eine generell-abstrakte Vorrangentscheidung möglich ist (absoluter Vorrang). Andernfalls kommt es darauf an, ob unter Beachtung der Umstände des Einzelfalls und der Bewertung dieser Umstände dem einen oder dem anderen der Vorzug zu geben ist (relativer Vorrang). *Zweitens* sind dann bei dieser Einzelfallabwägung wiederum zwei Schritte zurückzulegen. Zum einen sind alle abwägungsrelevanten Einzelfallumstände zu ermitteln. Sodann sind diese Umstände zu gewichten und gleichsam zu saldieren, um auf diese Weise zu dem erstrebten Urteil des angemessenen Ausgleichs zu kommen."

[390] Als Grundrechtsbestimmung identifiziert Alexy diejenigen Vorschriften des Grundgesetzes, deren Verletzung nach dem Katalog des Art. 93 I Nr. 4a GG mit der Verfassungsbeschwerde gerügt werden kann, also neben Art. 1–19 auch „die in Art. 20 IV, 33, 38, 101, 103 und 104 GG enthaltenen individuelle Rechte gewährenden Sätze." Dieses formale Argument sieht er durch die Verfassungsrechtsprechung und die überwiegend vertretenen Ansichten in der Rechtswissenschaft bestätigt. Vgl. *Alexy*, Theorie der Grundrechte, S. 56.

[391] *Alexy*, Theorie der Grundrechte, S. 118. Instruktiv, aber an dieser Stelle nicht relevant ist der Hinweis Alexys darauf, daß Grundrechtsbestimmungen neben dem Prinzipien- auch einen Regelgehalt haben können. Vgl. ebd., S. 121 f.

norm der Meinungsfreiheit im Sinne der Befugnis, Beliebiges im Wege der
Individualkommunikation einem anderen mitzuteilen und dabei auch darüber zu entscheiden, in welcher Form dies geschieht (in welcher Sprache,
unter Einsatz welcher technischer Mittel und Codierungen usw.).[392] Das
andere Prinzip läßt sich so formulieren: Der Staat soll Maßnahmen treffen, um seinen Bestand und die Sicherheit seiner Bürger zu gewährleisten.
Der Prinzipcharakter dieser Norm tritt klar zu Tage. „Sicherheit" ist kein
Zustand, der ganz erreicht werden kann. Hier kann es immer nur um gra-
duelle Veränderungen gehen, um ein Mehr oder ein Weniger an Sicherheit.
Damit handelt es sich um einen Sollens-Satz, der relativ zu den tatsächlichen und rechtlichen Möglichkeiten in möglichst hohem Maß verwirklicht
werden soll, also um ein Prinzip oder Optimierungsgebot im Sinne der
oben gegebenen Definition.[393]

Dieses Prinzip darf aber nicht nur behauptet werden. Es muß seine
Grundlage in der Verfassung finden. Eine ausdrückliche Pflicht des Staates, sich selbst und seine Bürger vor Angriffen durch Verbrecher und Terroristen zu schützen, ist im Grundgesetz nicht normiert. Allerdings läßt sich
eine solche Pflicht durch Auslegung aus dem Grundgesetz gewinnen.

Erster Ansatzpunkt hierfür sind die grundrechtlichen Gewährleistun-
gen individueller Rechte und Rechtsgüter, die durch die Aktivitäten von
Schwerverbrechern und Terroristen gefährdet werden können. Es ist heu-
te allgemein anerkannt, daß neben die klassische Abwehrfunktion der
Grundrechte auch eine grundrechtlich begründete Pflicht des Staates tritt,
Rechtsgüter seiner Bürger vor Übergriffen durch Dritte zu schützen.[394]
Dieser Pflicht entspricht ein Recht des Bürgers gegenüber dem Staat,
daß dieser die „Integrität seiner Rechtsgüter auch vor Beeinträchtigungen
von nichtstaatlicher Seite"[395] bewahrt, ein „Grundrecht auf Sicherheit".[396]
Zwar ist weitgehend umstritten, in welchem Umfang und mit welchem Inhalt sich daraus subjektive Rechte des Bürgers ergeben.[397] Sicherlich bestehen aber zumindest staatliche Schutzpflichten, die als (jedenfalls) objektive
Prinzipien Eingang in die Abwägung finden können und ihn nicht nur be-
rechtigen, sondern auch verpflichten, zum Schutz bestimmter Rechtsgüter

---

[392] Vgl. oben, S. 66 ff.
[393] Vgl. auch *Isensee*, HdbStR V, § 111, § 111 Rn. 90: „Die Verpflichtung des Staates (zum
Schutz seiner Bürger, Anm. d. Verf.) steht unter dem Vorbehalt des faktisch und des verfassungsrechtlich Möglichen. Absolute Sicherheit ist nicht herstellbar."
[394] Vgl. *Isensee*, HdbStR V, § 111, § 111, Rn. 1 ff.; *Dietlein*, Die Lehre von den grundrechtlichen
Schutzpflichten, S. 51 ff.; aus der Verfassungsrechtsprechung BVerfGE 49, S. 89, 141 f.
[395] *Robbers*, Sicherheit als Menschenrecht, S. 121.
[396] Vgl. *Isensee*, HdbStR V, § 111, § 111, Rn. 3.
[397] Vgl. *Robbers*, Sicherheit als Menschenrecht, S. 122.

Vorkehrungen zu treffen.[398]

Ohne die dogmatische Herleitung dieses Schutzes im einzelnen nachzuvollziehen, seien einige grundrechtliche Bestimmungen herausgestellt, die diese Schutzpflicht des Staates besonders deutlich machen.[399] Art. 1 I 2 GG verpflichtet die staatliche Gewalt, die Menschenwürde zu schützen. Angriffe auf (höchst-) persönliche Rechtsgüter beinhalten auch immer eine Gefährdung der Menschenwürde der Opfer von Verbrechen und Terror. Schon deshalb ist der Staat gehalten, solche Taten nach Möglichkeit zu verhindern. Konkrete Rechtsgüter, die ebenfalls durch Verbrecher und Terroristen gefährdet werden können, sind zum Beispiel das Recht auf Leben und körperliche Unversehrtheit (Art. 2 II GG)[400], die Unverletzlichkeit der Wohnung (Art. 13 I GG) und das Recht auf Eigentum (Art. 14 I GG).

Auf einer zweiten Ebene lassen sich als Argumente für die Existenz einer staatlichen Pflicht zum Schutz vor Kriminalität und Terror die im Grundgesetz normierten Eingriffsbefugnisse bzw. benannten Grundrechtsschranken heranziehen.[401] So finden die Rechte aus Art. 2 I GG ihre Grenze in der „verfassungsmäßigen Ordnung". In Art. 13 GG darf eingegriffen werden zugunsten der „öffentlichen Sicherheit und Ordnung"; heimliche Eingriffe im Wege der akustischen Wohnraumüberwachung („großer Lauschangriff") sind gem. Art. 13 III und IV GG zulässig zur Verfolgung besonders schwerer Straftaten und zur Abwehr dringender Gefahren für die öffentliche Sicherheit. Beschränkungen von Art. 10 GG sind ohne Benachrichtigung des Betroffenen zulässig, wenn die Beschränkung dem Schutz der freiheitlichen demokratischen Grundordnung dient; ähnliches gilt bei Art. 11 GG.

Eine dritte Ebene der Argumentation schließlich läßt sich aus den politischen Rechten und der Verpflichtung auf eine demokratische Verfassung des Staates gewinnen. Das Grundgesetz verpflichtet in Art. 1 und Art. 20 alle staatlichen Institutionen auf den demokratischen, auf der Basis der Menschenwürde errichteten Rechtsstaat und entzieht diese Grundentscheidung in Art. 79 III GG dem Mehrheitswillen. Dann spricht viel dafür, daß die staatlichen Einrichtungen grundsätzlich das Recht haben müssen, ihrer eigenen Abschaffung vorzubeugen und ihre Unversehrtheit zu ver-

---

[398] Vgl. zum Recht auf Schutz im Hinblick auf Art. 2 I und II GG u.a. *Sachs–Murswiek*, Art. 2 Rn. 24 ff.

[399] Vgl. zur verfassungsrechtsdogmatischen Begründung des Rechtes auf Schutz *Robbers*, Sicherheit als Menschenrecht, S. 186 ff.; *Isensee*, HdbStR V, § 111, § 111, Rn. 9 ff., insbesondere 18 ff.; umfassend *Dietlein*, Die Lehre von den grundrechtlichen Schutzpflichten.

[400] Vgl. *Sachs–Murswiek*, Art. 2 Rn. 196.

[401] Vgl. *Isensee*, HdbStR V, § 111, § 111, Rn. 13.

teidigen, denn nur sie können die Einhaltung dieser Verpflichtung garantieren. Dies läßt sich zwar nicht schon unmittelbar aus Art. 87a GG entnehmen, der die Aufstellung von Streitkräften zur Verteidigung vorsieht. Doch entspricht das Konzept der „streitbaren Demokratie"[402] einer allgemein geteilten Überzeugung, die die Grenzen der Toleranz dort erreicht sieht, wo die freiheitssichernde Funktion des Staates überhaupt in Frage gestellt wird. Angriffe von Terroristen zielen in der Praxis auf einzelne oder auf die Funktionsfähigkeit staatlicher Institutionen. Ihr Ziel ist es jedoch in aller Regel, die Existenz der bestehenden staatlichen Ordnung in Frage zu stellen und sie durch eine andere Ordnung zu ersetzen. Gegen solche Bestrebungen muß der demokratische Rechtsstaat geeignete Maßnahmen ergreifen.

Das Prinzip der staatlichen Sicherheitsgewährleistung ist damit fest in der Verfassung verankert. Es bleibt eine Schwierigkeit: Ist es im vorliegenden Fall überhaupt einschlägig? Zweifel daran ergeben sich aus der folgenden Überlegung: Das Prinzip des staatlichen Schutzes (dem aus der Sicht des Bürgers das „Grundrecht auf Sicherheit" entspricht)[403] kann hier nur dann sinnvollerweise in die Abwägung eingebracht werden, wenn es die in Frage stehende Rechtsfolge – „Zulässigkeit eines Verbots, Kryptogramme zu versenden" – überhaupt hergibt.

Wie oben bereits gezeigt wurde,[404] kann der Einsatz von Verschlüsselung die Verfolgung oder Prävention von Straftaten in Fällen erschweren, in denen eine Überwachung der Telekommunikation zulässig und ohne Verschlüsselung erfolgreich wäre. Verschlüsselung kann aber Straftaten auch verhindern: Der Grund für ihren Einsatz liegt ja gerade darin, die Datenkommunikation über offene Netze überhaupt erst sicher zu machen. Für eine verläßliche Kommunikation über das Internet ist sie nach heutigem Wissen unersetzbar. Verläßliche Kommunikation erfordert jedenfalls die Gewährleistung von Authentizität, Integrität und Vertraulichkeit.[405] Zu diesen Anforderungen kann der Einsatz kryptographischer Methoden beitragen. Darüber hinaus bestehen weitere Anforderungen wie etwa die Verfügbarkeit des Kommunikationsmediums, die mit Verschlüsselung nur in einem mittelbaren Zusammenhang stehen. Verfügbarkeit wird durch die fehlertolerante offene Architektur des Internet gefördert. Das Internet funktioniert auch noch dann, wenn einige oder große Teile ausfallen. Es gibt keine singulären Punkt-zu-Punkt-Verbindungen. Eine Kommunikati-

---

[402] Vgl. *Hofmann*, HdbStR I, § 7, Rn. 17.
[403] Vgl. *Isensee*, HdbStR V, § 111, § 111 Rn. 3.
[404] Siehe oben, S. 11 ff.
[405] Vgl. oben, S. 3 ff.

on zwischen zwei Punkten kann über beliebig viele unterschiedliche Routen bzw. Router erfolgen. Diese Architektur kann aber nur genutzt werden, wenn die zusätzlichen Anforderungen an verläßliche Kommunikation erfüllt werden. Dies ist wiederum nur durch Kryptographie zu gewährleisten, weil dann die Datensicherheit zu einer Eigenschaft der Daten selbst wird. Ein Abfangen oder Mithören durch Kriminelle oder andere unbefugte Dritte kann keinen Schaden anrichten, weil sie mit den abgefangenen oder mitgehörten Daten nichts anfangen können.[406] Mit anderen Worten: Ein Verbot verschlüsselter Kommunikation hätte *jedenfalls* den Effekt, daß eine sichere Nutzung offener Netze nicht möglich wäre. Die Bedeutung moderner Informationstechniken nimmt aber nach wie vor zu. Informationen werden zum wichtigsten Rohstoff des 21. Jahrhunderts. Das heißt, daß der Verzicht auf den Einsatz offener Netze praktisch keine Option ist.[407]

Geht man also mit guten Gründen von der Gefährdung der Datensicherheit in offenen Netze aus, so führte der erzwungene Verzicht auf sichere Verschlüsselung zu einer erheblichen Einbuße an Sicherheit. Und: Der Staat ist aufgrund der beschriebenen Lage technisch nicht in der Lage, für eine entsprechende Kompensation der fehlenden Sicherheit bei der Kommunikation in offenen Nutzen zu sorgen. Sicherheit kann insofern allein durch den Selbstschutz der Nutzer erreicht werden. Gerade dieser würde durch ein Verbot, verschlüsselt zu kommunizieren, aber unterbunden.

Ein solches Selbsthilfeverbot kann selbst einen Freiheitseingriff und einen Verstoß gegen die staatliche Pflicht, Sicherheit zu gewährleisten, darstellen, wenn der Bürger, der seine Rechtsgüter vielleicht selbst besser verteidigen könnte, als es der Staat vermag, „auf die Inanspruchnahme staatlicher Schutzmechanismen verwiesen wird, die wie gerichtlicher Rechtsschutz langwierig, materiell aufwendiger und unsicherer in bezug auf den Erfolg sein können als die Selbsthilfe."[408] Solche Schutzmechanismen, auf die die Bürger verwiesen werden könnten, sind im Fall der Kommunikation über offene Netze kaum zu ersehen. Der Staat kann durch straf- oder ordnungsrechtliche Vorschriften die Vertraulichkeit elektronischer Kommunikation zu schützen suchen; gewährleisten wird er sie damit nicht. Auch technisch ist die Vertraulichkeit ohne starke Kryptographie nicht zu

---

[406] Vgl. oben, S. 13 ff.
[407] Vgl. *Roßnagel*, KJ 1990, S. 267, 272, mit dem Hinweis: „Sobald ein Telekommunikationssystem funktioniert, stellen sich die Menschen in ihren Arbeits- und Lebensgewohnheiten darauf ein und werden in ihrer Kommunikation von ihnen abhängig." Für viele Privatleute, insbesondere aber für national und erst recht international arbeitende Unternehmen ist das Internet aus dem Alltag nicht mehr wegzudenken.
[408] *Robbers*, Sicherheit als Menschenrecht, S. 127.

gewährleisten. Dies liegt in der Architektur offener Netze begründet. Mag deshalb in anderen Fällen ein Selbsthilfeverbot durch die Gewährleistung staatlichen Schutzes adäquat kompensiert werden können; bei der Kommunikation in offenen Datennetzen ist dies weder technisch noch rechtlich zu gewährleisten.

Diese beiden sicherheitsrelevanten Effekte eines Verbots verschlüsselter Kommunikation lassen sich indes nicht in der Weise gegenüberstellen, daß sie einander neutralisieren. Es sind unterschiedliche Rechtsgüter betroffen, die in stark unterschiedlicher Weise gefährdet sind.[409]

Das Verbot der verschlüsselten Kommunikation hat vor allem Schwerverbrecher wie Entführer, Erpresser, Bankräuber und Mörder sowie Terroristen im Auge. Rechtsgüter von großer Wichtigkeit sollen vor Eingriffen geschützt werden, die von besonderer Intensität sind, dafür aber sehr selten vorkommen. Der Einsatz von Verschlüsselung hingegen schützt vor anderen Gefahren: Wirtschaftsspionage, Mißbrauch von Konto- und Kreditkarteninformationen, Verletzungen der Vertraulichkeit von Arzt- oder Anwaltskommunikation usw. Eingriffe dieser Art haben in aller Regel nicht die gleiche Intensität wie Schwerverbrechen oder Terrorakte. Ohne Verschlüsselung ist jedoch die Angriffsfläche viel breiter. Allein die Anzahl elektronischer Kommunikationen, die insoweit ungeschützt über offene Netze erfolgen, sorgt für ein erhebliches Gefährdungspotential. Damit liegt die Wahrscheinlichkeit von Angriffen erheblich höher als im ersten Fall.[410]

Vor diesem Hintergrund bietet sich das folgende Vorgehen an: Der Schutz der Sicherheit des Staates und der Bürger vor Schwerverbrechern und Terroristen wird als Prinzip in die Abwägung eingestellt. Die möglichen Nebeneffekte werden im Rahmen der Bedingungen berücksichtigt, die als Voraussetzung für die Geltung der Vorrangregel definiert werden.

Es soll nun ein vorläufiger Versuch gemacht werden, die im vorliegenden Fall anzuwendende Vorrangbeziehung explizit zu formulieren:

Die Freiheit der individuellen Kommunikation geht dem Schutz privater und öffentlicher Rechtsgüter dann vor, wenn

1. eine beabsichtigte Maßnahme zum Schutz privater und öffentlicher Rechtsgüter die Freiheit der individuellen Kommunikation nicht unerheblich beeinträchtigt,

---

[409] Vgl. *Koops*, The crypto controversy, S. 235.
[410] Vgl. auch *Seetzen*, NJW 1975, S. 429, 430, der „Schwere" und „Breite" eines Eingriffs in Verhältnis setzt zur Wahrscheinlichkeit einer Gefahr.

2. ernstliche Zweifel daran bestehen, daß die beabsichtigten Schutzmaßnahmen ihr Ziel erreichen, und

3. gleichzeitig von den Schutzmaßnahmen mit großer Wahrscheinlichkeit Gefahren für andere individuelle Rechtsgüter ausgehen.

Diese Formulierung berücksichtigt noch nicht, ob es zu dem jeweiligen Verhalten auf beiden Seiten Alternativen gibt, die als Bedingungen zu berücksichtigen sind und zu einer anderen Vorrangbeziehung führen können.

Auf Seiten der Nutzer besteht zur Verwendung starker Kryptographie keine Alternative, sollen offene Netze überhaupt für verläßliche Kommunikation genutzt werden.[411] Sollte verschlüsselte Kommunikation verboten werden, so bleibt den Nutzern die Wahl, entweder das Verbot zu ignorieren bzw. zu umgehen[412] oder aber auf die Nutzung offener Netze für verläßliche Kommunikation ganz zu verzichten und sich mit den herkömmlich zur Verfügung stehenden Kommunikationsmedien (Brief, Fax, Telefon) zu begnügen. Ein verbotswidriges Verhalten kann bei der Beurteilung der Verfassungsmäßigkeit einer Regelung nicht zur Grundlage der Abwägung gemacht werden; es bleibt ihnen also allein die Möglichkeit, auf die Grundrechtsausübung insoweit zu verzichten. (Sie können natürlich weiterhin E-Mails versenden, aber diese Freiheit ist insoweit eingeschränkt, daß sie keine Verschlüsselung dabei benutzen dürfen.[413])

Auf Seiten der Behörden stehen anstelle des Abhörens bzw. Aufzeichnens der elektronischen Kommunikation nach wie vor alle anderen (zulässigen) Ermittlungsmethoden zur Verfügung. Zwar verlieren die Behörden möglicherweise im Einzelfall die Möglichkeit, aus einer abgefangenen Nachricht den Ausgangstext vor der Verschlüsselung zu rekonstruieren.[414] Es ist aber nicht ausgeschlossen, daß die Behörden trotzdem Kenntnis vom Inhalt der Kommunikation erhalten. Dieser kann unter Umständen beim Sender oder Empfänger im Klartext aufgefunden werden, etwa im Rahmen einer Hausdurchsuchung oder heimlich im Wege der Anpeilung der Abstrahlung des Computers, durch die Installation eines entspre-

---

[411] Vgl. oben, S. 7 ff.
[412] Zu dieser Möglichkeit vgl. oben, S. 47 ff.
[413] Zum Problem der Definition von „Verschlüsselung" vgl. bereits oben, S. 84 ff.
[414] Dieser Einzelfall wurde bereits beschrieben: Es muß sich um einen Schwerverbrecher oder Terroristen handeln, der aufgrund des Verbots – nicht etwa aus Dummheit, dann käme es auf das Gesetz nicht an – mit einem unsicheren System oder unverschlüsselt kommuniziert.

chenden Programms auf einem der beteiligten Rechner oder durch Infil-
tration durch V-Leute oder verdeckte Ermittler.[415]

Aufgrund dieser Überlegungen läßt sich die Vorrangbeziehung modi-
fizieren:

> Die Freiheit der individuellen Kommunikation geht dem Schutz
> privater und öffentlicher Rechtsgüter dann vor, wenn

1. eine beabsichtigte Maßnahme zum Schutz privater und öffentlicher Rechtsgüter die Freiheit der individuellen Kommunikation nicht unerheblich beeinträchtigt,

2. ernstliche Zweifel daran bestehen, daß die beabsichtigten
   Schutzmaßnahmen ihr Ziel erreichen,

3. durch den Verzicht auf die Maßnahme die Verfolgung des
   Zieles nicht gänzlich unmöglich gemacht wird und

4. gleichzeitig von den Schutzmaßnahmen mit großer Wahrscheinlichkeit Gefahren für andere individuelle Rechtsgüter
   ausgehen.

Ein letzter Aspekt soll noch in die Formulierung der Vorrangbeziehung einfließen: In vielen Fällen, in denen das Grundgesetz Eingriffe in
Freiheitsrechte zuläßt, können Regelungen so ausgestaltet werden, daß
der Exekutive ein Ermessensspielraum eingeräumt wird oder doch wenigstens die Möglichkeit von Ausnahmen oder Befreiungen. Auf diese Weise
können Regelungen, die sonst vor der Verfassung keinen Bestand hätten,
verfassungsverträglich gemacht werden: Die Exekutive ist dann verpflichtet, auf eine verfassungskonforme Anwendung der gesetzlichen Ermächtigung zu achten und im Einzelfall davon abzusehen, von der Ermächtigung
Gebrauch zu machen, wenn dies nicht mit der Verfassung vereinbar ist. Wo
die entsprechende Norm eine solche Befugnis der Verwaltung nicht ausdrücklich vorsieht, kann gegebenenfalls mit dem Mittel der verfassungskonformen Auslegung der entsprechende Ausnahmetatbestand geschaffen werden. Analog können bei Strafvorschriften entsprechende Ausnah-
meregeln geschaffen werden, die von der Judikative zu beachten sind bzw.
ihr im Einzelfall das Absehen von Bestrafung erlauben, wenn dies verfassungsrechtlich geboten ist.

Bei einem Verbot, verschlüsselt zu kommunizieren, besteht diese Möglichkeit nicht. Regelungstechnisch wäre dies nur mit einem präventiven

---

[415] Vgl. oben, S. 29.

Verbot mit Erlaubnisvorbehalt zu erreichen: Das Versenden verschlüsselter Nachrichten wäre verboten, aber der einzelne könnte eine Erlaubnis
beantragen, für seine Kommunikation Verschlüsselung verwenden zu dürfen. Hier ist schon nicht klar, nach welchen Kriterien die Lizenz zum Verschlüsseln vergeben werden sollte. Voraussetzung wäre wohl so etwas wie
eine allgemeine staatsbürgerliche Zuverlässigkeit, denn das Verschlüsseln
dürfte ja nur solchen Personen versagt werden, die die Verschlüsselung für
die Planung von schweren Verbrechen oder Terroranschlägen zu mißbrau-
chen drohen. Wenn diese sich aber identifizieren ließen, sollte es geeigne-
tere Methoden zur Gefahrenabwehr geben als ein Verbot verschlüsselter
Kommunikation.

Es bestünden aber noch weitergehende Zweifel an der Geeignetheit
einer solchen Maßnahme: Es müßte sich ja, um die Einhaltung dieser
Regel zu überwachen, jede Nachricht im Internet identifizieren und eindeutig einem Absender zuordnen lassen. Sodann müßte ermittelt werden, ob die Nachricht verschlüsselt ist und ob der Absender dazu berechtigt war. Allein der dafür erforderliche Aufwand[416] läßt nachhaltig be-
zweifeln, daß dieses Verfahren funktionieren könnte. Zudem lassen sich
Absender von E-Mails jedenfalls bisher nicht eindeutig identifizieren, da
die im Internet verwandten Protokolle zum Versand von E-Mail keine
Absender-Authentifizierung erfordern. Der Nutzer kann in seinem E-Mail-
Programm eine beliebige E-Mail-Adresse als Absender einstellen und zum
Versand einen beliebigen Server in der ganzen Welt benutzen. Zahlreiche
Freemail-Angebote im Internet erlauben es jedenfalls technisch, sich mit
erfundenen Personalien anzumelden und von dort aus E-Mails zu verschicken. Schließlich wäre es für jemanden, der das System unterlaufen
wollte, sehr leicht möglich, sich für den Versand seiner E-Mails der Lizenz
eines anderen zu bedienen. Da die Nachrichten dann ja sicher verschlüsselt
wären, könnte dies noch nicht einmal nachgewiesen werden. Ein Versendungsverbot mit Ausnahmetatbeständen abzumildern, kommt also schon
aus praktischen Gründen nicht in Betracht.

Damit ergibt sich folgende Formulierung für die Vorrangbeziehung:

> Die Freiheit der individuellen Kommunikation geht dem Schutz
> privater und öffentlicher Rechtsgüter dann vor, wenn
>
> 1. eine beabsichtigte Maßnahme zum Schutz privater und öf-
>    fentlicher Rechtsgüter die Freiheit der individuellen Kom-

---

[416] Wenn geschätzte 25 Millionen Nutzer in Deutschland (siehe oben, S. 8) jeden Tag auch
nur eine E-Mail schrieben, müßten diese alle entsprechend untersucht werden. Die Zahl
der täglich tatsächlich versandten E-Mails dürfte eher höher liegen.

munikation nicht unerheblich beeinträchtigt,

2. ernstliche Zweifel daran bestehen, daß die beabsichtigten Schutzmaßnahmen ihr Ziel erreichen,

3. durch den Verzicht auf die Maßnahme die Verfolgung des Zieles nicht gänzlich unmöglich gemacht wird,

4. gleichzeitig von den Schutzmaßnahmen mit großer Wahrscheinlichkeit Gefahren für andere individuelle Rechtsgüter ausgehen und

5. die Berücksichtigung von Umständen des Einzelfalls durch eine Ausnahmeregelung aus praktischen Gründen nicht in Betracht kommt.

Der Wert der expliziten Formulierung dieser Vorrangbeziehung besteht nach dem eingangs gesagten darin, daß sie der rationalen Begründung zugänglich ist. Daß die in der Vorrangbeziehung angegebenen Bedingungen zutreffen, wurde ausführlich dargelegt. Aus dieser Argumentation ergibt sich nicht der notwendig zwingende, aber rational begründete Schluß: Ein Verbot verschlüsselter elektronischer Kommunikation greift in unverhältnismäßiger Weise in das Grundrecht aus Art. 5 I GG ein und ist deshalb mit der Verfassung nicht vereinbar.

## 6. Zusammenfassung

Das Grundrecht des Art. 5 I 1 GG schützt den gesamten Vorgang der Individualkommunikation. Dabei steht es den Teilnehmern frei, zu entscheiden, welche Nachrichten sie austauschen wollen und in welcher Form dies erfolgen soll. Der Schutz umfaßt daher auch den Austausch verschlüsselter Nachrichten. Ein Verbot, verschlüsselt zu kommunizieren, greift in den Schutzbereich von Art. 5 I 1 GG ein und ist daher nur nach Maßgabe des Art. 5 II GG zulässig. Dessen Anforderungen – insbesondere der Forderung nach einer strengen Verhältnismäßigkeitsprüfung – hält ein Verschlüsselungsverbot jedoch nicht stand. Es erscheint schon die Geeignetheit in höchstem Maße zweifelhaft. Jedenfalls aber ist ein Verschlüsselungsverbot unverhältnismäßig im engeren Sinne (unangemessen), weil der Einschränkung der Freiheit der individuellen Kommunikation kein Gewinn an Rechtsgüterschutz gegenübersteht, der diese rechtfertigen könnte. Eine vermittelnde Lösung, die Ausnahmen zuläßt, ist aufgrund der technischen Eigenarten der Materie nicht möglich. Ein Verschlüsselungsverbot ist nicht mit Art. 5 I GG vereinbar.

# VI. Allgemeines Persönlichkeitsrecht, Art. 2 I i. V. m. Art. 1 I GG

Das allgemeine Persönlichkeitsrecht, das aus Art. 2 I i. V. m. Art. 1 I GG abgeleitet wird, schützt die Integrität der Person, „das Sein der Person im Unterschied zum Tun"[417], und geht damit über die allgemeine Handlungsfreiheit im Sinne von Art. 2 I GG hinaus. Im Rahmen dieses Rechts haben das Bundesverfassungsgericht und die Rechtslehre eine Reihe von Einzelverbürgungen benannt. Keine von diesen steht indes einem Verschlüsselungsverbot entgegen.

An erster Stelle ist hier das Recht auf informationelle Selbstbestimmung zu nennen. In einer Entscheidung zum Volkszählungsgesetz 1983 hat das Bundesverfassungsgericht dessen Konturen herausgearbeitet. Unter den Bedingungen moderner Informationstechnik müsse gewährleistet werden, daß der einzelne wisse, „wer was wann und bei welcher Gelegenheit über [ihn] weiß."[418] Das Grundrecht gewährleiste insoweit „die Befugnis des Einzelnen, grundsätzlich selbst über die Preisgabe und Verwendung seiner persönlichen Daten zu bestimmen" und schütze ihn gegen die „unbegrenzte Erhebung, Speicherung, Verwendung und Weitergabe seiner persönlichen Daten."[419] Anknüpfungspunkt für das Recht auf informationelle Selbstbestimmung sind personenbezogene Daten, das Wissen über eine Person.[420] Es schützt im weitesten Sinne gegen Informationseingriffe des Staates.[421] Der Bürger wird vor der Erhebung und der Verwendung personenbezogener Daten geschützt, und zwar im Sinne eines Verbots, das an staatliche Stellen einschließlich des Gesetzgebers gerichtet ist.[422] Gegenstand des Rechts auf informationelle Selbstbestimmung ist dabei die Bestimmungsbefugnis über die Daten, also die Frage, wer darüber entscheidet, welche Daten zu welchen Zwecken erhoben und verwendet werden dürfen.

---

[417] *Sachs–Murswiek*, Art. 2 Rn. 59.

[418] BVerfGE 65, S. 1, 43.

[419] BVerfGE 65, S. 1.

[420] Vgl. *Vogelsang*, Grundrecht auf informationelle Selbstbestimmung?, S. 25.

[421] Vgl. *Sachs–Murswiek*, Art. 2 Rn. 73.

[422] Vgl. *Schmitt Glaeser*, HdbStR VI, § 129, Rn. 89 ff.

Ein Gesetz, das verschlüsseltes Kommunizieren verbietet, wird von diesem Verbot nicht berührt. Mit dem Erlaß eines solchen Gesetzes erhebt der Staat keine personenbezogenen Daten, und er erlaubt oder regelt auch nicht ihre Erhebung. Er versucht lediglich, sich die technischen Möglichkeiten zu erhalten, um die bestehenden gesetzlich vorgesehenen Abhörbefugnisse zu nutzen. Die Nutzung von Abhörbefugnissen, also das Mithören oder Aufzeichnen von Telekommunikationsvorgängen, ist jedoch nicht Gegenstand eines Verschlüsselungsverbots, sondern anderer, davon unabhängiger Eingriffsnormen, die ihrerseits den datenschutzrechtrechtlichen Anforderungen genügen müssen. Das Recht auf informationelle Selbstbestimmung steht einem Verschlüsselungsverbot nicht entgegen.

Letztlich zu keinem anderen Ergebnis führt die Konstruktion einer Schutzpflicht, wie sie etwa *Roßnagel* vorschlägt.[423] Wenn der demokratische Rechtsstaat seine Bürger im Internet nicht zuverlässig schützen könne, so *Roßnagel*, dann müsse er sie zum Ausgleich zum Selbstschutz befähigen. Eine solche Verpflichtung des Staates stünde konsequenterweise einem Verschlüsselungsverbot entgegen, weil ein solches Verbot dem Bürger eine Möglichkeit nähme, selbst für die Vertraulichkeit seiner Telekommunikation zu sorgen.

Dieser Ansatz geht jedoch von unzutreffenden Prämissen aus. Der Staat ist – jedenfalls aus dem Recht auf informationelle Selbstbestimmung – nicht verpflichtet, für die Unentschlüsselbarkeit von Nachrichten zu sorgen, die im Wege der Telekommunikation versandt werden. Eine Schutzpflicht im Hinblick auf das Recht auf informationelle Selbstbestimmung kann nicht weiter reichen als dessen abwehrrechtlicher Gehalt. Dieser macht die Datenerhebung und -verarbeitung von bestimmten Voraussetzungen abhängig, etwa einem überwiegenden Allgemeininteresse an der Erhebung und Verarbeitung der betreffenden Daten.[424] Ist somit die Datenerhebung und -verarbeitung zunächst einmal verboten, so kann sich auch eine Schutzpflicht nur darauf erstrecken, daß der Staat das Erheben oder Verarbeiten von personenbezogenen Daten durch unbefugte Dritte unterbindet. Werden Daten verschlüsselt, so werden aber weder Erhebung noch Verarbeitung von personenbezogenen Daten verhindert.

Zu unterscheiden ist bei dieser Betrachtung zwischen den sogenannten Nutzdaten und den Verbindungsdaten. Zu den Verbindungsdaten gehören die Umstände der Telekommunikation: Wer kommuniziert wann mit wem (und bei der mobilen Kommunikation: von wo nach wo)? Diese Daten fal-

---

[423] Vgl. *Roßnagel*, ZRP 1997, S. 26, 29.
[424] Vgl. *Knott*, Inhalt und Schranken des Rechts auf „informationelle Selbstbestimmung", in: Vollkommer (Hrsg.), Datenverarbeitung und Persönlichkeitsschutz, S. 45, 54 f.

len bei verschlüsselter Kommunikation ebenso an wie bei unverschlüsselter.[425]

Als Nutzdaten bezeichnet man den eigentlichen Inhalt der Nachricht. Dessen Vertraulichkeit ist jedoch bereits durch die speziellere Vorschrift des Art. 10 I GG geschützt, so daß ein Rückgriff auf das „unbenannte Freiheitsrecht"[426] des Art. 2 I i. V. m. Art. 1 I GG nicht notwendig ist. Zudem verhindert die Verschlüsselung in bezug auf die Nutzdaten nicht die Erhebung, sondern die Entstehung personenbezogener Daten. Eine unverschlüsselte Nachricht kann als eine Menge personenbezogener Daten betrachtet werden. Eine verschlüsselte Nachricht enthält mangels auswertbarer Information gar keine personenbezogenen Daten im Sinne des Rechts auf informationelle Selbstbestimmung. Somit wird durch die Verschlüsselung nicht die Erhebung der Daten der unverschlüsselten Nachricht verhindert, sondern es werden gar keine personenbezogenen Daten übermittelt. Zwar zählt auch das Gebot der Datenvermeidung zum Bestand des modernen Datenschutzrechts. Dieses Gebot richtet sich aber an die potentiell datenerhebende Stelle und verpflichtet sie, nur die unerläßlichen Daten zu erheben. Es richtet sich nicht an den Bürger, gar nicht erst personenbezogene Daten im Wege der Telekommunikation der Gefahr der Erhebung auszusetzen. So betrachtet stellt sich Verschlüsselung nicht als ein Instrument dar, mit dem die Erhebung vorhandener personenbezogener Daten verhindert würde. Vielmehr wird verhindert, daß eine datenschutzrechtlich relevante Situation überhaupt entsteht, weil auf Grund der Nicht-Auswertbarkeit der Nachricht keine personenbezogenen Daten mehr übermittelt werden. Damit findet das Recht der informationellen Selbstbestimmung insoweit keine Anwendung.

Auch die übrigen Fallgruppen, die im Bereich des Allgemeinen Persönlichkeitsrechts entwickelt worden sind, enthalten keinen Ansatzpunkt für die Verfassungswidrigkeit eines Verschlüsselungsverbots. Der Schutz der Privatsphäre erfaßt die „engere persönliche Lebenssphäre"[427]; beispielhaft

---

[425] Roßnagel weist zu Recht auf die Möglichkeit hin, elektronische Mitteilungen über Anonymisierungsrechner, sogenannte *anonymous remailer*, zu verschicken und so ihren Absender zu verbergen. Dabei wird zwar Verschlüsselung eingesetzt, diese aber nur, um die Daten jeweils auf dem Transport zu schützen. Beim eigentlichen Anonymisierungsvorgang werden lediglich alle Daten aus der Nachricht entfernt, die den Absender identifizieren könnten. Anschließend wird die Nachricht an den Empfänger weitergeleitet. Für den Anonymisierungsvorgang, der die Erhebung und Speicherung von personenbezogenen Daten verhindert, ist Verschlüsselung also nicht erforderlich. Vgl. *Roßnagel*, ZRP 1997, S. 26, 27.

[426] BVerfGE 27, S. 344, 351; vgl. *Sachs–Murswiek*, Art. 2 Rn. 64.

[427] BVerfGE 54, S. 148, 153.

sind hier der Schutz von privaten Tagebuchaufzeichnungen[428] oder der Gestaltung des Geschlechtslebens[429] zu nennen. Der Staat soll nicht in den Bereich der persönlichen Lebensgestaltung des Bürgers eindringen. Es soll ein autarker Privatbereich vor Einsicht- und Kenntnisnahme Dritter geschützt werden.[430] Eine solche Gefahr besteht in besonderer Weise, wenn mit Hilfe Dritter über Entfernungen kommuniziert wird. Soweit das Allgemeine Persönlichkeitsrecht dem Staat jedoch verbietet, die Vertraulichkeit dieser Kommunikation zu durchbrechen, steht es zumindest in Konkurrenz zum Spezialgrundrecht des Art. 10 I 1 GG vor.[431] In bezug auf den Gegenstand der Untersuchung – die mit Hilfe Dritter vermittelte räumlich distanzierte Kommunikation – ist Art. 10 I GG jedenfalls die speziellere Norm.[432] Andere Gründe dafür, daß der Privatsphärenschutz auf Grundlage des Allgemeinen Persönlichkeitsrechts über das Abhörverbot des Art. 10 I GG hinausgehen sollte, sind nicht ersichtlich. Auch der vom Allgemeinen Persönlichkeitsrecht geschützte Anspruch des Einzelnen darauf, selbst über seine Darstellung in der Öffentlichkeit zu entscheiden,[433] steht einem Verschlüsselungsverbot nicht entgegen. Aus Art. 2 I i. V. m. Art. 1 I GG läßt sich daher eine Unzulässigkeit eines Verschlüsselungsverbots nicht ableiten.

---

[428] BVerfGE 80, S. 367, 373 ff.
[429] BVerfGE 47, S. 46, 73.
[430] Vgl. *Dreier–Dreier*, Art. 2 I Rn. 51.
[431] Vgl. oben, S. 51 ff.
[432] Vgl. *Dreier–Hermes*, Art. 10 Rn. 82.
[433] Vgl. *Dreier–Dreier*, Art. 2 Rn. 53.

# VII. Thesen

1. Die Informationsgesellschaft ist auf die Nutzung offener Netze angewiesen. Eine zentrale Anforderung ist dabei die Vertraulichkeit von Telekommunikation (neben Authentizität, Integrität und Verfügbarkeit).

2. Die Vertraulichkeit von Kommunikation in offenen Netzen wie dem Internet ist prinzipiell, also auf Grund der Netzarchitektur, gefährdet. Vertraulichkeit kann unabhängig vom konkret verwendeten Transportweg nur gewährleistet werden, wenn die Sicherheit zum Attribut der Daten selbst wird. Dies läßt sich nach dem heutigen Stand der Technik nur durch Verschlüsselung erreichen.

3. Der heutige Stand der Verschlüsselungstechnik bietet ein Maß an Sicherheit, das eine Entschlüsselung ohne Kenntnis des richtigen Schlüssels praktisch unmöglich macht. Damit kann Verschlüsselung herkömmliche Abhörbefugnisse zur Bekämpfung und Verfolgung von Schwerstkriminalität und Terrorismus ins Leere laufen lassen.

4. Verschlüsselungssysteme sind entweder praktisch sicher oder unsicher. Eine Abstufung, die nur berechtigten staatlichen Stellen den Zugriff auf verschlüsselte Nachrichten erlaubt, ist technisch nicht möglich. Kann ein Verschlüsselungssystem überhaupt mit technischen Mitteln überwunden werden, läßt sich die Verfügbarkeit dieser Mittel nicht auf staatliche Stellen begrenzen.

5. Die Sicherheit moderner Verschlüsselungssysteme hängt vor allem von der Sicherheit der verwendeten Schlüssel ab. Werden Kommunikationsschlüssel außer beim berechtigten Benutzer noch an anderer Stelle gespeichert, ist das System auf Grund der Möglichkeit der Kompromittierung dieser Schlüssel als unsicher anzusehen. Dies gilt in gleichem Maße für Verfahren der Schlüsselhinterlegung (key escrow, government access to keys) wie der obligatorischen Zweitverschlüsselung (corporate message recovery).

6. Verschlüsselte Nachrichten unterscheiden sich nicht prinzipiell von unverschlüsselten, da jede Informationsweitergabe unter Nutzung von Medien auf irgendeine Form von Codierung angewiesen ist. Ver-

schlüsselte Nachrichten, die im Wege der Telekommunikation versandt werden, werden daher von Art. 10 I GG gegen unbefugtes Abhören oder Aufzeichnen in gleicher Weise geschützt wie nicht mit technischen Mitteln verschlüsselte.

7. Die Befugnis, mit kryptographischen Methoden verschlüsselte Nachrichten im Wege elektronischer Datenkommunikation zu versenden, ergibt sich nicht aus Art. 10 I GG, sondern wird von dieser Norm allenfalls vorausgesetzt. Ein Verschlüsselungsverbot wäre daher mit Art. 10 I GG vereinbar.

8. Art. 5 I 1 GG gewährleistet umfassend das Recht der Individualkommunikation. Dies umfaßt – entgegen verbreiteter Ansicht – auch die Mitteilung von Tatsachen und den Empfang individueller Mitteilungen.

9. Nach dieser, aber auch nach herkömmlicher Auslegung des Art. 5 I 1 GG greift ein Verschlüsselungsverbot in den Schutzbereich dieses Grundrechts ein, da es die Freiheit beschränkt, Beliebiges im Wege der Individualkommunikation zu kommunizieren. Es reicht dabei auch, daß „meinungsrelevante" Mitteilungen von einem Verbot auch betroffen würden.

10. Der Begriff des „allgemeinen Gesetzes" in Art. 5 II GG fordert nicht mehr, aber auch nicht weniger als eine strenge Verhältnismäßigkeitsprüfung unter Berücksichtigung der besonderen Bedeutung der Kommunikationsfreiheit in einer freiheitlich demokratischen Gesellschaft.

11. Ein Verschlüsselungsverbot wird den Anforderungen des Art. 5 II GG nicht gerecht. Insbesondere bestehen in hohem Maße Zweifel an der Eignung der Maßnahme zur Erreichung eines legitimen Zwecks, während gleichzeitig eine Reihe schädlicher Auswirkungen sicher zu erwarten sind. Ein Verbot griffe daher in unangemessener Weise in den Schutzbereich des Grundrechts ein und wäre nicht mit der Verfassung vereinbar.

12. Mit dem Allgemeinen Persönlichkeitsrecht gemäß Art. 2 I i. V. m. Art. 1 I GG wäre ein Verschlüsselungsverbot vereinbar.

# Literaturverzeichnis

**Abelson, Harold/**
**Anderson, Ross/**
**Bellovin, Steven M.**

Risiken von Key Recovery, Key Escrow und Trusted-Third-Party-Verschlüsselung, in: DuD 1998, S. 14–23

**Alexy, Robert**

Theorie der Grundrechte, Baden-Baden 1985 (zugl. Habilitation, Göttingen 1984)

**Alexy, Robert**

Theorie der juristischen Argumentation. Die Theorie des rationalen Diskurses als Theorie der juristischen Begründung, 3. Auflage, Frankfurt/Main 1996 (zugl. Dissertation, Göttingen 1976) (zitiert: *Alexy*, Theorie der juristischen Argumentation)

**Alternativkommentar**

Kommentar zum Grundgesetz für die Bundesrepublik Deutschland. Band 1: Art. 1–37, 2. Auflage, Neuwied 1989 (zitiert: *AK–Bearbeiter*)

**Bär, Wolfgang**

Der Zugriff auf Computerdaten im Strafverfahren, Köln 1992 (zugl. Dissertation, Bayreuth 1991)

**Bauer, Friedrich L.**

Entzifferte Geheimnisse. Methoden und Maximen der Kryptologie, Berlin 1995 (zitiert: *Bauer*, Entzifferte Geheimnisse (1. Auflage))

**Bernd, Werner**

Legislative Prognosen und Nachbesserungspflichten, Dissertation Mainz 1989

**Beutelspacher, Albrecht**

Ist Kryptographie gut – oder zu gut? in: **Hamm, Rainer/Möller, Klaus Peter (Hrsg.)**: Datenschutz durch Kryptographie – ein Sicherheitsrisiko? Baden-Baden 1998, S. 16–41 (zitiert: *Beutelspacher*, in: Hamm/Möller (Hrsg.), Datenschutz durch Kryptographie)

**Beutelspacher, Albrecht/ Schwenk, Jörg/ Wolfenstetter, Klaus-Dieter**

Moderne Verfahren der Kryptographie: von RSA zu Zero-Knowledge, Braunschweig 1995 (zitiert: *Beutelspacher/Schwenk/Wolfenstetter*, Moderne Verfahren der Kryptographie)

**Bizer, Johann**

Kryptokontroverse. Teilnehmerautonome Verschlüsselung und Innere Sicherheit, in: **Kubicek, Herbert/Müller, Günter/ Neumann, Karl-Heinz/Raubold, Eckart/ Roßnagel, Alexander (Hrsg.)**: Jahrbuch Telekommunikation und Gesellschaft, Heidelberg 1995, S. 214–223 (zitiert: *Bizer*, Kryptokontroverse, in: Kubicek u.a. (Hrsg.), Jahrbuch Telekommunikation und Gesellschaft 1995, S. 214)

**Bizer, Johann**

Schutz der Vertraulichkeit in der Telekommunikation, in: KJ 1995, S. 450–465

**Bizer, Johann**

Verschlüsselung und staatlicher Datenzugriff. Die deutsche Debatte, in: **Büllesbach, Alfred (Hrsg.)**: Datenschutz im Telekommunikationsrecht. Deregulierung und Datensicherheit in Europa, Köln 1997, S. 245–277 (zitiert: *Bizer*, Verschlüsselung und staatlicher Datenzugriff, in: Büllesbach (Hrsg.), Datenschutz im Telekommunikationsrecht, S. 245)

| | |
|---|---|
| **Bizer, Johann** | Nachfrage nach Sicherheit. Privater Vertraulichkeitsschutz und staatliche Sicherheitspolitik in der Telekommunikation, in: **Bizer, Johann/Koch, Hans-Joachim (Hrsg.):** Sicherheit, Vielfalt, Solidarität. Ein neues Paradigma des Verfassungsrechts? Symposium zum 65. Geburtstag Erhard Denningers am 20. Juni 1997, Baden-Baden 1998, S. 29–46 (zitiert: *Bizer*, Nachfrage nach Sicherheit, in: FS Denninger, S. 29) |
| **Bleckmann, Albert** | Staatsrecht II – Die Grundrechte. Allgemeine Grundrechtslehre, 4. Auflage, Köln 1997 (zitiert: *Bleckmann*, Staatsrecht II) |
| **Bullinger, Martin** | Freedom of expression and information: an essential element of democracy, in: HRLJ 1985, S. 339–384 |
| **Bullinger, Martin/ Mestmäcker, Ernst-Joachim** | Multimediadienste. Struktur und staatliche Aufgaben nach deutschem und europäischem Recht, Baden-Baden 1997 (zitiert: *Bullinger/Mestmäcker*, Multimediadienste) |
| **Bundesbeauftragter für den Datenschutz** | 18. Tätigkeitsbericht. Bundestags-Drucksache 14/5555 v. 13.03.2001, (zitiert: *BfD*, 18. Tätigkeitsbericht 1999/2000) |
| **Dechsling, Rainer** | Das Verhältnismäßigkeitsgebot. Eine Bestandsaufnahme der Literatur zur Verhältnismäßigkeit staatlichen Handelns, München 1989 (zugl. Dissertation, Hamburg 1987) (zitiert: *Dechsling*, Verhältnismäßigkeitsgebot) |

**Denninger, Erhard**

Das Recht auf informationelle Selbstbestimmung und Innere Sicherheit, in: **von
Schoeler, Andreas (Hrsg.):** Informationsgesellschaft oder Überwachungsstaat?
Strategien zur Wahrung der Freiheitsrechte im Computerzeitalter, Opladen 1986,
S. 107–160 (zitiert: *Denninger*, Das Recht
auf informationelle Selbstbestimmung
und Innere Sicherheit, in: von Schoeler
(Hrsg.), Informationsgesellschaft oder
Überwachungsstaat, S. 107)

**Dietlein, Johannes**

Die Lehre von den grundrechtlichen
Schutzpflichten, Berlin 1992 (zugl. Dissertation, Münster 1991)

**Diffie, W./
Hellman, M. E.**

New Directions in Cryptography, in: IEEE
Transactions on Information Theory 1976,
S. 644–654

**Dix, Alexander**

Gesetzliche Verschlüsselungsstandards.
Möglichkeiten und Grenzen der Gesetzgebung, in: CR 1997, S. 38–43

**Dolzer, Rudolf/
Vogel, Klaus**

Bonner Kommentar zum Grundgesetz,
Heidelberg, Loseblatt 1950 ff. (zitiert: *BK–
Bearbeiter*)

**Dreier, Horst**

Grundgesetz. Kommentar, Band 1, Art. 1-
19, Tübingen 1996 (zitiert: *Dreier–Bearbeiter*)

**Evers, Hans-Ulrich**

Privatsphäre und Ämter für Verfassungsschutz, Berlin 1960

**Fedderath, Hannes/
Pfitzmann, Andreas**

Gliederung und Systematisierung von
Schutzzielen in IT-Systemen, in: DuD 2000,
S. 704–709

| | |
|---|---|
| **Fox, Dirk** | Blick zurück nach vorn, in: DuD 2000, S. 694 |
| **Fox, Dirk** | Gateway: Data Encryption Standard (DES), in: DuD 2000, S. 736 |
| **Fumy, Walter/ Rieß, Hans Peter** | Kryptographie. Entwurf, Einsatz und Analyse symmetrischer Kryptosysteme, 2. Auflage, München 1994 (zitiert: *Fumy/Rieß*, Kryptographie) |
| **Gentz, Manfred** | Zur Verhältnismäßigkeit von Grundrechtseingriffen, in: NJW 1968, S. 1600–1607 |
| **Gerling, Rainer W.** | Verschlüsselungsverfahren. Eine Kurzübersicht, in: DuD 1997, S. 197–200 |
| **Gerold, Anton** | Grundlagen und Anwendungen der Kryptographie, in: Sicherheit in vernetzten Systemen. DFN-Bericht Nr. 84, 1997, S. D–1 (zitiert: *Gerold*, DFN-Bericht Nr. 84, 1997, S. D-1) |
| **Gilster, Paul** | The New Internet Navigator, 3. Auflage, New York 1995 |
| **Grabitz, Eberhard** | Der Grundsatz der Verhältnismäßigkeit in der Rechtsprechung des Bundesverfassungsgerichts, in: AöR (98) 1973, S. 568–616 |
| **Grimm, Dieter** | Die Meinungsfreiheit in der Rechtsprechung des Bundesverfassungsgerichts, in: NJW 1995, S. 1697–1705 |
| **Gusy, Christoph** | Parlamentarischer Gesetzgeber und Bundesverfassungsgericht, Berlin 1985 (zugl. Habilitation, Hagen 1983) |

**Hammer, Volker**

Technische Anforderungen an die Kommunikationssicherheit – Vertraulichkeit durch Sicherheitsdienstleistungen, in: **Büllesbach, Alfred (Hrsg.)**: Datenschutz im Telekommunikationsrecht. Deregulierung und Datensicherheit in Europa, Köln 1997, S. 227–244 (zitiert: *Hammer*, Technische Anforderungen an die Kommunikationssicherheit, in: Büllesbach (Hrsg.), Datenschutz im Telekommunikatiosrecht, S. 227)

**Heußner, Hermann**

Datenverarbeitung und Grundrechtsschutz, in: **Hohmann, Harald (Hrsg.)**: Freiheitssicherung durch Datenschutz, Frankfurt/Main 1987, S. 110–126 (zitiert: *Heußner*, Datenverarbeitung und Grundrechtsschutz, in: Hohmann (Hrsg.), Freiheitssicherung durch Datenschutz, S. 110)

**Hirschberg, Lothar**

Der Grundsatz der Verhältnismäßigkeit, Göttingen 1981 (zugl. Habilitation, Göttingen 1978/79) (zitiert: *Hirschberg*, Grundsatz der Verhältnismäßigkeit)

**Hobert, Guido**

Datenschutz und Datensicherheit im Internet. Interdependenz und Korrelation von rechtlichen Grundlagen und technischen Möglichkeiten, Diss. Marburg 1998 (zitiert: *Hobert*, Datenschutz und Datensicherheit im Internet)

**Hoeren, Thomas/
Sieber, Ulrich (Hrsg.)**

Handbuch Multimedia-Recht. Rechtsfragen des elektronischen Geschäftsverkehrs, München, Loseblatt (zitiert: Handbuch Multimedia-Recht)

**Hofmann, Hasso**

Die Entwicklung des Grundgesetzes nach 1949, in: **Isensee, Josef/Kirchhof, Paul (Hrsg.):** Handbuch des Staatsrechts der Bundesrepublik Deutschland. Band I: Grundlagen von Staat und Verfassung, 2. Auflage, Heidelberg 1995, § 7, S. 259–319 (zitiert: *Hofmann*, HdbStR I, § 7)

**Isensee, Josef**

Das Grundrecht als Abwehrrecht und als staatliche Schutzpflicht, in: **Isensee, Josef/Kirchhof, Paul (Hrsg.):** Handbuch des Staatsrechts der Bundesrepublik Deutschland. Band V: Allgemeine Grundrechtslehren, Heidelberg 1992, § 111, S. 143–241 (zitiert: *Isensee*, HdbStR V, § 111)

**Jakobs, Michael Ch.**

Der Grundsatz der Verhältnismäßigkeit, Köln 1985 (zugl. Dissertation, Osnabrück 1984) (zitiert: *Jakobs*, Grundsatz der Verhältnismäßigkeit)

**Jarass, Hans D./ Pieroth, Bodo**

Grundgesetz für die Bundesrepublik Deutschland. Kommentar, 5. Auflage, München 2000 (zitiert: *Jarass/Pieroth–Bearbeiter*)

**Kelm, Stefan/ Kossakowski, Klaus-Peter**

Zur Notwendigkeit der Kryptographie. Warum die Praxis für Kryptographie und gegen Regulierung spricht! in: DuD 1997, S. 192–196

**Kleine-Voßbeck, Bernd**

electronic mail und Verfassungsrecht, Marburg 2000 (zugl. Dissertation, Marburg 2000)

**Knobloch, Hans-Joachim**

Schwäche im OpenPGP-Standard. Attacke auf die geheimen Schlüssel von PGP-Benutzern, in: DuD 2000, S. 333–335

**Knott, Maria**

Inhalt und Schranken des Rechts auf „informationelle Selbstbestimmung" nach dem Urteil des Bundesverfassungsgerichts zum Volkszählungsgesetz, in: **Vollkommer, Max (Hrsg.)**: Datenverarbeitung und Persönlichkeitsschutz. Beiträge zu aktuellen Problemen des Datenschutzes in Recht und Praxis, Erlangen 1986, S. 45–63 (zitiert: *Knott*, Inhalt und Schranken des Rechts auf „informationelle Selbstbestimmung", in: Vollkommer (Hrsg.), Datenverarbeitung und Persönlichkeitsschutz, S. 45)

**Koch, Hans-Joachim**

Die normtheoretische Basis der Abwägung, in: **Erbguth, Wilfried/Oebbecke, Janbernd/Rengeling, Hans-Werner/Schulte, Martin (Hrsg.)**: Abwägung im Recht. Symposium und Verabschiedung von Werner Hoppe am 30. Juni 1995 in Münster aus Anlaß seiner Emeritierung, Köln 1995, S. 9–24 (zitiert: *Koch*, Die normtheoretische Basis der Abwägung, in: FS Hoppe, S. 9)

**Koops, Bert-Jaap**

The crypto controversy. A key conflict in the information society, Den Haag/The Hague 1999 (zugl. Dissertation, Tilburg 1999) (zitiert: *Koops*, The crypto controversy)

**Krol, Ed**

Die Welt des Internet. Handbuch & Übersicht, Bonn 1995 (zitiert: *Krol*, Die Welt des Internet)

**Kuhn, Markus G./Anderson, Ross J.**

Soft Tempest: Hidden Data Transmission Using Electromagnetic Emanations, in: LNCS (1525) 1998, S. 124–142

**Kuner, Christopher**  Rechtliche Aspekte der Datenverschlüsselung im Internet, in: NJW-CoR 1995, S. 413–420

**Lammarsch, Joachim/**
**Steenweg, Helge**  Internet & Co. Elektronische Fachkommunikation auf akademischen Netzen, Bonn 1994 (zitiert: *Lammarsch/Steenweg*, Internet & Co)

**Löffler, Martin/**
**Ricker, Reinhart**  Handbuch des Presserechts, 3. Auflage, München 1994

**Lücke, Jörg**  Die „allgemeinen" Gesetze (Art. 5 Abs. 2 GG). Versuch einer Neuinterpretation, Heidelberg 1998 (zitiert: *Lücke*, Die „allgemeinen" Gesetze)

**Lucks, Stefan/**
**Weis, Rüdiger**  Der DES-Nachfolger Rijndael, in: DuD 2000, S. 711–713

**Maunz, Theodor/**
**Dürig, Günter**  Grundgesetz. Kommentar, München, Loseblatt (zitiert: *Maunz/Dürig–Bearbeiter*)

**Maunz, Theodor/**
**Zippelius, Reinhold**  Deutsches Staatsrecht, 30. Auflage, München 1998 (zitiert: *Maunz/Zippelius*, Staatsrecht)

**Mecklenburg, Wilhelm**  Internetfreiheit, in: ZUM 1997, S. 525–543

**Merten, Detlef**  Zur negativen Meinungsfreiheit, in: DÖV 1990, S. 761–769

**Mosdorf, Siegmar**            Sicherheit in offenen Netzen – Politik zwi-
                                schen Freiheit und Strafverfolgung, in:
                                **Bundesamt für die Sicherheit in der In-
                                formationstechnik (Hrsg.):** Mit Sicherheit
                                in die Informationsgesellschaft. Tagungs-
                                band 5. Deutscher IT-Sicherheitskongreß
                                des BSI, Ingelheim 1997, S. 179–183 (zitiert:
                                *Mosdorf*, Sicherheit in offenen Netzen, in:
                                BSI (Hrsg.), Mit Sicherheit in die Informa-
                                tionsgesellschaft, S. 179)

**Oehler, Dietrich**            Postgeheimnis, in: **Neumann, Franz L./
                                Nipperdey, Hans Carl/Scheuner, Ulrich
                                (Hrsg.):** Die Grundrechte. Band II: Die Frei-
                                heitsrechte in Deutschland, Berlin 1954,
                                S. 605–622 (zitiert: *Oehler*, Postgeheim-
                                nis, in: Neumann/Nipperdey/Scheuner
                                (Hrsg.), Grundrechte II)

**Ossenbühl, Fritz**            Abwägung im Verfassungsrecht, in: **Erb-
                                guth, Wilfried/Oebbecke, Janbernd/
                                Rengeling, Hans-Werner/Schulte, Mar-
                                tin (Hrsg.):** Abwägung im Recht. Sym-
                                posium und Verabschiedung von Werner
                                Hoppe am 30. Junig 1995 in Münster aus
                                Anlaß seiner Emeritierung, Köln 1995,
                                S. 25–41 (zitiert: *Ossenbühl*, Abwägung im
                                Verfassungsrecht, in: FS Hoppe, S. 25)

**Peuckert, Heribert**          Electronic Commerce und Sicherheit, in:
                                **Bundesamt für die Sicherheit in der In-
                                formationstechnik (Hrsg.):** Mit Sicherheit
                                in die Informationsgesellschaft. Tagungs-
                                band 5. Deutscher IT-Sicherheitskongreß
                                des BSI, Ingelheim 1997, S. 13–26 (zitiert:
                                *Peuckert*, Electronic Commerce und Si-
                                cherheit, in: BSI (Hrsg.), Mit Sicherheit in
                                die Informationsgesellschaft, S. 13)

| | |
|---|---|
| **Pieroth, Bodo/**<br>**Schlink, Bernhard** | Staatsrecht II. Grundrechte, 17. Auflage, Heidelberg 2001 (zitiert: *Pieroth/Schlink, Staatsrecht II*) |
| **Raabe, Marius** | Grundrechte und Erkenntnis. Der Einschätzungsspielraum des Gesetzgebers, Baden-Baden 1998 (zugl. Dissertation, Kiel 1997) (zitiert: *Raabe*, Grundrechte und Erkenntnis) |
| **Ragaz, Peter C.** | Die Meinungsäußerungsfreiheit der Europäischen Menschenrechtskonvention, Bern 1979 (zugl. Dissertation, Zürich 1979) |
| **Ridder, Helmut K. J.** | Meinungsfreiheit, in: **Neumann, Franz L./ Nipperdey, Hans Carl/Scheuner, Ulrich (Hrsg.):** Die Grundrechte. Band II: Die Freiheitsrechte in Deutschland, Berlin 1954, S. 243–290 (zitiert: *Ridder*, Meinungsfreiheit, in: Neumann/Nipperdey/Scheuner, Grundrechte II) |
| **Rieß, Joachim** | Vom Fernmeldegeheimnis zum Telekommunikationsgeheimnis, in: **Büllesbach, Alfred (Hrsg.):** Datenschutz im Telekommunikationsrecht. Deregulierung und Datensicherheit in Europa, Köln 1997, S. 127–160 (zitiert: *Rieß*, Vom Fernmeldegeheimnis zum Telekommunikationsgeheimnis, in: Büllesbach (Hrsg.), Datenschutz im Telekommunikatiosrecht, S. 127) |
| **Robbers, Gerhard** | Sicherheit als Menschenrecht. Aspekte der Geschichte, Begründung und Wirkung einer Grundrechtsfunktion, Baden-Baden 1987 (zugl. Habilitation, Freiburg 1986/87) (zitiert: *Robbers*, Sicherheit als Menschenrecht) |

**Rohlf, Dietwalt**  Der grundrechtliche Schutz der Privatsphäre. Zugleich ein Beitrag zur Dogmatik des Art. 2 Abs. 1 GG, Berlin 1980 (zitiert: *Rohlf*, Der grundrechtliche Schutz der Privatsphäre)

**Roßnagel, Alexander**  Das Recht auf (tele-)kommunikative Selbstbestimmung, in: KJ 1990, S. 267–289

**Roßnagel, Alexander**  Globale Datennetze: Ohnmacht des Staates – Selbstschutz der Bürger, in: ZRP 1997, S. 26–30

**Rotta, Christian**  Nachrichtensperre und Recht auf Information, Wiesbaden 1986 (zugl. Dissertation, Konstanz 1985)

**Rueppel, Rainer A.**  „Clipper" – Der Krypto-Konflikt am Beispiel der amerikanischen ESCROW-Technologie, in: **Tinnefeld, Marie-Theres/ Philipps, Lothar/Weis, Kurt (Hrsg.):** Institutionen und Einzelne im Zeitalter der Informationstechnik. Machtpositionen und Rechte, München 1994, S. 187 (zitiert: *Rueppel*, „Clipper" – Der Krypto-Konflikt am Beispiel der amerikanischen ESCROW-Technologie, in: Tinnefeld/Philipps/Weis, Institutionen und Einzelne, S. 187)

**Rupp, Hans Heinrich**  Bedeutungsgehalte und Auswirkungen der Kommunikationsfreiheit im Grundgesetz, in: **Schwartländer, Johannes/ Riedel, Eibe (Hrsg.)**: Meinungsfreiheit. Bd. 2: Neue Medien und Meinungsfreiheit im nationalen und internationalen Kontext (Tübinger Universitätsschriften Forschungsprojekt Menschenrechte, Bd. 7), Kehl am Rhein 1990, S. 83 (zitiert: *Rupp,* Bedeutungsgehalte und Auswirkungen der Kommunikationsfreiheit im Grundgesetz, in: Schwartländer/Riedel (Hrsg.): Meinungsfreiheit II, S. 83)

**Sachs, Michael (Hrsg.)**  Grundgesetz. Kommentar, 2. Auflage, München 1999 (zitiert: *Sachs–Bearbeiter*)

**Scherer, Joachim**  Telekommunikationsrecht und Telekommunikationspolitik, Baden-Baden 1985

**Schlink, Bernhard**  Abwägung im Verfassungsrecht, Berlin 1976 (zugl. Dissertation, Heidelberg 1975)

**Schmidt-Jortzig, Edzard**  Meinungs- und Informationsfreiheit, in: **Isensee, Josef/Kirchhof, Paul (Hrsg.)**: Handbuch des Staatsrechts der Bundesrepublik Deutschland. Band VI: Freiheitsrechte, Heidelberg 1989, § 141, S. 635–666 (zitiert: *Schmidt-Jortzig,* HbStR VI, § 141)

**Schmitt Glaeser, Walter**  Das Grundrecht der Informationsfreiheit, in: Jura 1987, S. 567–574

**Schmitt Glaeser, Walter**  Schutz der Privatsphäre, in: **Isensee, Josef/Kirchhof, Paul (Hrsg.)**: Handbuch des Staatsrechts der Bundesrepublik Deutschland. Band VI: Freiheitsrechte, Heidelberg 1989, § 129, S. 41–107 (zitiert: *Schmitt Glaeser,* HdbStR VI, § 129)

**Schneider, Hans**

Gesetzgebung. Ein Lehrbuch, 2. Auflage, Heidelberg 1991 (zitiert: *Schneider*, Gesetzgebung)

**Scholz, Rupert/ Konrad, Karlheinz**

Meinungsfreiheit und allgemeines Persönlichkeitsrecht. Zur Rechtsprechung des Bundesverfassungsgerichts, in: AöR 123 [1998], S. 60–121

**Schulz von Thun, Friedemann**

Miteinander reden. Band 1: Störungen und Klärungen, Reinbek bei Hamburg 1981 (zitiert: *Schulz von Thun*, Miteinander reden)

**Schwark, Eberhard**

Der Begriff der „Allgemeinen Gesetze" in Artikel 5 Absatz 2 des Grundgesetzes, Berlin 1970 (zitiert: *Schwark*, Der Begriff der „Allgemeinen Gesetze")

**Seetzen, Uwe**

Der Prognosespielraum des Gesetzgebers, in: NJW 1975, S. 429–434

**Singh, Simon**

Geheime Botschaften. Die Kunst der Verschlüsselung von der Antike bis in die Zeiten des Internet, München 2001 (zitiert: *Singh*, Geheime Botschaften)

**Soehring, Jörg**

Presserecht. Recherche, Darstellung und Haftung im Recht der Presse, des Rundfunks und der Neuen Medien, 3. Auflage, Stuttgart 2000 (zitiert: *Soehring*, Presserecht)

**Sternberg, Nils**

Der Rang von Menschenrechtsverträgen im deutschen Recht unter besonderer Berücksichtigung von Art. 1 Abs. 2 GG, Berlin 1999 (zugl. Dissertation, Hamburg 1998) (zitiert: *Sternberg*, Der Rang von Menschenrechtsverträgen im deutschen Recht)

v. der Decken, Georg

Meinungsäußerungsfreiheit und Ehrenschutz in der politischen Auseinandersetzung, Göttingen 1980 (zitiert: *v. der Decken*, Meinungsäußerungsfreiheit und Ehrenschutz)

van Eimeren, Birgit/
Gerhard, Heinz/
Frees, Beate

ARD/ZDF-Onlinestudie 2001, in: Media Perspektiven 2001, S. 382–397

Vogelsang, Klaus

Grundrecht auf informationelle Selbstbestimmung? Baden-Baden 1987 (zugl. Dissertation, Göttingen 1986)

von Mangoldt,
Hermann/
Klein, Friedrich/
Starck, Christian
(Hrsg.)

Das Bonner Grundgesetz. Band 1: Präambel, Art. 1-19, 4. Auflage, München 1999 (zitiert: *von Mangoldt/Klein/Starck–Bearbeiter*)

von Münch, Ingo/
Kunig, Philip

Grundgesetz-Kommentar. Band 1: Präambel bis Art. 19, 5. Auflage, München 2000 (zitiert: *von Münch/Kunig–Bearbeiter*)

Weis, Rüdiger/
Lucks, Stefan/
Geyer, Werner

Stand der Faktorisierungsforschung, in: DuD 2000, S. 150–152

Wiesner, Barbara

Key Recovery, in: DuD 2000, S. 698–703

Wiggins, Richard W.

The Internet for Everyone. A Guide for Users and Providers, New York 1995 (zitiert: *Wiggins*, The Internet for Everyone)

Windsheimer, Hans

Die „Information" als Interpretationsgrundlage für die subjektiven öffentlichen Rechte des Art. 5 Abs. 1 GG, Berlin 1968

**Wobst, Reinhard**            Von DES zu AES. Neuer Verschlüsselungs-
                               standard vor der Verabschiedung, in: iX.
                               Magazin für professionelle Informations-
                               technik, Oktober 2001, S. 92–96

**Zenner, Erik/**             Sicherheit des GSM-Verschlüsselungs-
**Weis, Rüdiger/**            standards A5, in: DuD 2000, S. 405–407
**Lucks, Stefan**

**Zimmermann, Georg**         Staatliches Abhören, Frankfurt/Main 2001
                              (zugl. Dissertation, Bielefeld 2000)

# Glossar

**Access Provider** Siehe → Zugangsvermittler.

**Account** Siehe → Benutzerberechtigung.

**ADSL** Siehe → *Aynchronous Digital Subscriber Line.*

**Advanced Encryption Standard (AES)** Symmetrischer Verschlüsselungsstandard, der im November 2001 vom US-amerikanischen National Institute of Standards and Technology (NIST) veröffentlicht wurde und den veralteten → DES ablösen soll.

**Advanced Research Projects Agency Net (ARPANET)** Computernetz; Vorläufer des → Internet, der Ende der sechziger Jahre von der US-amerikanischen *Advanced Research Projects Agency* (ARPA) ins Leben gerufen wurde; aus dem ARPANET entwickelten sich im Laufe der siebziger Jahre die Anfänge des Internets.

**AES** Siehe → Avanced Encryption Standard.

**Algorithmus** Als Algorithmus bezeichnet man eine Vorschrift, die einen bestimmten Rechenvorgang schematisch beschreibt, beispielsweise den Ver- oder Entschlüsselungsvorgang bei einem kryptographischen Verfahren.

**American Standard Code for Information Interchange (ASCII)** Codetabelle, in der Zeichen wie Buchstaben oder Ziffern ein bestimmter Zahlenwert zugeordnet wird. Auf diese Weise ist es möglich, Buchstaben und andere Zeichen durch elektronisch speicherbare Zahlen zu repräsentieren. Der ursprüngliche ASCII-Code enthielt nur 127 Zeichen und wurde später um internationale Sonderzeichen (wie die deutschen Umlaute) erweitert. ASCII ist heute noch der Standard, auf dem alle Übertragungen im Internet aufbauen. Auch (an sich binäre) Dateien, die als → Attachments verschickt werden, werden mit Hilfe des ASCII codiert.

**Anonymous FTP** Viele Server, die das Fernkopieren per → File Transfer Protocol (FTP) erlauben, gestatten die anonyme Anmeldung und Nutzung. Anonym bedeutet hierbei, daß keine individuelle → Benutzerberechtigung erforderlich ist. Allerdings sind diese Server häufig so eingestellt, daß die Nutzer als Benutzernamen „anonymous", als Paßwort aber ihre (oder jedenfalls eine gültige) E-Mail-Adresse eingeben müssen, und daß alle Zugriffe in einem Protokoll aufgezeichnet werden.

**ARPANET** Siehe → *Advanced Research Projects Agency Net.*

**ASCII** Siehe → American Standard Code for Information Interchange.

**asymmetrische Verschlüsselung** Verschlüsselungsverfahren, bei dem im Unterschied zu → symmetrischen Verschlüsselungsverfahren verschiedene Schlüssel für die Ver- und die Entschlüsselung verwendet werden. Siehe auch → Public Key-Verfahren.

**Asynchronous Digital Subscriber Line (ADSL)** Hochgeschwindigkeits-Internetzugang, bei dem die Datentransferrate der Verbindung zum Nutzer („downstream") anders ist als in umgekehrter Richtung vom Nutzer vom Zugangs-Provider („upstream").

**Attachment** Datei, die zusammen mit einer E-Mail-Nachricht verschickt („angehängt") wird. Attachments sind in der Regel in einem speziellen Verfahren so codiert, daß sie vollständig durch → ASCII-Zeichen repräsentiert werden können, die wiederum problemlos per E-Mail verschickt werden können.

**Authentizität** *hier:* Eigenschaft einer Nachricht, daß sie von demjenigen stammt, der aus ihr als Absender hervorgeht.

**Benutzerberechtigung (Account)** Der Betreiber einer Datenverarbeitungsanlage kann Nutzern in der Regel individuelle und abgestufte Nutzungsrechte einräumen. Damit sich die Nutzer gegenüber dem System identifizieren können, werden ihnen Benutzerberechtigungen zugeteilt. Diese bestehen in der Regel aus einem Benutzernamen (Login) und einem Paßwort.

**Bildschirmtext (BTX)** Textbasierter Informationsdienst, der von der Deutschen Telekom angeboten wurde und zum ersten Mal einer großen Zahl von Benutzern Anwendungen wie Homebanking erlaubte. Später unter der Bezeichnung Datex-J, wurde dann in den Onlinedienst

T-Online überführt und ist heute weitgehend durch das → World Wide Web verdrängt.

**bit** Kleinste Informationseinheit, kann den Wert 0 oder 1 annehmen; acht Bit zusammengefaßt ergeben ein Byte, das $2^8$, also 256 verschiedene Werte annehmen kann; $2^{10}$ ( = 1024) Byte werden als ein Kilobyte (kB) bezeichnet, wobei das kleingeschriebene „k" darauf hinweist, daß es sich nicht genau um 1000 Byte handelt; 1024 kB ergeben ein Megabyte (MB), 1024 MB ein Gigabyte (GB), also 1.073.741.824 Zeichen (handelsübliche Festplatten für PCs haben heute[434] eine Kapazität von mehr als 20 GB; die Tendenz ist stark steigend).

**Browser** Programm, mit dem sich im → WWW angebotene Seiten darstellen lassen. Moderne Browser verfügen über eine Reihe von Zusatzfunktionen und integrieren verschiedene Internetdienste wie → E-Mail und → File Transfer Protocol.

**BTX** Siehe → Bildschirmtext.

**Bug** Als Bug (engl., wörtl.: Käfer) bezeichnet man einen Programmfehler. Mit steigender Komplexität moderner Software ist es praktisch unmöglich geworden, Programme völlig fehlerfrei zu erstellen. Manche dieser Fehler zum Beispiel in der Software für → Web-Server stellen ernsthafte Sicherheitslücken dar, wenn sie von → Hackern dazu benutzt werden können, Zugriff auf das jeweilige System zu erhalten.

**Byte** Siehe → bit.

**Call-by-Call-Verfahren** Zugangsform zu einem Telekommunikationsnetz, bei der der Nutzer sich im Einzelfall für einen Anbieter entscheiden kann, indem er eine bestimmte Zugangsnummer vorwählt. Er kann sich dann entweder (nach vorheriger Anmeldung) über eine Kombination von Benutzername und Paßwort identifizieren, oder die Abrechnung erfolgt über die Telefonrechnung für den benutzten Telefonanschluß. Im letzteren Fall läßt sich nicht eindeutig feststellen, wer den Anschluß benutzt hat.

**Chiffrat** Das Ergebnis eines Verschlüsselungsvorgangs, bei dem auf einen Ausgangstext (→ Klartext) ein Verschlüsselungsverfahren (→ Algorithmus) unter Verwendung eines Schlüssels angewandt wird.

---

[434] im Jahr 2001

**CMR** Siehe → corporate message recovery.

**Content Provider** Siehe → Inhalteanbieter.

**corporate message recovery (CMR)** Public Key-Verfahren, bei dem die Nachricht mit einem zweiten (Firmen-) Schlüssel verschlüsselt wird bzw. werden muß, um in einem Notfall auf die Nachricht auch dann zugreifen zu können, wenn der Mitarbeiter, an den sie gerichtet war, sie nicht entschlüsseln kann oder will (zum Beispiel bei Tod, Kündigung oder Verlust des Schlüssels).

**Data Encryption Standard (DES)** Verschlüsselungsverfahren, das lange in den USA als Standard galt. Wegen der zu geringen Schlüssellängen bietet DES heute keinen ausreichenden Schutz mehr gegen mit modernen leistungsfähigen Computern durchgeführte Angriffe und wurde durch den → Advanced Encryption Standard (AES) abgelöst.

**DES** Siehe → Data Encryption Standard.

**Digitale Signatur** Mittels eines Public Key-Verschlüsselungsverfahrens hergestellte Prüfsumme, mit der sich die → Integrität und → Authentizität einer Nachricht nachweisen läßt.

**DNS** Siehe → Domain Name Service

**Domain Name Service (DNS)** Netz von Servern, die Klartext-Adressen wie www.uni-trier.de in die entsprechenden numerischen → IP-Adressen umsetzen

**E-Mail (elektronische Post)** Ein Dienst des → Internet, der mittels einer weltweit eindeutigen Adressierung das Versenden von Nachrichten, aber auch von Daten aller Art erlaubt.

**Extranet** Datennetz, das externe Computer (die nicht in den eigenen Gebäuden stehen) integriert. Ein solcher Anschluß kann u. a. über das Internet und einen verschlüsselten Zugang zu einem Gateway-Rechner erfolgen. Man spricht dann auch von einem *Virtual Private Network* (VPN).

**File Transfer Protocol (FTP)** → Protokoll, das dem Austausch (großer) Datenmengen zwischen Computern dient (Fernkopieren).

**Firewall** Rechner, der ein Netz mit einem anderen verbindet, dabei aber zum Schutz vor Viren, Hacker-Angriffen und ähnlichem nur bestimmte Daten und Dienste passieren läßt.

**Freeware (Public Domain, PD)** Software, die vom Autor für das freie Kopieren freigegeben worden ist, manchmal auch in Form sog. Cardware; der Autor bittet dann die Benutzer seiner Software, ihm als Anerkennung für seine Leistung eine Ansichtskarte aus ihrer Stadt zu schicken.

**FTP** Siehe → File Transfer Protocol.

**GAK** Siehe → government access to keys.

**Gateway** Rechner, der ein Netz mit einem anderen verbindet. Als Gateway bezeichnet man zum Beispiel einen Rechner, der ein → Intranet mit dem → Internet verbindet.

**GB (Gigabyte)** Siehe → bit.

**government access to keys (GAK)** Bezeichnung für die Eigenschaft von Verschlüsselungssystemen, daß staatliche Stellen Zugang zu den verwendeten Schlüsseln haben oder erhalten können.

**Hacker** Bezeichnung für Menschen, die mit Hilfe von Computern und Datennetzen in fremde Datenverarbeitungsanlagen eindringen. Häufig geht es dabei nur darum, zu zeigen, daß die Sicherheitsvorkehrungen ungenügend oder lückenhaft sind. Hacker können aber – auch unabsichtlich – erheblichen Schaden anrichten.

**Header** Verwaltungsinformationen, die einer Nachricht (E-Mail) vorangestellt werden und zum Beispiel Absender, Empfänger und Erstellungsdatum der Nachricht enthalten. Header erlauben nach den heute gängigen → Protokollen für den E-Mail-Versand keine eindeutige Zuordnung einer Nachricht zu einem Absender, weil sie leicht gefälscht werden können. Als Header werden auch Verwaltungsinformationen bezeichnet, die auf der Protokoll-Ebene den einzelnen Datenpaketen vorangestellt werden.

**Hypertext Markup Language (HTML)** Dieser als „lingua franca des Internet" bezeichnete Standard beschreibt, wie Texte und andere Daten für die Darstellung von Browsern ausgezeichnet werden. Eine besondere Möglichkeit ist die Angabe von Verweisen (→ Hyperlinks), die eine einfache Vernetzung von Angeboten und damit ein Navigieren durch eine Unzahl von Angeboten im → World Wide Web erlauben.

**hybride Verschlüsselung** Verschlüsselungsverfahren, bei dem die Nachricht aus Performance-Gründen zuerst mit einem (schnellen) → symmetrischen Verfahren verschlüsselt wird. Der dazu benutzte → Sitzungsschlüssel wird dann mit einem → asymmetrischen Verfahren und dem öffentlichen Schlüssel des Empfängers verschlüsselt und der Nachricht beigefügt. Wird zum Beispiel von → PGP verwendet.

**Hyperlink** Graphisch hervorgehobene Textstelle (zum Beispiel farbig und unterstrichen) in einem elektronischen Dokument, das einen Verweis zu einer anderen Textstelle, einer Internetadresse o.ä. enthält, dem man per Mausklick folgen kann.

**IDEA** Siehe → International Data Encryption Algorithm.

**Inhalteanbieter (Content Provider)** Als Inhalteanbieter bezeichnet man jeden, der im Internet Inhalte (Informationen, Unterhaltungsangebote usw.) unentgeltlich oder gegen Entgelt zur Verfügung stellt.

**Integrated Services Digital Network (ISDN)** Digitales Kommunikationsnetz, das zur Übertragung von Daten, Sprache und Bildern geeignet ist.

**Integrität** *hier:* Eigenschaft einer Nachricht, daß sie nicht verändert wurde, nachdem sie abgeschickt wurde.

**International Data Encryption Algorithm (IDEA)** Symmetrischer Verschlüsselungsstandard, der unter anderem im Verschlüsselungsprogramm → PGP verwendet wurde.

**Internet** Weltweiter Verbund von Computernetzen, in dem die gleichen → Protokolle verwendet werden.

**Internet Service Provider (ISP)** Dienstleister, der (in der Regel gegen Entgelt) einen Internet-Anschluß zur Verfügung stellt.

**Internet Relay Chat (IRC)** Kommunikationssystem, bei dem Nutzer in sog. Chatrooms (virtuellen Cafés) miteinander in Echtzeit kommunizieren (*chatten*) können. Dabei erscheint jede Zeile, die ein Nutzer auf seiner Tastatur eintippt, gleichzeitig auf den Bildschirmen aller anderen Nutzern, die im selben Chatroom angemeldet sind. Technisch wird IRC durch eine große Zahl von IRC-Servern, die über das Internet miteinander verbunden sind, realisiert, so daß Nutzer aus der ganzen Welt miteinander virtuell plaudern können.

**Intranet** Lokales Netzwerk, das die gleichen → Protokolle und Programme benutzt, die auch im Internet verwendet werden; in der Regel hat es keine oder nur eine (mittels → Firewalls) abgeschirmte Verbindung zum Internet.

**Implementierung** Die Umsetzung eines Algorithmus in ein lauffähiges Programm.

**IP-Adresse** Weltweit jeweils nur einmal vergebene numerische Adresse von Rechnern im Internet (Beispiel: 80.130.168.76. Bei Einwählverbindungen werden IP-Adressen auch dynamisch jeweils für die Dauer der Verbindung vom Provider an den Nutzer vergeben. Mit Hilfe der IP-Adresse können Rechner identifiziert werden. Leichter merkbare Adressen wie www.uni-trier.de werden mit Hilfe des Netzes der → Domain Name Service in IP-Adressen übersetzt.

**IRC** Siehe → Internet Relay Chat.

**Local Area Network (LAN)** Lokales Netzwerk, bei dem mehrere Rechner in einem räumlichen Zusammenhang mit Leitungen verbunden werden. Dabei können Daten und/oder Anwendung zentral auf einem Rechner (Server) gespeichert werden, während die anderen Rechner (Clients) auf diese Daten und Anwendungen über das Netz zugreifen. Alternativ werden PCs vernetzt, die primär als Einzelgeräte eingesetzt werden, und auf jedem Rechner wird den anderen Zugriff auf einzelne Datenbestände oder Ressourcen über das Netz erlaubt (Peer-to-Peer-Architektur).

**key escrow** Siehe → Schlüsselhinterlegung.

**Klartext (plaintext)** Ein unverschlüsselter Text. Tatsächlich macht dieser Begriff nur Sinn in der Unterscheidung zu einem mit einem Verschlüsselungssystem erzeugten → Chiffrat. Der „Klartext" kann selbst alles andere als klar sein, auch zum Beispiel eine Folge von Zufallszahlen oder ein sinnloses Gestammel auf Kisuaheli.

**Kryptoanalyse (auch: Kryptanalyse)** Wissenschaft vom unbefugten Entschlüsseln verschlüsselter Nachrichten. Auch Bezeichnung für Verfahren, die zum Brechen einer Verschlüsselung führen (sollen). Die Angriffe können sich gegen das verwendete Verschlüsselungsverfahren, den Schlüssel oder die Implementierung der Software richten. Im weitesten Sinne gehören auch Methoden des → social engineering dazu.

**Kryptographie** Lehre von den Methoden der Verschlüsselung und der Entschlüsselung.

**Kryptogramm** Verschlüsselte Nachricht. Siehe auch → Chiffrat.

**Kryptologie** Oberbegriff für → Kryptographie und → Kryptoanalyse.

**Online-Dienst** Dienstleister, der seinen Kunden Zugang zu einem eigenen Dienst mit exklusiven Inhalten vermittelt; häufig stellt er darüber hinaus auch den Zugang zum → Internet zur Verfügung. Beispiele für Online-Dienste sind AOL und T-Online.

**Packet-Sniffer** Computerprogramm, das den Datenverkehr in einem Netzwerk abhört und analysiert, um zum Beispiel Paßwörter herauszufinden oder bestimmte Stichwörter oder Muster zu filtern.

**Passphrase** Erweiterte Form des → Paßworts; längere Zeichenkette, die häufig aus mehreren Abschnitten oder Wörtern bestehen kann. Passphrases werden zum Beispiel zum Schutz des geheimen Schlüssels bei → PGP eingesetzt: Bevor eine Nachricht mit dem geheimen Schlüssel entschlüsselt werden kann, muß der Schlüssel mit der Passphrase aktiviert werden. Diese Maßnahme soll eine zusätzliche Sicherheitsstufe für den Fall bieten, daß der geheime Schlüssel in die Hände eines Angreifers fällt.

**Paßwort** (Geheime) Zeichenkette, die zur Autorisierung von Zugriffen verwendet wird. Paßwörter sind häufig die Schwachstelle von Sicherheitssystemen, weil sie verraten, an zugänglicher Stelle aufbewahrt, gekauft oder erpreßt werden. Häufig werden von den Nutzern auch leicht merkbare Wörter verwendet (wenn das System dies nicht ausschließt), die erraten oder durch sog. lexikalische Angriffe (den Vergleich mit einem umfangreichen Wörterbuch) herausgefunden werden können. Zum Teil werden in Sicherheitssystemen längere Zeichenketten verwendet oder ermöglicht, die dann als *Passphrase* bezeichnet werden (zum Beispiel bei → PGP).

**PGP** Abkürzung für *Pretty Good Privacy*, ein bekanntes und verbreitetes Verschlüsselungsprogramm, das „starke" Kryptographie und ein Public Key-Verfahren benutzt. Es ist für den privaten Gebrauch kostenlos im Internet erhältlich (http://www.pgpi.com).

**plaintext** Siehe → Klartext.

**Public-Key-Verfahren** Verschlüsselungsverfahren, bei dem ein öffentlicher Schlüssel (public key) zum Verschlüsseln und ein geheimer Schlüssel (private oder secret key) zum Entschlüsseln verwendet werden.

**remote login** Das „entfernte Anmelden" erlaubt es, über Datenleitungen oder das Internet Zugang zu einem entfernt stehenden Computer zu erlangen und daran genau wie an einem Terminal vor Ort zu arbeiten.

**Schlüsselhinterlegung (key escrow)** Eigenschaft eines Verschlüsselungssystems, daß die verwendeten Schlüssel (bei Public Key-Verfahren: die geheimen Schlüssel) an einer zusätzlichen Stelle außer beim Verwender gespeichert werden. Sie können dann im Falle des Verlustes wieder hergestellt oder auch auf Anfrage berechtigter Stellen herausgegeben werden. (Siehe auch → government access to keys.)

**Server** Rechner, der Daten zum Abruf über das Internet (oder andere Datenleitungen) bereitstellt.

**Sitzungsschlüssel (session key)** Schlüssel, der bei einer → hybriden Verschlüsselung für die → symmetrische Verschlüsselung der Nachricht verwendet und dann mit der Nachricht verschickt wird. Für Sitzungsschlüssel sind Zufallszahlen erforderlich, deren Erzeugung mit Hilfe eines Computers nicht trivial ist.

**social engineering** Verfahren zur Aufhebung oder Überwindung von Zugangssperren oder anderen Maßnahmen des Vertraulichkeitsschutzes, bei denen der Angreifer gewisse Erwartungen oder die Gutgläubigkeit des Opfers ausnutzt. Beispiel: Der Angreifer ruft bei einem Mitarbeiter der auszuspionierenden Firma an, gibt sich als Support-Mitarbeiter aus und bittet um die Mitteilung eines Paßworts. Regelmäßig sehen die Dienstanweisungen oder Richtlinien für den EDV-Einsatz zwar vor, daß eine solche Herausgabe nicht erlaubt und im betrieblichen Einsatz nicht notwendig ist. In den meisten Unternehmen werden diese Maßnahmen jedoch in der Praxis lax gehandhabt, so daß Angriffe im Wege des *social engineering* häufig erfolgreich sind oder dem Angreifer seine Arbeit wesentlich erleichtern, indem er Details über die anzugreifende EDV-Anlage erfährt.

**Steganographie** Verfahren, bei der die Tatsache verborgen wird, daß eine bestimmte Nachricht überhaupt versandt wird, indem sie zum Beispiel im Rauschen einer Telefonleitung oder in den wenig signifikanten Daten einer Bilddatei verborgen wird.

**symmetrische Verschlüsselung** Verschlüsselungsverfahren, bei dem zum Ver- und Entschlüsseln der selbe Schlüssel verwendet wird. Siehe auch → asymmetrische Verschlüsselung.

**Terminal** Zugangsgerät zu einer Computeranlage, das heute in der Regel aus Bildschirm, Tastatur und Maus besteht. Bei den Rechenanlagen aus der Anfangszeit der Computertechnik dominierten sogenannte dumme Terminals, die direkt durch Leitungen mit dem Rechner verbunden waren. Heute werden in der Regel vollständige PCs, die auch im Einzelbetrieb funktionieren, als Endgeräte (Clients) eingesetzt („intelligente Terminals"). Auf Grund der zunehmenden Verbreitung auch in kleineren Betrieben und sogar im Heimbereich von lokalen Netzwerken (→ Local Area Network), bei denen die Daten zentral auf einem Server gespeichert werden, ist heute teilweise eine Tendenz zu *thin clients* zu beobachten. Darunter versteht man PCs, deren Ausstattung auf die notwendigen Grundfunktionen reduziert wurden, während Daten und Anwendungen auf dem Server verbleiben.

**Virtual Private Network (VPN)** → Wide Area Network

**Wide Area Network (WAN)** Geschlossenes Netzwerk, bei dem jedoch im Gegensatz zum → Local Area Network Rechner nicht nur an einem Standort verbunden werden, sondern dies auch über größere Entfernung über (eigene oder gemietete) Leitungen hin erfolgt. Werden die Entfernungen zwischen einzelnen Abschnitten eines WAN über offene Netze wie das Internet und verschlüsselte Verbindungen überbrückt, spricht man von virtuellen privaten Netzwerken (Virtual Private Networks, VPN).

**World Wide Web (WWW)** Bezeichnung für die Gesamtheit aller → Server, die im → Internet erreicht werden können und Seiten in einem einheitlichen Format (→ HTML) zum Abruf bereitstellen. Diese Seiten können von → Browsern angezeigt werden.

**WWW** Siehe → World Wide Web.

**Zugangsvermittler (Access Provider)** Dienstleister, der die technischen Möglichkeiten für den Zugang zum bereitstellt, in der Regel also einen Einwahlpunkt (oder viele davon), d. h. einen Router, der über das Telefon oder eine andere Datenleitung direkt erreicht werden kann. Der reine Zugangsvermittler stellt im Unterschied zum → Inhalteanbieter keine eigenen Inhalte zur Verfügung. → Onlinedienste vereinen beide Funktionen.

# Sachregister

Abhören 32, 130
  A. und Verschlüsselung 35
  Außenwirtschaftsgesetz
    (AWG) 102
  Befugnisse 34
  Echelon 32
  „G 10" 62, 103, 112
  Monitorabstrahlung 29
  StPO 102
  Tastatur-Logger 30
  TEMPEST 29
Abwägung → Verschlüsse-
  lungsverbot, Angemes-
  senheit
Advanced Encryption Standard
  (AES) 16, 24
Allgemeines Persönlichkeits-
  recht 135
American Standard Code for
  Information Interchange
  (ASCII) 86
Anonymisierungsrechner 136
Anti-Terror-Paket 1
ARD/ZDF-Onlinestudie 9
ARPA-Net 8

Bildschirmtext (BTX) 53
Briefgeheimnis → Kommuni-
  kationsgeheimnis
brute force attack → Ver-
  schlüsselung, brute force
  attack
Bundesnachrichtendienst
  (BND) 62, 103, 113

Clipper-Chip 2, 43
Codierung → Verschlüsselung
Corporate Message Recovery
  (CMR) → Zweitverschlüs-
  selung

Data Encryption Standard
  (DES) 16
  DES-Cracker 24
Datenfernübertragung (DFÜ)
  → Datenkommunikation
Datenformate 87
Datenkommunikation 8, 9, 52,
  54
  Grundrechtsschutz 83
  Vorbereitung 56
Diffie-Hellman-Merkle-Verfah-
  ren → Verschlüsselung,
  Schlüsselaustausch

E-Mail 9, 12, 52, 83, 84, 132
Echelon → Abhören, Echelon
elektronische Signatur 4
Enigma 14
Europäische Menschenrechts-
  konvention (EMRK) →
  Kommunikationsfreiheit,
  EMRK

Fernmeldegeheimnis → Kom-
  munikationsgeheimnis
FTP 9
Funk 13

G 10 → Abhören
Gegendarstellungsanspruch 69

Glaubens- und Gewissensfreiheit 120
Government access to keys (GAK) → Schlüsselhinterlegung

Hyperlinks 10

Informationsfreiheit → Kommunikationsfreiheit
International Data Encryption Algorithm (IDEA) 16
Internet
    Anzahl der Nutzer 8
    Datensicherheit 11, 128
    Domain Name Service (DNS) 7
    Geschichte 7
    Protokolle 8
    Router 8, 12, 54
    Strukturmerkmale 7
    wirtschaftliche Nutzung 31, 128
Internetfreiheit → Kommunikationsfreiheit
ISDN 21

Key Escrow → Schlüsselhinterlegung
Klartext → Verschlüsselung, Klartext
Kollisionsgesetz (Alexy) 5, 121
    Abwägungsgesetz 123
    Grundrechtsbestimmungen 124
    Vorrangbedingungen 123
Kommunikation
    Anforderungen an verläßliche K. 3, 127
    Authentizität 3

Individualkommunikation 60, 65, 73, 83
Integrität 3
Kommunikationsmodell 84
Mehrseitigkeit 75, 79
Vertraulichkeit 3, 32
Kommunikationsfreiheit 60, 65
    allgemeine Gesetze 93
    Beschränkbarkeit 92
    Eingriff 92
    EMRK 81
    Informationsfreiheit 76
    Jugendschutz 71, 94
    Lüth-Entscheidung 73, 76, 95, 96, 120
    Meinungsfreiheit 120
    Meinungsrelevanz 66
    Meinungsäußerung 66, 71
    Öffentlichkeit 73
    Recht auf Individualkommunikation 65, 76, 124
    Rundfunkfreiheit 53, 83
    Schutzbereich 66
    Selbstverwirklichung 73
    Sonderrechtslehre 95
    Tatsachenmitteilung 66, 71
    Wechselwirkungslehre 96
    Wirkungsabsicht 76
Kommunikationsgeheimnis 51
    Briefgeheimnis 52
    E-Mail 52
    Fernmeldegeheimnis 53
    Kommunikationsinhalt 58
    Postgeheimnis 52
    Recht auf Individualkommunikation 60
    Schutzbereich 52
Kryptoanalyse 25
Kryptographie → Verschlüsselung

Kryptoregulierung 1

LaTeX (Textsatzsystem) 87
Lauschangriff 126
Lüth-Entscheidung → Kom-
    munikationsfreiheit, Lüth-
    Entscheidung

Meinungsfreihheit → Kommu-
    nikationsfreiheit
Meinungsäußerung → Kom-
    munikationsfreiheit, Mei-
    nungsäußerung
Mitbestimmungs-Entscheidung
    105
Mitfahrerzentralen-Entschei-
    dung 100

Newsgroups 10
Nutzdaten 136

OpenPGP → Pretty Good Pri-
    vacy (PGP)

Packet-Sniffer 12
Paßwort 12
Postgeheimnis → Kommunika-
    tionsgeheimnis
Pretty Good Privacy (PGP) 21,
    27, 29, 43, 47
    Beispiel 90
Privatsphäre, Schutz der 51,
    137
Public-Key-Verschlüsselung →
    Verschlüsselung, asymme-
    trische

Recht auf informationelle
    Selbstbestimmung 135
    Schutzpflicht 136
Rechtsstaatsprinzip 126

Rundfunkfreiheit → Kommu-
    nikationsfreiheit

Schlüsselhinterlegung 42
Steganographie 21
Strafrecht 40, 116, 131
Südkurier-Entscheidung 95

Tatsachenmitteilung → Kom-
    munikationsfreiheit, Tatsa-
    chenmitteilung
Telefax 53
Telefonüberwachung →
    Abhören
Telnet 10
TEMPEST → Abhören
Terrorismus 1

UNIX 12

Verbindungsdaten 136
Verschlüsselung 4, 13
    asymmetrische V. 4, 18
    Beispiel 90
    brute force attack 23
    Definition 40, 84
    hybride Verfahren 20
    Implementierung 26
    Klartext 23, 40, 91
    Mißbrauch 45
    Mobilfunk 15
    one-time-pad 22
    Schlüsselanzahl 17
    Schlüsselaustausch 17
    Sicherheit 22
        abgestufte S. 27
        praktische S. 23, 27
        Schutzpflicht 125
        temporäre Dateien 26
    Sprache 85
    symmetrische V. 16

Verbreitung 28
Verfügbarkeit 112
Vorgang 54, 86
**Verschlüsselungsverbot 39**
Angemessenheit 118
Durchsetzbarkeit 40
Eignung 104
Beurteilungsspielraum 105
Erforderlichkeit 117
Umgehung 47, 90

verfassungskonforme Anwendung 131
Verhältnismäßigkeit 99
Zweck 99
**Volkszählungs-Entscheidung 135**

**Zufallszahlen 26**
**Zweitverschlüsselung 43**

Verlegerrisiko 78
Vertriebsrecht 172
Vorzug 51, 60
Verschlüsselungsverbot 89
Angemessenheit 178
Durchschnittsziel 40
Bigamie 104
Beurteilungsspielraum 108
Vorabentscheid 117
Umschung 47, 140

verlagskontrakt-Anwendung 121
Vertriebsmöglichkeit 90
Zweck 90
Verschmelzungs-Entscheidung 185

Zufallszahlen 36
Zweiwertinterbielung 43

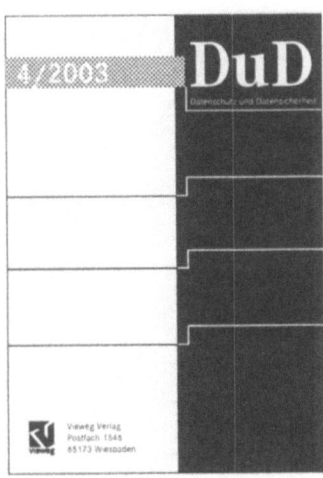